Ursula Popiolek
Erinnern als Befreiung

ERINNERN ALS BEFREIUNG

Die Geschichte der Gedenkbibliothek zu Ehren der Opfer des Kommunismus

erzählt von Ursula Popiolek

OsteuropaZentrum Berlin-Verlag

© 2020 by OsteuropaZentrum Berlin-Verlag
Hubertusstraße 14
D-10365 Berlin
Tel.: 030 993 93 16
Fax: 030 994 01 888
E-Mail: info@oezb-verlag.de
Verlagsleitung: Detlef W. Stein

www.oezb-verlag.de
www.anthea-verlagsgruppe.de

Titelbild: Günter Lüdeking
Lektorat: Ursula Popiolek
Covergestaltung: Thomas Seidel
Satz: Thomas Seidel

ISBN: 978-3-89998-365-4

In herzlichem Gedenken
an meine Mutti und meinen Mann

„Von den vielen Welten,

die der Mensch nicht aus der Natur geschenkt bekam,

sondern sich aus eigenem Geiste erschaffen hat,

ist die Welt der Bücher die größte."

Hermann Hesse

VORWORT

von Vera Lengsfeld

Eine Frau macht Geschichte

Es ist eine immer wieder diskutierte und bis heute ungelöste Frage, wer die eigentlichen Triebkräfte der Geschichte sind: Machen „große Männer oder Frauen" Geschichte? Oder sind es Strukturen, soziale Verhältnisse, abstrakte Kräftekonstellationen, möglicherweise naturanaloge Gesetzlichkeiten, oder, wie die Marxisten glauben, Produktionsverhältnisse, aus denen die Geschichte gemacht wird?

Im Falle der Gedenkbibliothek für die Opfer des Stalinismus ist die Sache ganz klar. Ohne Ursula Popiolek gäbe es diese Institution heute nicht, so wie es das Nietzsche-Archiv in Weimar ohne seine Schwester Elisabeth Förster-Nietzsche nicht gäbe. Warum mir dieser Vergleich einfällt? Weil sich in beiden Fällen eine Frau mit starkem Willen, viel Idealismus und Bewusstsein ihrer Mission in einer oft unfreundlich bis feindlich gesonnenen Umwelt durchgesetzt hat. Beide Frauen reüssierten aus eigener Kraft und sind gerade deshalb keine Feministinnen. Wenn sie sich gekannt hätten, hätten sie sich geschätzt.

Die Gedenkbibliothek ist heute ein Stachel im Fleisch aller Verklärer des Kommunismus, weil sie unübersehbar an seine Verbrechen erinnert und das mitten im Nikolaiviertel in Berlin, einem bevorzugten Wohnort von Altkommunisten. Als Markus Wolf, der Chef der Westspionage der Staatssicherheit noch lebte, hatte er die Bibliothek vor Augen, sobald er das Haus verließ, in dem er wohnte.

Gesammelt und verliehen werden in der DDR ehemals verbotene Bücher, um zur Aufklärung über Ursachen und Folgen des Sowjetkommunismus beizutragen. Das war die Gründungsidee im November '89.

Es gab zahlreiche Unterstützer: Anfangs das Neue Forum, das Ministerium für Kultur der DDR, das Bundesministerium für innerdeutsche Beziehungen, aber auch Bibliotheken, Stiftungen, Verlage. Heute sind es vor allem Privatpersonen, die zum Wachsen des beeindruckenden Bestandes beitragen. Es entstand in kurzer Zeit eine in Deutschland einmalige Spezialbibliothek mit Büchern über die Verbrechen des Kommunismus, die vor allem in den 50er und 60er Jahren, aber auch später erschienen sind.

Das Projekt war vielfachen, zum Teil gewaltsamen Anfeindungen ausgesetzt. Sich davon nicht unterkriegen zu lassen, ist Ursula Popioleks bewundernswertestes Verdienst. Der Leser dieses Bandes kann sich in allen Einzelheiten darüber informieren.

Allen Widrigkeiten zum Trotz musste am Ende auch die Politik die Verdienste von Ursula Popiolek mit dem Bundesverdienstkreuz würdigen.

Heute ist die Gedenkbibliothek eine Institution, in der regelmäßig gut besuchte Veranstaltungen durchgeführt werden, die durch offene Diskussionen geprägt sind. Damit steht sie in der vordersten Reihe im Kampf um die Meinungsfreiheit.

Natürlich wäre die Bibliothek nicht das, was sie heute ist, ohne die vielen Unterstützer, deren Verdienste in dieser Schrift ausführlich gewürdigt werden.

Deshalb möchte ich an dieser Stelle nur Thomas Dahnert erwähnen, den guten Geist der Bibliothek, dem nicht nur die Ordnung des Bestandes zu verdanken ist, sondern auch die Unterstützung und Betreuung von Forschungsprojekten.

Mir bleibt nur, der Gedenkbibliothek und ihren Mitarbeitern weitere Erfolge in ihrer Arbeit zu wünschen. Im Angesicht wieder auflebender Kommunismus-Nostalgie ist das wichtiger denn je.

Berlin, im Oktober 2020

Die Geschichte der Gedenkbibliothek

Es war einmal …

Es war einmal eine schlimme Zeit, in der die Untertanen nicht sagen und lesen durften, was nicht erlaubt war …

In dieser schlimmen Zeit brodelte es in dem gewaltsam zugedeckelten Topf, bis der Druck den Deckel wegfliegen ließ, und durch diesen Druck befreite sich eine IDEE, die zielgenau meinen Kopf traf.

Ich wurde erleuchtet und hegte und pflegte diese Idee, die mich in eine neue Zeit des Aufbruchs und der Freiheit begleitete.

Sie wurde zu Etwas, zu etwas Materiellem. Sie wurde eine kleine Gedenkbibliothek.

Und an ihrer Wiege standen viele freundliche Menschen, meine Familie ganz nah, dahinter Freunde und Lesehungrige, Förderer und Unterstützer.

Das kleine Wesen Bibliothek hatte es zunächst gut wie das kleine Dornröschen, behütet und geliebt, bis es sich mal auf einen eigenen Weg machte und sich stach – oder wie Rotkäppchen sich vom Weg locken ließ und von Neidern und Bösewollenden gefressen werden sollte.

Ja – so was erlebte es in früher Kindheit; aber es war nie allein, weil es mit seinen früher verbotenen Büchern nun vielen wissensdurstigen Menschen Freude und Aufklärung bot. All die Leser und Hörer von Vorträgen standen ihm fest zur Seite und ließen es so manche Schmerzen aushalten.

Es mußte verstehen lernen, daß die geschenkte Freiheit, endlich alles lesen, sagen und denken zu dürfen, etwas Flüchtiges ist, schwer Festzuhaltendes und immer wieder Gefährdetes. Und es lernte und lernte.

Dieses heranwachsende Wesen Bibliothek mußte sogar zweimal umziehen, war mal arm und hatte kaum was zu essen, sollte sogar mal ertränkt werden, ja, böse Menschen schrieben und redeten schlecht über das, was es gut zu machen meinte …

„Wo aber Gefahr ist, wächst das Rettende auch", tröstet Hölderlin. Es kam als Ratschläge von verständnisvollen Menschen, von Spenden, gar als ein großes Benefizkonzert in der Nikolaikirche.

Es hat spannende Geschichten von spannenden Begegnungen zu erzählen, das kann ich Ihnen sagen.

Aber dann – im November 2003 – fiel es in tiefste Trauer. Es gab nun nicht mehr den zweitwichtigsten Menschen, der es ständig fotografierte.

Es wollte auch nicht mehr weiterleben und schloß seine Türen.

Was sollte aber aus all den gesammelten Schätzen werden, sollten sie keine Leser mehr bereichern?

Der Himmel schaltete sich ein:

Ulrich Schacht und Siegmar Faust schickten den Retter in der Not und trösteten es in seiner tiefen Trauer. Es öffnete mit Thomas Dahnert wieder die Türen …

Bis ein Unglück ganz anderer Art es heute im März 2020 für unbestimmte Zeit zwangszusperren ließ.

Mit diesem Kurzmärchen wollte ich die Gedenkbibliothek
den „Geschäftevollen", wie Seneca vor 2000 Jahren
in der „Macht der Erinnerung" Die-keine-Zeit-Habenden nannte,
vorstellen.

Die-sich-erinnern-Wollenden mögen weiterlesen:

„In drei Zeiten teilt sich das Leben:
in die, welche ist, welche war, und welche sein wird.
Davon ist die, in der wir leben, kurz;
die wir leben werden, zweifelhaft;
die wir gelebt haben, gewiss.
Denn diese ists,
an welche das Schicksal sein Anrecht verloren hat
und die in keines Menschen Willkür
zurückgebracht werden kann.
Diese ists,
welche die Geschäftevollen verlieren,
denn sie haben ja nicht Zeit,
in die Vergangenheit zurückzuschauen;
und hätten sie auch Zeit,
so ist die Erinnerung an etwas, das man bereuen muss,
unangenehm.
Denn ungern wenden sie ihre Gedanken
auf die schlecht hingebrachten Zeiten
und wagen es nicht, dasjenige wieder aufzufrischen,
wobei sich, wenn es in Anregung kommt,
nur Mißgriffe offenbaren, wenn auch solche,
die durch diesen oder jenen Reiz augenblicklicher Lust
sich der Wahrnehmung entzogen hatten.
Niemand, außer wer alles mit Aufmerksamkeit
auf sich selbst tat,

*die sich nie täuschen läßt,
wendet sich gern in die Vergangenheit zurück.
Ein Mensch, der vieles mit Ehrgeiz erstrebt,
in Übermut verachtet, mit Leidenschaftlichkeit errungen,
mit Hinterlist erschlichen,
mit Habsucht an sich gerissen
und in Verschwendung durchgebracht hat,
muss notwendig sein Gedächtnis fürchten.
Das aber ist der unantastbare und vollendete Teil unserer Zeit;
der über jeden Unfall des Lebens erhaben
und dem Reich des Schicksals entzogen ist,
den nicht Mangel, nicht Furcht,
nicht ein Krankheitsanfall beunruhigt.
Der kann nicht gestört, nicht entrissen werden;
beständig und ohne Angst ist ihr Besitz.
Nur ein Tag um den anderen,
und auch diese nur in Augenblicken sind gegenwärtig,
aber die der vergangenen Zeit werden sich alle,
sobald du es haben willst,
vor dich stellen und sich nach deinem Belieben beschauen
und festhalten lassen; -
dazu aber haben die Geschäftevollen keine Zeit.
Ein sorgenfreies und ruhiges Gemüt
geht in alle Teile seines Lebens hinein,
die Seelen der Geschäftevollen sind wie unter dem Joch
und können sich nicht wenden und zurückschauen.
Ihr Leben ist in ein tiefes Meer hinabgesunken,
und so wie es nichts hilft, du magst nachgießen,
soviel du willst,
wenn nicht etwas unten ist,
was es aufnehme und halte:
so ists einerlei, wieviel Zeit auch gegeben sein mag,
wenn kein Punkt da ist, wo sie fest bleibe;*

*durch die schadhaften und durchlöcherten Seelen
rinnet sie durch.
Die Gegenwart ist gar sehr kurz,
und zwar so, daß sie manchen wie gar nichts vorkommt;
denn sie ist immer im Lauf, im Fluß, im Sturz;
sie hört eher auf, als sie kam,
und es ist in ihr ebenso wenig ein Stillstand
als in dem Weltall oder in den Gestirnen,
deren Bewegung, stets rastlos, nie auf demselben Punkt bleibt.
Die Gegenwart nun ist es allein,
die den Geschäftevollen gehört;
diese aber ist so kurz,
daß man sie nicht fassen kann,
und gerade sie entzieht sich ihnen auch,
während sie auf vieles zerstreut sind."*

Die Vorgeschichte der Idee

Nun aber „in Zeiten von Corona", in einer für Viele zwangsverordneten entschleunigten Zeit, mach ich mich auf den Weg zurück in die Anfänge dieses MÄRCHENS, das zwischenzeitlich eine HORRORGESCHICHTE war und sich nach Stürmen und Gewittern zu einem gut lesbaren ROMAN entwickelte mit dem Vortragstitel von Professor Dr. Ernst Cramer „ERINNERN ALS LAST UND BEFREIUNG" und dem Untertitel „Freiheit darf nicht zur Zerstörung der Freiheit führen" (Karl Jaspers).

FREIHEIT

d a s Wort jedes Unfreien steht über allem und über allen.

Es beinhaltet unsere gesammelten nicht mehr verbotenen **Bücher**, die geführten **Gespräche** ohne Wanzen und die gehaltenen **Vorträge** ohne Zensur.

Das war die **Zeit des Märchens 1990-1992**, eine Zeit voller Elan, Unbedarftheit, Begeisterung und der Hoffnung, Licht ins Diktaturdunkel zu bringen.

Es war an einem Abend nach dem Mauerfall, als ich meine Familie mit der Idee überfiel, Solschenizyns „Archipel Gulag", Wolfgang Leonhards „Die Revolution entläßt ihre Kinder" und noch einige andere unserer streng gehüteten „verbotenen Bücher" zum Lesen für Interessierte hier bei uns in einem dazu herzurichtenden Zimmer unseres Hauses anzubieten. Der Gedanke beflügelte aber nur mich. Mein Mann fand das nicht toll, fremde Leute hier bei uns als Leser zu haben. Was tun?

Wir gehörten als gewissermaßen passive Oppositionelle zu den „Nischenbewohnern" mit unserem privilegienfrei selbst um- und angebauten Haus, nachdem wir aus dem dreckigen Prenzlauerbergmilieu mit unseren kleinen Kindern geflüchtet waren. In den 80er Jahren voller Solidarnosc- und Perestroika-Hoffnungen tauschten wir uns mit Freunden oft über heimlich erworbene verbotene Bücher und Publikationen sowie Informationen aus dem Westfernsehen aus und veranstalteten sogar mal eine ganz konspirative Abendveranstaltung mit dem später zu erwähnenden Dr. Ralf Schröder zu Gedanken über den Weg von der Französischen Revolution zur „Großen Sozialistischen Oktoberrevolution" mit dem folgenden Terror der Bolschewiki. Der Nährboden war also irgendwie bereitet. Mich als Slawistin beschäftigte schon lange einerseits nicht nur die russische Literatur mit dem Schicksal der Erniedrigten und Beleidigten wie bei Dostojewski und Tolstoi, sondern auch die Sowjetliteratur mit den inzwischen schon durchsickernden Informationen über die Schattenseiten der großen siegreichen Sowjetunion und ihrer durch Chrustschow enthüllten, aber in der DDR nicht kennen dürfenden Geheimrede über die Stalinschen Verbrechen, die ich von meinen Freunden aus Warschau bekommen hatte und nun in Teilen für meine Familie übersetzte, vor allem für meinen in Rostock studierenden Sohn Kai. Im Studentenwohnheim klebte er heimlich Solidarnosc-Plakate, und wie er später aus seinen Akten erfuhr, wurde er von der Stasi in einem Operativen Vorgang bespitzelt.

Wir besaßen zudem von Freunden und Verwandten geschenkte verbotene Bücher und ein als Flugblatt in der Altmark abgeworfenes Flexibelbändchen von Jewgenia Ginsburg „Marschroute eines Lebens" über die mörderischen Verfolgungen von v.a. Intellektuellen durch Stalin nach seinem Mord an Kirow. Alle unsere Schätze wurden später der Grundstock für die künftige kleine Bibliothek. Ohne die regelmäßigen Aufklärungsvorträge von Dr. Schröder, meistens im Haus der Deutsch-Sowjetischen Freundschaft, hätte ich die 80er Jahre wohl nicht ausgehalten. Somit bin ich ihm für diese „Impfungen" dankbar und sah in seinen Vorträgen gewissermaßen den geistigen Anschub für das Sammeln von Verbotenem. Dasselbe betrifft auch die Informationen von meinen langjährigen polnischen Freunden aus der Solidarnosc-

Bewegung, vor allem meiner Freundin Renata, die damals bei Interpress in Warschau arbeitete und mir nicht im Spaß sagte, daß sie in der Redaktion entweder ins Ost- oder ins Westgermanische übersetzten, je nach Adressat. Wir amüsierten uns über einige Wortschöpfungen. Wie frei empfanden wir damals Polen! Zum Beispiel sah ich 1986 bei einem meiner Besuche in der Interpress-Redaktion zum ersten Mal im „Spiegel" abgebildet die Grenzanlagen in Berlin, die Mauer oder ostgermanisch den antifaschistischen Schutzwall, anläßlich des 25-jährigen Bestehens, in seiner ganzen Brutalität, Lüge und Menschenverachtung. Mit nachhause nehmen durfte ich die Westpresse natürlich nicht, aber etwas anderes schmuggelte ich später über die Grenze: einen am Körper versteckten Goldring mit „Solidarnosc" Schriftzug für unsere Verwandten im Westen als Dank für deren Hilfspakete an Familien von politisch Inhaftierten. Wie hab ich an der Grenze bei der Durchsuchung gezittert, aber der Ring hat es später geschafft, nach München zu kommen.

All unsere Hoffnung auf Meinungs- und Informationsfreiheit setzten wir damals auf die mutigen Solidarnosc-Aktivisten und Systemkritiker. Und wie wurden sie hier in der Presse und in der Aktuellen Kamera geschmäht, kritisiert, ja verlacht ... Ich arbeitete damals bei Intertext, wo die Mitarbeiter geschult und angewiesen wurden, wie sie über die polnischen „Wirrköpfe" und Störer zu denken und zu berichten haben. Es war eine Zeit grauer erstarrter alter Männer mit einer verkrusteten Politik, aus der heraus Neues entstehen mußte, weshalb die Sehnsucht nach Informationen auch immer größer wurde, bis es zu den Massenprotesten kam und zum Ende dieser verachtenswerten sozialistischen Einparteiendiktatur.

Aufbruch '89

„Wir sind das Volk", und wir durften etwas so Einmaliges in der Geschichte miterleben: einen Systemwechsel ohne Bürgerkrieg, ohne Gewalt!

www.dw.com/de/gr%C3%B6%C3%9Fte-ddr-demo-abgesang-am-alexanderplatz/a-51086149

Da unsere Familie nach 17 Jahren Wartezeit noch immer kein Telefon hatte, ging ich wie gewohnt zu unserer lieben Nachbarin, einer Zahnärztin, und suchte mir eines Tages im November die Telefonnummer von der damals in aller Munde und jeder Presse präsenten Bärbel Bohley aus dem Telefonbuch, um ihr, also dem Neuen Forum, meine Idee, verbotene Bücher zu sammeln, vorzutragen. Bald darauf lud sie mich ein und wollte mehr wissen. Diese 4 Stunden an ihrem Küchentisch behalte ich in guter Erinnerung, wenn sie auch später durch viel Leid, das sie als nicht mehr 2. Vorstandsvorsitzende mir persönlich und einzelnen Vereinsmitgliedern, ja, der Gedenkbibliothek insgesamt, zufügte, überlagert wurde. Darauf werde ich aber in allen Einzelheiten nicht eingehen, um ihren Ruf als „Mutter der Revolution" nicht zu beschädigen.

Manches kann leider des Verständnisses wegen nicht ungesagt bleiben, obwohl die damals Involvierten vieles wissen, und den anderen es sich kaum begreiflich machen läßt.

Ich hab mit Frau Bohley nach all dem durch sie verursachten Bösen meinen Frieden mit ihr gefunden, um jetzt nach 30 Jahren ohne Groll meine Bibliotheksgeschichte schreiben zu können und ihr vorab in meiner Einleitung zu danken. Sie hatte mich bald nach unserem Gespräch bei ihr zuhause meine Idee einer Büchersammlung dem Sprecherrat des Neuen Forum im Haus der Demokratie vortragen lassen und mir erlaubt, Bittbriefe um Bücher- und Geldspenden im Namen des Neuen Forum in alle Welt hinaus zu verschicken.

DIE IDEE VERWIRKLICHT SICH IM „BULLENWINKEL"

Daneben machte ich mich mit Zettel und Stift auf, irgendwo in Berlin-Mitte nach einem Domizil zu suchen. Ebenerdig sollte es unbedingt sein, wie ein Geschäft von der Straße aus begehbar und nicht in irgendeinem großen Haus in einem Zimmer neben anderen Initiativen untergebracht. Ich entdeckte zugenagelte Kellereingänge, Bruchbuden im Souterrain einiger alter Häuser, die aber leider nie zu mieten waren, bis mir irgendwann der „Bullenwinkel" von der KWV (Kommunale Wohnungsgesellschaft) angeboten wurde, eine ehemalige kleine Eckkneipe am Hausvogteiplatz, ein Brennholzlager für die Toto-Lotto-Läden, deren Verwaltung als einziger Mieter in dem ganzen Häuserkomplex saß, in dem w i r nun bald die Einzigen wurden.

Beglückt von dieser Bruchbude – ganze 27 qm groß, aber hoch! – sind wir als Familie, mein Mann, meine Söhne und meine Eltern, den Holzbergen und dem ganzen Krempel mit Kreissäge, Hämmern und Meißeln zu Leibe gerückt. Ab da drehte sich jedes Familiengespräch nur noch um den „Bullenwinkel", dessen Name, wie ich herausfand, von wirklich in diesem Straßeneck im Mittelalter zusammengetriebenen Bullen stammte. Und noch etwas Überbrachtes:

Die schöne Tochter des dort mal ansässigen Schmiedes soll Modell für die Göttin auf der Quadriga des Brandenburger Tors gestanden haben.

„Bullenwinkel" am Hausvogteiplatz

In den 70er Jahren trafen sich die Dokumentarfilmer aus der Jägerstraße in dieser Stehbierkneipe, erzählte man mir. Nun sollte sie Bücher beherbergen, aber nicht in meterhohen langweiligen per Leiter zu erkletternden Regalen. Nein. Diese Bibliothek sollte nicht nur besondere Bücher versammeln, sondern auch etwas ganz besonders Gestaltetes werden, wozu sich die Raumhöhe für eine geniale Idee anbot: der mir empfohlene Architekt Herr König tüftelte und berechnete … Seine Zeichnungen, die ich während der ganzen Spendensammel- und Bauzeit ständig und überall bei mir hatte, machten Eindruck durch die originelle Galerie mit einer edlen Treppe gleich als Sitzmöglichkeit für Vortragsgäste und einer gleichen Treppe (nach einem aufwändigen Betonfußbodendurchbruch) in den Kellerraum, den wir später als Archiv nutzten.

Den Betonfußboden durchzustemmen war ein sehr kompliziertes und schrecklich schweres Unternehmen. Wer das bewerkstelligte, hab ich vergessen. Dafür erinnere ich mich aber gut an die genialen Tischler, über die es noch eine unglaubliche Geschichte zu erzählen gibt, aber noch bin ich bei den Bauzeichnungen mit Kostenplänen, für die ich Interessenten finden und begeistern mußte. So zog ich mit diesen Papieren durch die Lande wie ehemals Heinz Rühmann in einem Film als Pastor mit seiner kleinen Modellkirche unterm Arm auf der Suche nach Gönnern. Und ich hatte Erfolg, großen Erfolg!

Beinah hätte es sogar mit einem Schlag eine ganze Million sein können! Wir arbeiteten im Bullenwinkel, als sich eines Tages ein Besucher als Mitarbeiter des Ministeriums für Innerdeutsche Angelegenheiten vorstellte. Es war Gerhard Finn, den ich mit meiner Begeisterung nachhaltig beeindruckte, aber auch mit meiner Bescheidenheit. Ich brauchte doch nur 40.000 DM für den Ausbau, keine Million! Wir wurden Freunde bis an sein Lebensende, d.h. er gehört in die Reihe meiner politischen „Überväter", zu denen auch Hermann Kreutzer, Roland Bude, Harald Strunz, Horst Schüler, Dr. Rainer Hildebrandt, Dr. Bernd Wilhelm und noch einige andere zählten.

Herr Finn berichtete uns in der Bibliothek wie auch im privaten Kreis - noch immer tief bewegt - seine jahrelange Leidensgeschichte als Jugendlicher im Sowjet-KZ Buchenwald, das er nur dank einer Krankenschwester mit einer mutigen Entscheidung als Typhus-Todeskandidat überlebt hatte. Übrigens war er es auch, der mit Rainer Hildebrandt, dem späteren Direktor des Museums am Checkpoint Charlie, die 1. Häftlingskartei in Westberlin erstellt hatte, die mit Aussagen mutiger Zeugen von Verbrechen der neuen Machthaber in der sowjetischen Besatzungszone „gefüttert" wurde, wie z.B. Verschleppungen unliebsamer Personen, Vergewaltigungen oder Enteignungen. Später wurden solche Informationen von entlassenen und geflohenen Häftlingen aus DDR-Zuchthäusern in der Zentralen Erfassungsstelle in Salzgitter registriert. Wer weiß noch, daß die sozialdemokratischen Entspannungspolitiker diese Stelle eliminieren wollten, was gottlob durch den Mauerfall verhindert wurde. Weitere Anlaufstellen, um Verbrechen und Vergehen der ostzonalen Machthaber anzuzeigen, waren damals in Westberlin der 50er Jahre die Kampfgruppe gegen Unmenschlichkeit (KGU), der Untersuchungsausschuß Freiheitlicher Juristen (UFJ) neben den Ostbüros der Parteien. Zu unseren Vereinsmitgliedern gehörte aus dem Ostbüro der SPD in Westberlin bis zu ihrem Tod die Autorin des erschütternden Buches „Frauen im Gulag" Käthe Fraedrich, die selbst 7 Jahre im Gulag bei Potma im Torf schuften und leiden mußte.

Das Ausbauen lief parallel zu meiner Spendensuche, oft nicht im Gleichschritt, was v.a. meinen Mann so manches Mal in Angst und Schrecken versetzte. Aber auch mich - an einem nie vergessenen Tag. Ich kam mit 25.000 Westmark! in bar von der Sparkasse, um die Tischler zu bezahlen. Ja, so in bar. Diese verrückte Umbruchszeit war eben etwas anders als normal, aber trotzdem mußte alles korrekt sein, was es auch war. Ich ging mit dem Geld nicht in die Bibliothek zu den Handwerkern, sondern folgte dem Tischlerchef in sein Auto und zählte ihm stolz die Scheine vor - wie in einem Krimi.

Dann: „*Danke Frau Popiolek, wir werden nun unsere Arbeiten einstellen, denn vorhin erschien der Rechtsanwalt des ehemaligen Eigentümers des Hauses und forderte unseren ‚Abzug'*". Mir stockte der Atem …

Ich mußte reagieren, aber wie? Nach der Schockstarre setzte ich ein ganzes Räderwerk in Bewegung über Anwälte bis hin zur Claims Conference, die sich um arisierte Grundstücke kümmerte. Die Katastrophe konnte abgewendet werden, der Ausbau ging weiter, auch das Geldsammeln, wobei ich an einige unvergeßliche Begegnungen erinnern möchte, beginnend mit der **Gründung eines erforderlichen Fördervereins**, als dessen Vorsitzende ich Jürgen Fuchs und Bärbel Bohley gewinnen konnte, die auf unserer Gründungsversammlung neben einem Schatzmeister aus dem Neuen Forum und mir als der „Macherin", der

Geschäftsführerin, von den 17 Anwesenden gewählt wurden. Es folgten Satzungsdiskussionen und bald auch die Eintragung als gemeinnützig im Vereinsregister beim Amtsgericht mit Hilfe des Rechtsanwalts Dr. Lehmann-Brauns, eines Mitglieds unseres Fördervereins. Daneben gab es Bemühungen zunächst um eine Projektförderung durch den Senat für Kulturelle Angelegenheiten, als schon alles Baugeschehen innerhalb eines guten halben Jahres geschafft war. Später bewirkten wir sogar eine institutionelle Förderung. Die Bibliothek wurde ein Schmuckstück, roch nicht nur nach ehemals Verbotenem, sondern duftete nach Kiefernholz. An meinem Schreibtisch, den ich an den Veranstaltungsabenden als den einzigen möglichen Vortragsplatz immer räumen mußte, haben honorige Referenten gesessen, von denen ich noch einige erwähnen werde. Erwarteten wir mehr als 50 Gäste, genossen wir Gastrecht im Tschechischen Kulturzentrum, unweit vom Hausvogteiplatz auf der Leipziger Straße oder im „Atombunker" des Physikalischen Instituts gegenüber. Einmal durften wir unsere Wahlversammlung sogar in der Berlin-Brandenburgischen Akademie in der Jägerstraße abhalten, die zu erwähnen mir im Nachhinein noch Genugtuung gibt.

Warum Professor Wolfgang Leonhard unsere kleine Gedenkbibliothek eröffnete, hatte folgende Vorgeschichte.

Durch eine Vortragsreihe im Gesamtdeutschen Institut lernte ich schon im Januar 1990 die zwei leitenden Mitarbeiter Frau Weber und Herrn Fabig, aber vor allem auch den berühmten Autor des legendären Buches „Die Revolution entläßt ihre Kinder" kennen, dem ich Tage zuvor einen Brief, ohne aber seine Adresse zu kennen, geschrieben hatte und diesen ihm nun persönlich übergeben konnte. Welche Freude! Nach diesem 1. Vortrag ergaben sich später noch mehrere für mich unvergeßliche Begegnungen, die allerwichtigste:

Professor Leonhard hielt am 14. Dezember 1990 die feierliche Rede zur Eröffnung der Gedenkbibliothek,

der wir nun in diesem Jahr zu ihrem 30. Geburtstag gratulieren. Aber bei diesem bedeutsamen Tag muß ich noch etwas verweilen. Mein Mann konnte dieses so wichtige Ereignis traurigerweise nicht miterleben, weil er an dem Tag zur Beerdigung seiner Schwester nach Flensburg fuhr. Dafür standen mir meine beiden Söhne zur Seite, holten den Professor mit dem Auto vom Flughafen ab, sollten aber mit ihm noch eine kleine Berlinrundfahrt machen, damit die letzten Handwerker vor seinem Eintreffen ihr Werkzeug eingepackt haben würden. Mein Sohn Kai hatte sogar die Nacht zuvor in der Bibliothek verbracht, um den neu angelieferten Computer zu bewachen, weil das Sicherheitsschloß noch nicht eingebaut war. So ein Heiligtum war damals der 1. Computer.

Begrüßung von Herrn Prof. Leonhard

Dann erschien ER in Begleitung meiner Söhne, beschaute und bestaunte dieses Bibliothekskleinod, in dem die Bücherregale nur einfach gefüllt waren, kein Buch hatte den richtigen Nachbarn.

Aber das machte nichts in dieser Eile: 1 Jahr nach der Idee-Geburt!

Die Kleine Gedenkbibliothek mit Galerie

Professor Leonhard stieg hinauf auf die Galerie und nahm Platz auf einem originellen Kniehocker an einer kleinen Arbeitsplatte, griff zu seiner legendären Pfeife und wollte sich gerade wohlfühlen bei seiner Einstimmung auf das Kommende, als er meine aufgerissenen Augen sah. „Ja, ja, Herr Professor, Sie dürfen rauchen." Und er: „Nein, nein, keine Privilegien in sooo einer Bibliothek mehr ..."

Dann erwarteten wir am Nachmittag 80 Gäste in der ehemaligen Kantine des Instituts gegenüber, denn in unserer kleinen Bibliothek fiel bei 50 Gästen wie zu unserer 1. Vortragsveranstaltung am 10. Januar 1991 mit Dr. Ralf Schröder zum Thema „Stalinismus vor Stalin – Vision russischer Literatur", auf den ich später zu sprechen komme, keine Erbse zu Boden.

Aus meiner Rede an die anwesenden 80 Gäste:

> „Dieser Tag ist durch Ihre Anwesenheit der krönende Abschluß der praktischen Umsetzung einer Idee in etwas Sichtbares, Greifbares.

Die Idee, eine Aufklärungsstätte in Form einer Spezialbibliothek zu schaffen, ist Wirklichkeit geworden!

Sie bekam in diesem innenarchitektonisch interessanten schönen dreietagigen Raum eine materielle Hülle. Es gibt wohl kaum ein Baugewerk, das in dieser ehemaligen düsteren Eckkneipe „Zum Bullenwinkel", die in einem so baulich miserablen Zustand war, daß alle vormaligen Interessenten mit Entsetzen zurückgeschreckt sind, nicht tätig war.

Wieviel Mut gehörte dazu, ein solches Unternehmen zu starten und durchzustehen auch angesichts all der bürokratischen Formalitäten mit Zuweisungs-, Nutzungs- und Einbau-Renovierungsverträgen – noch dazu in einer politischen Umbruchszeit. ... mit der Unsicherheit der Handwerker wegen der Zahlungsumstellung, aber es ging doch hierbei um Eile wegen eines Politikums, nicht nur irgendeines Bauvorhabens. Ich befürchtete, das politische Interesse an einer solchen Einrichtung könnte bei den Kultur- und Bildungseinrichtungen wie auch bei den Politikern, deren finanzielle Unterstützung ich brauchte, nachlassen. Die Zeit, hatte ich Angst, arbeitet gegen eine solche Initiative, da doch schon bald nach der Wende Stimmen laut wurden: ‚ziehen wir lieber einen Schlußstrich unter die leidige Vergangenheit und gehen flott über zur Marktwirtschaft.' ... Wie not es aber tut, zur Aufklärung über die Ursachen eines so menschenverachtenden totalitären Systems, dessen schreckliche Folgen Tag für Tag endlich für alle offensichtlich werden, beizutragen.......erübrigt sich, in diesem Kreis zu unterstreichen.... Mein herzlicher Dank geht vor allem an Frau Bohley, die mich im Namen des Neuen Forum Bittschreiben verschicken ließ, und an Herrn Professor Wolfgang Leonhard für sein Kommen zu diesem feierlichen Anlaß. ...

An dieser Stelle möchte ich allen Gästen die herzlichen Grüße von Herrn Professor Lew Kopelew übermitteln, der es sehr bedauert hat, absagen zu müssen. ... Er bat mich um Verständnis angesichts seines großen Engagements bei der aktuellen Sowjetunionhilfe. Gleiche herzliche Grüße darf ich Ihnen von Frau Renger ausrichten. Dasselbe betrifft Herrn

Professor Hermann Weber, auf dessen Hilfe und Unterstützung, wie er sagte, diese Bibliothek immer rechnen kann. ... Auch Herr Ralph Giordano und Herr Jürgen Fuchs mußten leider absagen. ... Die Reaktion bei fast allen Ansprechpartnern in Ost und West, bei denen ich um finanzielle Unterstützung und um Verständnis warb, war gleichermaßen positiv ..."

Dann zählte ich die Spender auf und bedankte mich bei allen an dem Projekt bisher Beteiligten.

An die Lob- und Grußreden neben der von Wolfgang Leonhard kann ich mich kaum noch erinnern. Es war viel zu aufregend, denn mit unserem Stargast endete der Abend erst nach der originellen „Beerdigung der DDR" in der Distel, wo die Schauspieler in ihrem Schlußauftritt auch ihn als Stargast ihres Hauses persönlich vor dem ganzen Publikum begrüßten, der 1946 hier im Admiralspalast als junger Genosse aus der Gruppe Ulbricht die freiwillige Zwangsvereinigung der SPD und KPD zur SED, der späteren PDS und heutigen Linken, miterlebt hatte. Ich kannte einen der Schauspieler noch aus meiner früheren Buchhändlerzeit und hatte ihn in der Pause um dieses persönliche Grußwort gebeten. So endete ein großer 14. Dezember wohl nicht nur für mich!

Dieser Tag beinhaltete aber noch ein großartiges Angebot nach seinem inzwischen sprichwörtlichen Kompliment, diese kleine Gedenkbibliothek sei „*eine erst- und einmalige Spezialbibliothek, von der er sich wünsche, daß diese unglaubliche Bibliothek den Anstoß zu einer aktiven Diskussion in den fünf neuen Bundesländern geben solle.*" Und weiter aus seiner Rede, „*es mögen politische Referate, Auseinandersetzungen und Begegnungen ehemaliger Opfer zum künftigen Programm des Hauses gehören*". Er sprach von „*einem unfaßbaren, bewegenden Augenblick, den zu erleben er an diesem Ort nie erhofft habe.*"

Ja, sein Angebot bestand darin, daß er mich einlud, um an seinen Bücherregalen in Manderscheid/Eifel zu bibliographieren, meine Bücherwunschliste zu vervollständigen. Leider ist es später nicht dazu gekommen, dafür gab es aber drei andere Gelegenheiten, den großen Wolfgang Leonhard erleben zu dürfen, auf die ich noch eingehen werde.

Die Hölle von Workuta

Der 27 qm kleine Bibliotheksraum war nicht nur durch die originelle Galerie erweitert, sondern auch durch den Kellerraum, den wir als Archiv einrichteten, der aber auch als Notschlafstätte diente zum ersten Mal für unseren dritten Referenten aus München, der als ehemaliger Strafgefangener Workutaner schon unbequemer geschlafen hatte, wie er bemerkte. Johann Urwich, Autor des außergewöhnlichen 2-bändigen Buches „Ohne Paß durch die UdSSR", das sogar auf einem Foto mit Helmut Kohl hinter ihm in dessen Bücherregal zu sehen war. Dieses Mammutwerk mit Hunderten Namen von Gefangenen und deren Schicksalen ist auf ganz ungewöhnliche Weise mit ungewöhnlichen Mitteln zustande gekommen. Er hat darüber gesprochen und mir noch viel ausführlicher berichtet, als ich ihn am Morgen nach dem Vortrag in der Bibliothek mit Frühstück versorgte, das sich über den ganzen Tag erstreckte. Er erklärte mir, wie er in seiner Wattejacke die unzähligen 4-fach beschriebenen Zigarettenblättchen versteckt hatte und wie diese alle Filzungen dadurch überstanden, weil das Papier nicht knisterte.

Einzelheiten kann ich nicht mehr erinnern, wie er beispielsweise diese Zigarettenpapierchen vor der Entlassung aus der Arbeitsjoppe in die Entlassungsjacke schmuggeln konnte. Ich habs vergessen. Nicht vergessen hab ich seine Beschreibungen des Aufstands 1953 und mit welcher Brutalität gegen die Streikenden vorgegangen wurde. Es wurde einfach in die Menge reingeschossen. Beim Erzählen schien er wieder in der Grausamkeit der Hölle zu sein. Er saß - gefühlt - die vielen Stunden nicht in einer schönen nach Kiefernholz duftenden Bibliothek mir gegenüber, sondern war weit weg … Ich hatte ihn Monate zuvor erlebt, als er auf einem Bautzenforum über die Verbrechen in Workuta sprach, plötzlich aufstand und den Saal verließ. Ich hatte damals den Eindruck, er fühle sich nicht verstanden, und ging ihm hinterher. Aus diesem Gespräch heraus ergab sich unser Kennenlernen, weshalb er auch später zu uns in die Bibliothek kam, wo ihm viel Verständnis entgegengebracht wurde.

Zum Thema der Streik-Aufstände noch vor dem 17. Juni ´53 in der Ostzone sprach zu uns auch Professor Siegfried Jenkner anhand seines Schicksals mit zwei Mal 25 Jahren Zwangsarbeit, zu denen er in Leipzig, zur oppositionellen Belter-Gruppe gehörend, verurteilt und nach Workuta verbracht wurde.

Beim Thema Workuta kann ich nicht umhin, schon an dieser Stelle auf das außergewöhnliche Engagement von Frau und Herrn Krikowski aufmerksam zu machen, deren akribisch zusammengetragene biographische Daten und Informationen zu Haftzeiten in einem sehr würdigen repräsentativen Band Auskunft geben, den wir in der Bibliothek besitzen und ausleihen. Zudem führen sie beide ein Zeitzeugenportal als Sprecher der Lagergemeinschaft der Workutaner im Internet.

Mit seinen über 20 Jahren Lagerhaft und Polizeigewahrsam stand Johann Urwich als Langzeitopfer in einer Reihe mit zwei anderen, die auch in der Bibliothek später über ihre Haft sprachen: der bekannte Journalist und ehemalige politische iranische Strafgefangene 382 in Bautzen Hossein Yazdi mit 16 Jahren(!) und Erwin Jörris, über dessen lange Haftzeit, erst im KZ, dann im Gulag, von dem Historiker Dr. Andreas Petersen und Autor des beachtlichen Werkes „Die Moskauer" filmisch porträtiert wurde.

Dauerthema: Spenden sammeln

Durch das Haus der Demokratie hatte ich in der Anfangszeit auch Kontakt zur Heinrich Böll Stiftung, von der ich später beim Bücherkauf mal großzügig unterstützt wurde. Und über diese Kontakte überraschte mich eines Tages eine Memorial-Mitarbeiterin aus Köln mit einer außergewöhnlichen Bitte.

Ein ehemaliger Fremdarbeiter aus der Ukraine war auf der Suche nach der Bauernfamilie, bei der er im Krieg gearbeitet hatte und zu der er wieder Kontakt aufnehmen wollte. Wahrscheinlich hatte man sich als Slawistin an mich gewandt. Ich weiß es nicht mehr, erinnere mich auch nicht mehr an dessen Brief, dagegen aber genau daran, daß wir uns, meine Eltern und mein Mann, auf nach irgendwo im Norden von Berlin gemacht haben, das Dorf zu suchen, dessen Name ich leider nicht mehr weiß, und diese Bauernfamilie ausfindig zu machen. Trotz all der Unbekannten in der Erinnerungsgleichung hab ich das Staunen und die Freude in den Augen der alten Bäuerin nie vergessen. Mit Kosenamen sprach sie von ihm, genau wie ihr Sohn, der sich erinnerte, daß der ... ihm sein altes Kinderfahrrad repariert hatte. Verschwommen vor Augen hab ich ein Kaffeetrinken im Freien mit unserem mitgebrachten Kuchen und Erzählungen über ... Leider weiß ich nicht, was aus dieser ersten Kontaktaufnahme geworden ist. Es ist zu lange her. Aber nicht vergessen hab ich natürlich das, was für mich aus dieser Begebenheit folgte. Ich bekam eine Einladung nach Köln, sicher ins Büro der freundlichen Mitarbeiterin, ich weiß es nicht mehr. Dafür hat sich eine andere Einladung geradezu im Gedächtnis eingebrannt. Ein privater Besuch, ich konnte es kaum glauben, beim berühmten Lew Kopelew. Ich war außer mir vor Freude und saß Tage später neben ihm am Mittagstisch mit seinem „Politbüro", wie er mir seine Frau und seine Mitarbeiter vorstellte, wobei er das „unmündige Volk" verkörperte. Da ich vor Ehrfurcht kaum auf meinen Teller gucken konnte, klopfte er mir väterlich auf die Schulter: „iss Kindchen, iss, das Essen wird kalt".

Im Gedenken
an den Freund Alexander Solschenizyns
und der deutschen Literatur

Lew Kopelew (1912–1997)

Dissident & Schriftsteller

„Toleranz ist die erste Bedingung zur Erhaltung des Lebens auf der Erde, die mit immer mehr und immer vollkommeneren Waffen für den Massenmord ausgerüstet ist. Zwietracht unter Völkern und Staaten oder Parteien, das Anwachsen explosiven Hasses kann zu jeder Stunde zur tödlichen Bedrohung für die gesamte Menschheit werden.

Toleranz verlangt nicht danach, Unstimmigkeiten und Widersprüche zu verschleiern. Im Gegenteil, sie fordert, die Unmöglichkeit eines alles umfassenden einheitlichen Denkens anzuerkennen und darum fremde und gegensätzliche Ansichten ohne Haß und Feindschaft zur Kenntnis zu nehmen. Man soll nicht Zustimmung vorgeben, wo man nicht zustimmt, darf aber den Andersdenkenden nicht unterdrücken oder verfolgen. [...]

Und damit Toleranz und wirkliche Friedensliebe spürbar und wirksam werden können, ist Freiheit des Wortes unerläßlich. Jeder muß ungehindert seine Gedanken, seine Überlegungen, Urteile, Zweifel aussprechen können, muß über Ereignisse, wo auch immer sie stattgefunden haben, sprechen und schreiben dürfen."

Lew Kopelew: *Tröste meine Trauer. Autobiographie 1947–1954*, aus dem Russischen von Heddy Pross-Weerth und Heinz-Dieter Mendel, Hamburg: Hoffmann und Campe, 1981, S. 396.

Tafel aus der Ausstellung UTOPIE UND TERROR

Ich lernte einen großen Menschen kennen und durfte ihn später noch einmal in der Berliner Akademie der Künste erleben. Seine damalige Rechte Hand besuchte uns vor einiger Zeit in der Gedenkbibliothek und schenkte uns für unsere Ausstellung über Solschenizyn ein Bild von Kopelew. Er hatte für mich etwas von einem „Retter Rußlands", ähnlich wie Solschenizyn.

Nun, finanzielle Unterstützung hätte ich von ihm nicht gewollt. Seine Bücher schenkte er mir für unsere Bibliothek, dazu noch etwas anderes: weiterzutragende Grüße an seinen Freund in Berlin Dr. Rainer Hildebrandt, den ich dann erwartungsvoll aufsuchte. Es wurde mein erster Besuch des legendären Checkpoint Charlie Museums. Auf mich zu kam ein Sympathie ausstrahlender weißhaariger Mann, begrüßte und umarmte mich mit den Worten:" Wer von meinem Freund Lew Kopelew kommt ist auch mein Freund", und überlegte, wie er mir helfen könne, ging mit mir rauf in sein Büro und überreichte mir in bar 1.000 Mark, die ich wie einen Goldschatz nachhause trug: die ersten 1.000 Westmark in meinem Leben! Es war noch vor dem Umtausch. Und ich dachte, jeder Passant könnte mir meinen Reichtum ansehen, so gestrahlt muß ich haben.

Durch glückliche Umstände bestand die hoffnungsvolle Aussicht auf eine Spende durch die in Bonn ansässige Kurt-Schumacher-Gesellschaft (später sollte ich zum Berliner Kurt-Schumacher-Kreis Kontakt pflegen), deren Vorsitzende die Bundestagsvizepräsidentin Annemarie Renger war und der ich im Rahmen der SPD Gründung in Sachsen vorgestellt wurde. Ich durfte ihr meine Bauunterlagen, die ich allerorts und immer bei mir hatte - wie heute unsere Flyer und Veranstaltungspläne - bei einem abendlichen Empfang präsentieren.

Am 26. September 1990 war ich persönlicher Gast von Annemarie Renger auf dem Vereinigungsparteitag der SPD im ICC, der für mich vor allem durch eine öffentlich wirksame Scheckübergabe in Erinnerung bleibt, die vor ein paar Jahren mit einem von mir bisher nicht gekannten Foto durch Gunter Weißgerber aufgefrischt wurde. Welch ein schöner Moment, diese tolle Situation wieder vor Augen zu haben, das Gründungsmitglied der SPD mit Annemarie Renger, meinem Mann und mir.

Kurz zuvor, am 31. August, war ich zu einem Empfang nach Bremen eingeladen worden, der Annemarie Renger zu Ehren gegeben wurde, nachdem sie per Hubschrauber direkt von der Unterzeichnung des Einigungsvertrages an der Festtafel erschienen war.

Die nächste Begegnung mit ihr war eine private Einladung zu ihrem Geburtstag nach Bonn, bevor sie sich als Gast und Vortragende bei uns in der kleinen Gedenkbibliothek in unser Gästebuch mit dem legendären Satz verewigt hat: „**Schön, daß es Euch gibt.**"

Und nicht viel später sollte es uns dann nicht mehr geben?!

Eine Berliner Journalistin, die mediale Begleiterin einiger Bürgerrechtler, hatte Frau Renger desinformiert über Vorstandsangelegenheiten, auf die ich noch eingehen werde, und sie gegen die Bibliotheksmitglieder zu instrumentalisieren versucht. Ich erklärte am Telefon Annemarie Renger die Situation. Sie verstand mich und unterstützte uns. Die Journalistin hatte mich nicht einmal angehört, bevor sie uns in der Berliner Zeitung verleumdete.

Im Rückblick kann ich guten Gewissens feststellen, daß es doch nur wenige waren, die sich aber leider umso vehementer und mit Presseunterstützung (Vergleiche zur heutigen Situation drängen sich geradezu auf!) gegen das Über- und Weiterleben der damals kleinen Gedenkbibliothek stellten.

Bis zu einem zerstörenden taz-Artikel gab es regelmäßig würdigende Reaktionen auf unsere interessanten Veranstaltungen in den Tageszeitungen.

Eine positive Reaktion möchte ich auswählend zitieren:

LESEN UND REDEN GEGEN DAS VERGESSEN von Susanne Landwehr

„In der Gedenkbibliothek zu Ehren der Opfer des Stalinismus werden ehemals verbotene Bücher gesammelt / Infos und Nachdenken über die Vergangenheit / Betroffene erzählen über ihre Erfahrungen

‚Zu Anfang hatte ich das Gefühl, gleich kommt ein Herr und faßt mir auf die Schulter‘, erzählt Ilse-Dore Gissler, als wir vor dem Regal stehen, in dem Bücher über Stalin darauf warten, gelesen zu werden. Noch vor drei Jahren, von vielen schon verdrängt oder vergessen, waren dies verbotene Bücher. Die Idee, Publikationen über Ursachen und Folgen des Stalinismus zu sammeln, kam von der Slawistin Ursula Popiolek kurz nach der Wende in der ehemaligen DDR. Sie ist die Initiatorin der „Gedenkbibliothek zu Ehren der Opfer des Stalinismus". ‚Ich komm mir vor, als sei ich erst 1989 geboren worden‘, stellt sie fest. Für sie und ihre Kollegin Ilse-Dore Gissler war der Fall der Mauer ein großes Glück, denn endlich können sie Bücher in den Händen halten, für die sie früher noch in den Knast hätten kommen können. In den Irrungen und Wirrungen der Wendezeit schlüpfte Ursula Popiolek in eine Nische und schuf ein historisches Kleinod. Belletristik und Sachliteratur über die stalinistische Vergangenheit in der Ex-Sowjetunion und der Ex-DDR bilden den Schwerpunkt, ebenso wird Häftlings- und Lagerliteratur gesammelt. Aber nicht nur das. Denn die Bibliothek in der ehemaligen Kneipe „Zum Bullenwinkel" dient auch als Begegnungsstätte für Betroffene, die sich ihre meist leidvollen Erlebnisse von der Seele reden können. Elfi Hartenstein beispielsweise, eine Lektorin aus der Schweiz, nutzte die ruhige Atmosphäre in der Gedenkbibliothek, um sich mit Frauen zu unterhalten, die von ihrer Zeit in sowjetischen Internierungslagern in Deutschland nach 1945 berichten.

Mindestens alle 14 Tage finden Vorträge und Lesungen zum Thema statt, wie zum Beispiel von Professor Konrad Löw, Jurist und Marx-Kenner aus Bayreuth. Einer der wenigen, der über die ersten 50 Seiten des „Kapitals" von Marx hin-

ausgekommen ist und so mit viel Witz und Ironie hartgesottene Marxanhänger ins Schleudern brachte.

Die Bibliothek, klein aber fein, hat etwas Familiäres. ‚Und diesen Kammercharakter möchten wir auch erhalten', so Ursula Popiolek. ‚Wir erfahren immer mehr Zulauf, es kommen ungefähr 15 Interessierte pro Tag. Bei Veranstaltungen müssen wir auch schon mal in größere Räume ausweichen, beispielsweise als Wolfgang Leonhard, Autor des Buches „Die Revolution entläßt ihre Kinder", einen Vortrag hielt'. Die Bibliothek ist in hellem Kiefernholz gehalten, mit einer Galerie als zweite Etage, um Platz zu schaffen für die mittlerweile auf rund 4.000 Exemplare angewachsene Sammlung, die zum größten Teil aus Spenden besteht. Im Keller befindet sich ein kleiner Raum, in dem Zeitschriften gesammelt werden.

Mit der Idee begann alles 1989. Ursula Popiolek schaffte es zu Anfang, 150.000 DM Spendengelder zu sammeln. Bis die Umbauarbeiten begannen, hatten die Räume zehn Jahre lang als Lagerraum für Holz gedient. Im Dezember 1990 konnte die Bibliothek endlich ihre Eröffnung feiern. Vorerst erhielt sie Unterstützung vom Neuen Forum und finanzierte sich vier Monate lang aus Projektmitteln des Senats, bis im Januar 1992 ein Förderverein gegründet wurde, der von der Senatsverwaltung für Kultur unterstützt wird. Das beinhaltet auch zwei feste Gehälter und eine ABM-Stelle für Siegmar Faust, dem späteren Vorstandsvorsitzenden, außerdem Mittel für Veranstaltungen und Bücher, so daß rund 40 Exemplare pro Monat gekauft werden können.

Schwierigkeiten stellten sich ein, als der Besitzer des Hauses auftauchte und mit einer Zwangsräumung drohte. Ende des Jahres läuft der Mietvertrag aus. ‚Das Projekt ist mittlerweile so angesehen, daß wir hier bleiben können', erklärt Ursula Popiolek mit ihrem von Anfang an nicht nachlassenden Optimismus.

‚Wir müssen uns allerdings von anderen Bibliotheken abgrenzen', erklärt Ursula Popiolek. ‚Denn jede andere könne

> den kleinen Bestand schlucken. Unser Motto lautet: Überleben durch Andersartigkeit. Und ein weiterer Grundgedanke: Überparteilichkeit und Parteiunabhängigkeit. Denn Betroffene müßten auf neutralen Boden kommen, um Vertrauen zu fassen und reden zu können.'
>
> ‚Wir versuchen immer, unseren Optimismus nach außen zu tragen', sagt Ursula Popiolek. ‚Wir lebten in einer Diktatur und freuen uns, daß Demokratie jetzt - trotz aller Schwierigkeiten - möglich werden könnte. Zu DDR-Zeiten verkauften die Leute ihre Würde.'"

Mit meinem in der Zeitschrift „Stacheldraht" auszugsweise abgedruckten Tätigkeitsbericht für 1993 wollten wir den Lesern dieser „Opferzeitschrift" auch über die Grenzen Berlins hinweg sowie den Mitgliedern unseres Fördervereins einen Eindruck von dieser neuen kleinen Bildungs-Begegnungsstätte geben.

> „Wenn ich auf das letzte, viel zu schnell vergangene Jahr zurückblicke, kann ich wohl sagen, daß sich einiges verändert hat. Der Schwerpunkt unserer Aktivitäten liegt eindeutig auf den inzwischen schon dreimal monatlich stattfindenden Veranstaltungen, die mit der Zeit auch aufwändiger geworden sind. Unsere Gäste kommen an diesen Veranstaltungsabenden immer früher, um sich vorab noch mit uns oder auch miteinander über gerade anliegende politische Probleme auszutauschen. Außerdem hat es sich herumgesprochen, daß wir oft wissen, wo und wann welche Vorträge zum Thema DDR-Vergangenheit im weitesten Sinne angeboten werden, wie z.B. von der Enquete-Kommission oder der Gauck-Behörde. Informationen dazu, einschließlich kopierter Einladungen, gehören neben Schmalzbrötchen mit zum „Service".
>
> Neben den Donnerstags-Vorträgen trifft sich regelmäßig bei uns der Sachsenhausener Kreis ehemaliger internierter Frauen, die sich gemeinsam Videofilme anschauen und versuchen, durch Mosaiksteinchen von Erinnerungen ein Gesamtbild ihrer Haftzeit zu erstellen.

Eingebürgert haben sich inzwischen auch die sogenannten Rotschocktouren, die auf eine Initiative u.a. von Siegmar Faust zurückgehen. Sie sind gewissermaßen politischer Anschauungsunterricht für jeweils eine Gymnasialklasse aus dem Osten und eine aus dem Westen - an Orten des politischen Widerstands, in Haftanstalten wie Hohenschönhausen, im Mielke-Haus und bei uns. Im Checkpoint Charlie und hier wird ihnen etwas über Anliegen, Sinn und Zweck unserer Begegnungsstätten erzählt und im Anschluß dann eine Lesung eines Schriftstellers aus den ehemals oppositionellen Kreisen bzw. ein Gespräch angeboten.

Diese Art politischer Bildung für junge Menschen wird 1994 einen noch größeren Raum einnehmen, indem wir auch die hier bei uns aufgetretenen Referenten an Jugendveranstaltungen im Rahmen einer Vereinbarung mit dem Stadtrat für Jugend im Bezirksamt Friedrichshain weiterempfehlen. Auf diesem Weg werden bestimmte Themen an junge Menschen herangetragen, zu denen sie durch ihre zum Teil gestrigen, ja oft indoktrinierten Lehrer kaum Zugang hätten.

Auffallend ist, daß (so glaube ich) noch kein einziger Ostberliner Lehrer zu unseren politischen Vorträgen gekommen ist, was wohl für sich spricht. Ähnlich ist es mit den Studenten von der Humboldt-Uni. Wir haben weit mehr Leser und Hörer von der Technischen Universität und der Freien Universität, obwohl die Plakate von uns dort nicht ausliegen und der Weg auch ungleich weiter ist. Für 1994 planen wir eine Lesungsreihe mit ehemaligen oppositionellen Schriftstellern, die weniger bekannt sind als z.B. Jürgen Fuchs und Siegmar Faust. Die Heinrich-Böll-Stiftung könnte eventuell die Projektfinanzierung übernehmen. Wir betrachten diese Veranstaltungsreihe auch unter einem sozialen Aspekt...."

Am Ende meiner Aktivitätenbeschreibung steht der Tätigkeitsbericht über das Jahre 2004.

Dazwischen liegen viele Ereignisse, positive wie betrübliche, die zum Gesamtbild gehören.

Rufmordkampagne

Sie beginnt mit dem Erscheinen eines taz- Artikels von Andreas Schreier, woraufhin sich Herr Faust und ich sofort Rat bei einem Rechtsanwalt holen, der uns aber wegen zu hoher Kosten abriet, eine Gegendarstellung rechtsanwaltlich durchsetzen zu wollen.

Wir sollten in der taz-Redaktion erwirken, daß unsere Stellungnahmen als Leserbriefe abgedruckt werden, was man uns zusicherte. Das Ergebnis war dann perfide. Zwischen unsere beiden Erklärungen platzierte die Redaktion einen uns dermaßen diffamierenden Schmähbeitrag von Hans Schwenke mit hanebüchenen Lügen, der uns die Sprache verschlug. Kurze Zeit zuvor ging er als „Opferfunktionär" noch ein und aus bei uns. Auch die Wahlkampfblätter gegen die PDS, die wir mit ihm und Freunden verteilt hatten, waren im Namen einer Wählerinitiative für Demokratie als V.i.S.d.P. und M.d.A. von ihm unterschrieben, obwohl er gar nicht lange zuvor die Kampfgruppen aufgerufen hatte, ihre Betriebe zu schützen vor den Kapitalisten aus dem Westen, was wir leider erst später erfuhren, auch daß er SED-Genosse war. Er hat wirklich seinem Namen Ehre gemacht.

Wir wußten, wenn man medialen Informationen nicht widerspricht, d.h. nicht gegendarstellt, hat jede andere Zeitung das Recht, diese Information zu benutzen, und das wurde getan von der Frankfurter Rundschau und der Berliner Zeitung, selbstredend vom ND (Neues Deutschland). Mit Begeisterung hat sich die taz immer wieder um unsere Verleumdung verdient gemacht. Kreative Arbeit und honorige Vorträge waren für sie nicht von Interesse. Na ja, spricht für diese Zeitung. Über Brandanschläge später hat man sich sogar lustig gemacht, schon mit der Überschrift: „Hat die taz mitgefackelt?" Welcher Sarkasmus!

Ja, Brandanschläge sollten nun das wirksamste Mittel sein, die ich noch beschreiben werde, Siegmar Faust und mich zum Aufgeben der Bibliotheksverantwortung zu zwingen, sogar noch mit so perfiden Unterstellungen, er bei sich im Treppenhaus und ich auf unserem Privatgrundstück hätten die Sprengsätze selber gelegt. Durch Ulrike Poppe erfuhr ich Jahre später von dieser Aussage Bohleys in Bezug auf den schrecklichen Anschlag bei uns zuhause.

Mit diesem Artikel in einer Zeitung, die ich seither nie wieder in die Hand nahm, änderte sich alles. Von Stund an bewegte sich das „Bücherschiff" in rauer See, und es bedurfte einer ganzen Armada von Helfern gegen die Torpedierer. Auf die Vorwürfe von einigen mir nicht Wohlgesonnenen, zu emotional zu sein und zu polarisieren, könnte ich heute entspannter als damals reagieren, wobei ich mir erlaube, eher die Einen ausführlicher zu erwähnen und das mit allergrößtem Dank auch im Wissen, daß mein Gedächtnis plus Kalendern den einen oder anderen Namen unerwähnt lassen könnte, als die Anderen. Zu emotional zu sein, seh ich im Rückblick als eher positiv an angesichts der Sympathisanten und Unterstützer über all die Jahre hinweg.

Opfer oder Täter?

Worin bestanden nun aber die Ungeheuerlichkeiten, derer wir uns, Herr Faust und ich, so schuldig gemacht hatten, daß wir sozialgesellschaftlich geächtet und einer medialen Rufmordkampagne ausgesetzt wurden, die zu schweren existenziellen Konsequenzen für die Bibliothek wie auch für uns privat führten und sich steigerten bis zu den beiden Brandanschlägen bei jedem zuhause und später einem Wasseranschlag in der Gedenkbibliothek.

Wir hatten einer Frau mit einer 11-jährigen Haftstrafe in der SBZ/DDR Gelegenheit gegeben, aus ihrem Manuskript vorzulesen und lesen zu lassen.

Übrigens, wie ich viel später erfahren hab, wurde dieses handschriftliche Manuskript der Frau Pietzner von Frau Schuster (Gedenkstätte Internierungslager Mühlberg) im Auftrag des Gründungsdirektors des Hannah-Arendt-Institutes für Totalitarismus-Forschung in Dresden Herrn Professor Alexander Fischer abgeschrieben. Das mag auch etwas aussagen über die Wertschätzung dieses schweren Schicksals sowie über den Umgang mit der Frage nach ihrer Schuld. Von Schuld war in mehreren mitleidvollen Artikeln, die uns Frau Pietzner zeigte, über ihr leidvolles 11-jähriges Martyrium, keine Rede. Sie galt als Opfer, bis ihr plötzlich mit diesem Hetzartikel in der taz unterstellt wurde, eine Täterin gewesen zu sein. Wie kam es dazu, wer hat diesen Artikel beauftragt und mit welcher Absicht? Sie wurde lt. ihrem Manuskript als Bürokraft in den Aradowerken in Wittenberg, nachdem diese ausgebombt waren, **dienstverpflichtet** zur Beaufsichtigung von Fremdarbeiterinnen, woraus die taz eine KZ-Aufseherin suggerierte. Hätte sie schwere Schuld auf sich geladen, wäre sie nach spontaner Flucht bei Kriegsende ganz sicher nicht nachhause zurückgekehrt. Dass sie nicht bei der SS war, beschwor sie immer und zeigte uns ihren Arm ohne eintätowierte Nummer.

Sie hatte nichts Böses getan, das beteuerte sie immer wieder, abgesehen von einer Ohrfeige, die sie einer Fremdarbeiterin gegeben hatte, nachdem sie von dieser angespuckt worden war. Eine Waffe, um 100 Russen, wie auch medial behauptet wurde, zu erschießen, deren Zahl sich beim weiteren Abschreiben in anderen Artikeln noch erhöhte, hatte sie nachweislich nicht. Das störte die Schreiberlinge aber nicht, denen es ja nicht um Fakten, sondern einzig um moralische Aburteilung ging. *„Für die Wahrheit darf man auch mal lügen."*

Gehen wir einen Schritt zurück: Frau Pietzner hatte Wolfgang Leonhards öffentlichen Aufruf – sicher im Fernsehen – die Opfer des SBZ/DDR-Unrechtsregimes sollten sich zu Wort melden, so verstanden, als sei er „der Direktor der Gedenkbibliothek zu Ehren der Opfer des Stalinismus" in Berlin, von der sie mal in einer Zeitung gelesen hatte, woraufhin sie mich mehrmals anschrieb und sich mit ihrem erschütternden Haftschicksal vorstellte.

Für den 14.8.1991 organisierten wir also für sie einen Vortragsabend in der Bibliothek gemeinsam mit der Schriftstellerin Renate Lieblich-Gruber, die sich als NS-Expertin ausgab und mit Frau Pietzner bekannt war. Sie las aus dem Manuskript „Licht in der Finsternis. Opfer oder Täter?", wenn Frau Pietzners Stimme versagte. Die vielen Besucher waren betroffen und erschüttert über die 11 qualvollen Jahre im Lager Sachsenhausen und später im berüchtigten Frauenzuchthaus in Hoheneck.

Zu diesem Zeitpunkt war sie eine unbescholtene Person, ein stalinistisches Opfer, die einen Antrag auf Entschädigung für erlittenes Unrecht als politischer Häftling in der SBZ/DDR gestellt hatte. Dieser Antrag, ich greife mal vor, wurde durch Entscheid vom 23.3.1993 positiv beschieden durch eine Kapitalentschädigung (Schriftsatz vom 14.3.1995 des Bundesministeriums für Justiz).

Die Tatsache, daß sie in ihrer Lesung offen darüber berichtete, daß sie dienstverpflichtete Aufseherin in einem Arbeitslager war, konnte damals unsere Einladung nicht belasten, denn in dieser Frage gab es keine rechtlichen Entscheidungen, die dagegen gesprochen hätten. Später erfuhren wir, daß durch Gerichtsentscheid der Bundesrepublik vom 10.10.1955 alle SMT-Urteile als Fehlurteile einer Terrorjustiz anzusehen sind.

Für uns war Frau Pietzner ein schwer geschädigtes Opfer und hatte durch ihre sehr lange Haft Anspruch auf unser besonderes Mitgefühl.

Persönliche Beziehung zu Frau Pietzner

Der Kontakt von ihr zu mir vor und erst recht nach ihrer Lesung in der Bibliothek wurde immer intensiver, sie schrieb mir seitenlange Briefe, denen mit der Zeit tägliche Anrufe bis spät abends zuhause folgten. Sie tat mir sehr leid, war sie doch allein, weil sie vor kurzem ihren Mann verloren hatte. Was tun? Ich hätte mich auch aus heutiger Sicht damals nicht anders verhalten können, als mich ihrer anzunehmen. Und das taten wir sogar wieder als ganze Familie. Wir fuhren zu ihr nach Wittenberg, renovierten ihre Wohnung in einem alten Bauernhaus, kauften Möbel und bewerkstelligten einen aufwändigen Umzug innerhalb des Hauses wegen der Kälte. Das hielt sie aber letztlich doch nicht davon ab, nach Berlin, in die „große Stadt", von der sie immer schwärmte, umziehen zu wollen. Also kümmerten wir uns um einen sehr guten Heimplatz in Berlin, den sie aus ihrer Haftentschädigung begleichen konnte. Vor dem Umzug, auch den bewerkstelligten wir wieder als Familie, mein Mann, meine Eltern und Roy mit seiner Freundin Grit, die in einem Seniorenheim neben ihrem Studium stundenweise arbeitete, den Platz für sie besorgte und versprach, sich immer um sie zu kümmern, wenn sie Dienst hat. Also eine glückliche Situation, auf die sie sich überschwänglich freute. Eh sie nun dort einziehen konnte, nahmen wir sie auf ihre bedrängenden Bitten in unserer Familie auf, ich kleidete sie an meinem Kleiderschrank vor dem Spiegel ein, weil sie meinte, mit ihrem Look nicht in der „großen Stadt" rumlaufen zu können, und um mir Zeit zu sparen, suchte sie sich aus, was ihr von mir gefiel und sagte, ich könne mir ja Neues kaufen, das ginge schneller, als mit ihr einkaufen zu gehen. Niemanden in der Öffentlichkeit hätte dieses ganz Private angegangen. Und ich würde es auch jetzt nicht dem Leser zumuten, wenn es mir nicht darum ginge, die Verleumder zu entlarven. Die „Geldgeschenke" haben nicht aufgewogen, was unsere Familie dafür bezahlt hat: Brandanschlagsfolgen und meine Arbeitslosigkeit, von den seelischen Belastungen bis hin zu den schweren Depressionen meines Mannes ganz zu schweigen. Viele Wochen wohnte sie bei uns, wofür sie uns von ihrem „großen Geld" aus der Haftentschädigung viel abgeben wollte: jeden Tag machte sie das gleiche Zahlenspiel auf dem Papier, wer wieviel bekommen soll nach der Auszahlung der Entschädigungssumme für ihre 11 Lager-Gefängnis-Jahre. Sie sprach den ganzen Tag von ihrer Dankbarkeit und Freude, was meinen Mann damals schon etwas nervte, und er meinte, daß es nur noch um Frau Pietzner ginge. Ich als ihre Nächste und Herr Faust als ehemaliger Häftling waren neben Wolfgang Leonhard ihre Angebeteten und sollten alles bekommen, was wir ihr mit demselben Eifer auszureden versuchten, wie sie es uns aufdrängen wollte. Letztendlich einigten wir uns alle auf eine „runtergehandelte" Summe. Und es hätte niemanden das Geringste angehen können und sollen. Auch ging es ja die Öffentlichkeit nichts an, daß wir als Familie von dem von ihr geschenkten Geld ein durch die Hilfsaktion Märtyrerkirche (HMK) betreutes Kinderheim in Rumänien unterstützten. Das hat die taz nicht interessiert. Also, weder betraf die Angelegenheit die Bibliothek noch ist jemand zu Schaden gekommen, nahmen wir an....

Daß Frau Pietzner ein schwer traumatisiertes Opfer war, konnten wir als ihre Nächsten nicht erkennen und erfuhren erst später von ehemaligen Mitgefangenen nach ihrem veränderten uns unverständlichem Verhalten, daß es neben der Hafttraumatisierung auch Charaktereigenschaften sein mochten, die sie, Herr Faust und wir, so erlebten, daß sie heute „die Hand biß, die ihr gestern das Essen brachte." Nach unserem Kümmern um sie besuchte Frau Bohley sie eines Tages in dem Seniorenheim und redete ihr ein, daß sie als „Schuldige" an Deutschlands Verbrechen keinen Anspruch auf eine Entschädigung habe, daß sie, wie die völlig verstörte Frau Pietzner, uns einmal anschrie, „das Geld den armen Juden geben wolle." An dieser Stelle breche ich ab. Wir waren überfordert. Ihr hätte psychiatrische Hilfe zugestanden. Wir konnten nur als Laien nach bestem Wissen und Gewissen handeln, mehr nicht.

Siegmar Faust, der Frau Pietzner durch sein Dokumentationszentrum in Berlin schon länger kannte, hat damals eine ausführliche Abhandlung unter dem *Titel „Ohne Fairness läuft alles schief..."* als Reaktion auf die geschichtsfremden diffamierenden Artikel in der taz geschrieben, aus der ich mit seiner Einleitung zitiere:

> *„Mit einfachen Lügen, mit Halbwahrheiten, die bekanntlich schlimmer sind als ganze Lügen, sowie mit Unterstellungen wurde durch einen ganzseitigen Artikel der Tageszeitung (taz) vom 1.12. 1994 des „Reporters" Andreas Schreier und*

> *durch eine mit ihm und einem Herrn Hoffmann parallel dazu gestaltete ZEIT-TV-Sendung (im VOX-Kanal) eine Lawine losgetreten, die dann durch den deutschen und ausländischen Blätterwald brach. Die Botschaft ist so einfach wie skandalös.... Freilich Geschichte zu differenzieren, lehrte man uns in den DDR-Schulen kaum ..."*

Aber diese faktenreiche Analyse durfte natürlich nicht veröffentlicht werden, hätte sie doch den am Kochen halten wollenden „Skandal" beenden können, der ja nicht nur auf uns als Gedenkbibliothek gerichtet war.

> *„Nichts gegen Streit! Er verkörpert sicher am deutlichsten das, was wir Freiheit nennen dürfen. Unsere Natur ist wohl, trotz aller Harmoniesehnsucht, darauf angelegt. Eine pluralistische Demokratie bietet dazu, im Vergleich zu allen anderen Modellen, die den Himmel auf Erden versprechen und stets nur die Hölle hinterlassen, den optimalen Rahmen. Es kommt auf uns an, wie wir uns in diesem Rahmen bewegen und verhalten. **Ohne Fairness läuft alles schief, nämlich in Richtung Diktatur.** Angesichts des vor kurzem erlebten Zusammenbruchs einer Diktatur, von manchen liebevoll als „sanfte Revolution" bezeichnet, von manchen zur „Wende" erniedrigt, ist es fast peinlich, schon wieder vor Unfrieden, Unmoral und Ungerechtigkeit warnen zu müssen, denn Mord fängt schon mit **Rufmord** an ..."*

Für Siegmar Faust endete er in einer fristlosen Entlassung in den letzten Tagen seiner Probezeit als „Geschenk" zu seinem 50. Geburtstag. Dazu heißt es weiter:

> *„Schlimm genug, daß meine Vorgesetzten beim „Berliner Landesbeauftragten für die Unterlagen des Staatssicherheitsdienstes der ehemaligen DDR", Pfarrer Martin Gutzeit und Dr. Falco Werkentin, in Absprache mit dem Datenschutzbeauftragten des Landes Berlin, Dr. Garstka, sowie dem dortigen Personalrat, mich ohne eine gründliche Untersuchung, die auch Wolfgang Templin und Jürgen Fuchs vernünf-*

tigerweise forderten und Bernd Eisenfeld von der Gauck-Behörde sogar schon begonnen hatte, mit schwammigen Begründungen aus einer wichtigen Position für die Arbeit der Opferverbände und Bürgerrechtsinitiativen durch hastige Kündigung entfernten, gewissermaßen in „vorbeugender Unterwerfung" vor einer mit der „Faschismuskeule" fuchtelnden, „politisch korrekten" Pressemeute."

**Auf die Gedenkbibliothek die Frage bezogen:
Wer war Opfer, wer Täter?**

Termini, die eigentlich nichts mit einer Bibliothek zu tun haben sollten, wurden nun unser täglich Brot: Gegendarstellung, Stellungnahmen, Strafanzeige, einstweilige Anordnung, einstweilige Verfügung …

Wieviel Kraft, Seele, Gesundheit und Zeit wurden in Abwehrkämpfen vergeudet, aber auch wieviel Unterstützungsschreiben füllen ganze Ordner!

Die Liste nicht nur der Mitglieder und Freunde ist lang, auch die der Berliner politischen und kulturellen Entscheidungsträger und verständnisvoller Politiker bis ins Kanzleramt hinein. Immer wieder taucht der Name Dr. Jürgen Aretz auf. Wieviel Telefonate hat es mit ihm gegeben und auch persönliche Begegnungen. Immer bekam ich Verständnis und Ermutigung. Schau ich heute auf die in meinen Kalendern notierten Namen, frag ich mich kopfschüttelnd, was rechtfertigte einen solchen personellen und Zeitaufwand. Ich war meistens eine 1-Mann-Bibliothek!

Eines Tages empfing mich sogar der Kanzleramts-Staatsminister Anton Pfeifer am legendären großen Tisch Honeckers im Staatsratsgebäude und hörte sich mit viel Verständnis meine Klagen an, obwohl es in dieser Zeit grad das Treffen einiger Bürgerrechtler mit Helmut Kohl gab. Eine komplizierte Situation.

Natürlich leihen wir keine Kinderbücher aus, wir sind eine politische Bibliothek mit einem antitotalitären Duktus sowie mit ihrem Bücherbestand und dem Vortragsangebot in allererster Linie dem Grundgesetz verpflichtet, was eigentlich nur welche politischen Gegner auf den Plan rufen könnte?

Man mag uns Einseitigkeit vorgeworfen haben. Ja - in gewisser Hinsicht, aber in unserem Namen stand deutlich: zu Ehren der Opfer des Stalinismus. Ihrer wird durch den linken Zeitgeist eh zu wenig gedacht, also warum so eine Zerstörungswut gegen so eine kleine Gedenkstätte?

Hätten sich Fuchs und Bohley wenigstens die Mühe gemacht, mit Faust und mir zu reden… Sie taten es nicht und wurden nach ihrer Abwahl immer aggressiver im Bund mit einigen Medien.

Auch taten es die über uns schreibenden Journalisten nicht mit einer Ausnahme in der Frankfurter Allgemeinen. Der mich damals über Stunden Interviewende schrieb fair im Gegensatz zu der bereits Erwähnten in der Berliner Zeitung, die uns verleumdete mit ihrem Artikel „Renger sieht ihren Namen durch Gedenkbibliothek mißbraucht". Ich erwähnte ja bereits, daß ich nach diesem medialen Angriff im Telefongespräch mit Frau Renger ihr Verständnis bekam, das sie abschloß mit den Worten: *"Seids Ihr denn in Berlin alle verrückt geworden!"* Wie Recht sie damit hatte. Was blieb uns aber anderes übrig, als mit öffentlich gemachten Unterstützungsschreiben auf diese medialen Angriffe zu reagieren?

Aus dem Brief eines Mitglieds, stellvertretend für viele, an die Redaktion der Berliner Zeitung, möchte ich zitieren:

> *„Am 21.8.1996 erschien in Ihrer Zeitung ein Artikel von einer Renate Oschlies „Renger sieht ihren Namen durch Gedenkbibliothek mißbraucht", der nicht nur mir die letzten Haare zu Berge stehen ließ. In diesem Artikel werden eine Menge ungeprüfter Behauptungen aufgestellt, die mich an bittere Erfahrungen der 40 Jahre der untergegangenen DDR*

erinnern. Zunächst möchte ich betonen. Ich bin seit mehr als 4 Jahren Mitglied der Gedenkbibliothek und nahm seither an fast allen Veranstaltungen dieser hervorragenden Einrichtung teil, außerdem habe ich mehr als 200 Bücher gelesen, die in der Bibliothek auszuleihen sind. **Nichts** von dem in Oschlies Behauptungen stimmt. Eingangs wird behauptet: die Bibliothek habe einer KZ-Aufseherin zur Entschädigung verholfen. Das ist Unsinn. Das wäre so, als wenn ich behaupten wolle, die Berliner Zeitung sei ein ultralinkes Journal, weil dieser Artikel dort erschien. Ich habe bittere 40 Jahre DDR-Erfahrung hinter mir und bin nicht bereit, alle Behauptungen von Oschlies unwidersprochen hinzunehmen.

Als im Jahr 1958 drei meiner Mitstudenten aus politischen Gründen zu insgesamt 14 Jahren Zuchthaus verurteilt wurden, stimmte ich trotz maßloser Hetze der SED-Genossen allein mit einem Mädchen gegen die Verhaftung. Insgesamt waren etwa 120 Philosophiestudenten anwesend, die meist aus Angst brav der Aufforderung folgten, die drei „Staatsverbrecher" zu verurteilen. Was ich dabei auf mich nahm, kann eine Frau Oschlies sicher nicht begreifen. Deshalb finde ich die Behauptung, ein orientierungsloser Rechtsextremist zu sein als maßlos infam und verleumderisch. Ich war Arbeiter und als einer der wenigen meines Jahrgangs (1924) niemals in der HJ oder einer anderen NS-Organisation. Als Arbeiter wurde ich zur ABF delegiert und studierte Philosophie, Geschichte und Psychologie. Immer wieder hatte ich Ärger während des Studiums und während meines Berufslebens, weil ich mich nicht duckte und niemals der SED beitrat. Immerhin gingen an die 2,3 Millionen Menschen in diese „hehre" Partei ihres Fortkommens willen.

Die Leiterin der Gedenkbibliothek Frau Popiolek, die von allen Ultralinken maßlos gehaßt wird, gab mir wie jedem Mitglied den Brief, den ich aus voller Überzeugung unterschrieb."

(Es war ein Anerkennungsschreiben von Annemarie Renger für die Arbeit der Gedenkbibliothek zum Weiterschicken an den Landesbeauftragten.)

> „Die Geschichte der KZ-Aufseherin geistert nun schon seit mehreren Jahren durch die linke Blätterwelt, ND, Junge Welt und taz. Daß sich die Berliner Zeitung nun auch dafür hergibt, in diese Kerbe zu schlagen, zeugt nicht gerade von Anstand. Weder die Bibliothek noch Frau Popiolek oder Herr Faust haben dieser Frau zur Entschädigung verholfen, sondern die Justizbehörde. Und noch vor wenigen Monaten unter der Leitung der linksliberalen Justizministerin Schnarrenberger wurde ein mehrseitiges Schreiben verfaßt, daß Pietzner das Geld zurecht erhalten habe. Wenn das Ministerium jetzt etwas anderes behauptet, ist das seine Sache und geht die Bibliothek nichts an..... Daß man diese alten Kamellen wieder ans Tageslicht zerrt, dient doch nur der politischen Hetze.... Ich habe Oschlies nicht einmal in der Bibliothek bemerkt, woher hat sie ihre Kenntnis? Daß sich Fuchs, Bohley und Templin gegen die Bibliothek äußern, finde ich sehr traurig und bin enttäuscht. Schließlich ging ich unter ihren Fahnen zu den Demonstrationen, die das verfluchte DDR-Regime zusammenkrachen ließen. .... Martin Gutzeit hat selbst Vorträge in der Bibliothek gehalten, lange nach der Pietznersache..... Eine weitere Unwahrheit ist die Behauptung von den rechtsextremistischen Schriften... ich habe mir den Bestand genau angesehen ... als promovierter Historiker kann ich mir ein Urteil erlauben. Blanke Verleumdungen! ..."

(Dann folgen Sätze zum Inhalt des „Verratenen Sozialismus" von Karl Albrecht)

Abschließend:

> „Ich fordere Sie deshalb auf, Stellung zu diesem verleumderischen Artikel zu nehmen. Die Berliner Zeitung war ehemals ja neben dem ND die zweite SED-Zeitung. Sind in Ih-

ren Reihen nicht noch einige der alten Journalisten tätig, die man vielleicht als Wendehälse bezeichnen kann? Diese Frage ergibt sich bei mir, wenn ich einen solchen Artikel lesen muß. Der Schoß ist fruchtbar noch, aus dem das kroch. Das gilt für alle zerbrochenen Diktaturen.

Hochachtungsvoll

Willi Krebs"

Hinzufügen möchte ich, daß ich mich bemühte, mit Frau Oschlies zu sprechen, wußte ich doch, daß sie Mitarbeiterin unter dem Chefredakteur Hans-Joachim Koppe war, dem ich mein allererstes langes Interview gab, das ich in meinem „Offenen Brief" an Frau Gissler erwähne und woraufhin sie die Bibliothek „nie mehr verlassen wollte". Er war sprachlos, als ich ihm die Sache schilderte.

Als Geschäftsführer schickte ich am 26.8.1996 eine Gegendarstellung an die Chefredaktion der Berliner Zeitung:

> „Sehr geehrte Damen und Herren,
>
> 1. Die Autorin behauptet u.a., die Rehabilitierung von Frau Pietzner sei durch Frau Popiolek und Herrn Faust befördert worden.
>
> Das ist unwahr. Wahr ist, Frau Popiolek und Herr Faust waren weder ihrer Stellung noch ihren Einflußmöglichkeiten nach dazu in der Lage.
>
> 2. Die Autorin behauptet, das Berliner Abgeordnetenhaus hätte sich gegen eine weitere Förderung ausgesprochen.
>
> Dies ist unwahr. Das Abgeordnetenhaus hat ausweislich seiner Sitzungsprotokolle keinen derartigen Beschluß gefaßt.
>
> 3. Die Autorin behauptet, im Bestand der Bibliothek seien Schriften mit rechtsextremistischem Inhalt entdeckt und diese seien auch ausgeliehen worden.
>
> Dies ist unwahr. Gemeint ist wahrscheinlich ein Exemplar eines während der Nazizeit erschienenen Buches, das sich kritisch mit dem Sowjetkommunismus auseinandersetzt.

(Karl Albrecht „Der verratene Sozialismus"). Dieses Buch wurde nie ausgeliehen.

4. Die Autorin zitiert die Meinung des Pfarrers Gandow, wonach die Bibliothek zunehmend zum „Sammelbecken orientierungsloser Rechtsextremisten werden könne".

Die Meinung ist irrig. Wahrheitsbeweise fehlen.

Unwahr ist, daß Siegmar Faust (Landesbeauftragter für die Unterlagen des Staatssicherheitsdienstes der ehemaligen DDR in Sachsen) dies bestätigt habe.

Wahr ist, daß Mitglieder und Benutzer der Gedenkbibliothek von den Verantwortlichen nicht nach Partei-, Vereins- oder Gruppenzugehörigkeit befragt werden, da dies für den Vereinszweck unerheblich wäre.

Unwahr ist auch, daß sich Aktivisten von Psychosekten im Verein engagierten.

Wahr ist vielmehr, daß in der Bibliothek Persönlichkeiten zu Wort kommen, die über jeden Verdacht, Extremisten oder Antidemokraten zu sein, erhaben sind.

Nach §3 Abs.2 LPresseG ist die Presse gehalten, alle Nachrichten vor ihrer Verbreitung mit der nach den Umständen gebotenen Sorgfalt auf Wahrheit, Inhalt und Herkunft zu prüfen.

Wir bitten Sie, diese Richtigstellung abzudrucken.

Mit freundlichen Grüßen

Ursula Popiolek, Geschäftsführer im Vorstand des Fördervereins Gedenkbibliothek zu Ehren der Opfer des Stalinismus e.V."

Ja, es zogen schwarze Wolken über der Bibliothek auf und sollten sich lange nicht verziehen …

Details an Hand meiner Kalender wären aneinanderzureihen, aber es langweilte den Leser und machte die ganze Geschichte auch nicht begreifbarer.

So werde ich nur in Kurzfassung auf die damaligen Vorstandsbesetzungen eingehen.

Vorständewechsel

Nach dem Ausscheiden von Fuchs und Bohley schlug Faust auf einer öffentlichen Mitgliederversammlung am **9. Januar 1995** Wolfgang Templin vor, der aufgrund seines Versprechens, allen Schaden von der Gedenkbibliothek abzuwenden und der öffentlich gemachten Forderung von Bohley nach Kündigung von Popiolek nicht zu entsprechen, von den Mitgliedern gewählt wurde, obwohl die meisten ihn ja gar nicht kannten.

Vorausgegangen war dieser Wahl am Vorabend eine Aufforderung an Faust und mich, an einer Besprechung mit vermeintlichen Freunden im Checkpoint Charlie teilzunehmen, auf der wir mehr oder weniger gezwungen wurden, tags darauf auf unsere beiden Vorstandsposten zu verzichten. Faust hätte sich zur Wahl stellen sollen anstelle von Bohley, ging aber leider auf die Forderung, verzichten zu sollen, ein. Uns wurde ein fast wörtlich vorformulierter Schuldeingestehtext vorgelegt. Ich weigerte mich, ihn anzunehmen oder aber am nächsten Abend öffentlich zu verkünden, daß ich zu dieser Erklärung gezwungen wurde. Obwohl die Anwesenden, und ich weiß noch wer sie waren, u.a. Hans Schwenke, mich bedrängten, daß nach der Wahl ein „klärender" Artikel in der Süddeutschen Zeitung erscheinen sollte, sagte ich, daß ich meine Wahl- bzw. Abwahl nach **meiner** Erklärung den Mitgliedern überlassen werde. Es war der Mut der Verzweiflung neben meinem guten Gewissen, der mich trug und tags darauf die angespannte Situation aushalten ließ.

Bohley hatte im Vorfeld, wie gesagt, angekündigt, sich nicht wieder zur Wahl zu stellen. Spürte sie doch keinen Rückhalt, nachdem sie einen Teil der Opfer-Mitglieder diffamiert und sich ja eh kaum um die

Bibliothek angesichts ihrer höheren Aufgaben gekümmert hatte. Zudem hatte sie Angst, durch Faust und mich politisch „beschädigt" zu werden. Fuchs erschien zu spät, nachdem Herr Zahn die Tagesordnung bereits verlesen hatte, was einen coram publico ausgetragenen peinlichen Streit zwischen zwei Psychologen auslöste und Fuchs den Saal verlassen ließ. Damit war der 1. Vorstandsposten frei, für den Faust, statt selbst anzutreten, Templin vorschlug.

Ich gab meine Erklärung ab und überließ es den Mitgliedern, mich als Geschäftsführerin wieder zu wählen. Es ging heftig zu an diesem Abend, im Saal saßen sich zwei unversöhnliche Lager gegenüber, aber jeder durfte reden. Ich erlebte lebendige Demokratie und hab noch die Frage meiner Mutti an Bärbel Bohley, ob sie je mit mir gesprochen hätte, meinen aus USA angereisten Sohn mit einem perfekt diplomatischen Auftritt, Herrn Dr. Steudel und Herrn Jungnickel, die darauf verwiesen, es sei demokratisch, erst zu klären und dann Konsequenzen zu ziehen, d.h. zurückzutreten, vor Augen. Ich wurde erneut wiedergewählt als Geschäftsführerin, die ich von Anbeginn war.

Der Umweg über Templin statt Faust und auch Dr. Günter als Verlegenheitsentscheidung hat uns in der kommenden Zeit nur kurz geholfen, denn bald spielte Templin eine so unrühmliche Rolle mit einem solchen Zerstörungspotential im Duo mit Herrn Kuo, der wiederum nach einer kurzen Anstellungszeit in der Bibliothek wegen Geschäftsschädigung entlassen werden mußte, daß ich mich zu beiden ungern äußere. Festzuhalten sei aber unbedingt das Versprechen Templins, allen Schaden von der Gedenkbibliothek abzuwenden und der öffentlich gemachten Forderung Bohleys nach „Kündigung Popioleks" eben nicht zu entsprechen, woran er sich dann aber nicht hielt. Wir hatten genügend Beweise für ihr beider Diffamieren und Intervenieren beim Landesbeauftragten bis hin zur wiederholten Aufforderung, die öffentlichen Mittel zu streichen, wenn keine Satzungsänderung in der Weise durchgesetzt würde, daß ich als Geschäftsführerin nicht mehr im Vorstand bin. Wir klagten gegen ein solches Eingreifen, das vom Landesbeauftragten für Stasiunterlagen Herrn Gutzeit im Abgeordnetenhaus vorgebracht worden war.

Und ehe ich den **Offenen Brief an Jürgen Fuchs von Dirk Jungnickel**, der später auch lange Zeit Vorstandsmitglied war, abdrucke, charakterisiere ich den Filmregisseur mit seinen Zeitzeugendokumentationen, die er alle in der Bibliothek vorgestellt hat:

1. „Wir dachten, der Krieg ist vorbei",
2. „Wir waren schon halbe Russen" (Deportiert und überlebt im Gulag),
3. „…und die Übrigen werden erschossen"
4. „Wir sprechen hier Recht!",
5. „…Agenten, Faschisten und Provokateure…" (Schicksalstag 17. Juni ´53)

Dirk Jungnickel schrieb am 28.1.1995 an die Redaktion von „Horch und Guck", die ein verleumderisches Schreiben von Jürgen Fuchs gegen die Bibliothek, aber vor allem gegen Siegmar Faust und mich persönlich, abgedruckt hatten:

> „Da Sie offensichtlich zur Wahlversammlung des Fördervereins Gedenkbibliothek zu Ehren der Opfer des Stalinismus am 9.1.1995 keinen Redakteur entsandt haben, aber sich wenig neutral und vorbehaltlos der Schilderung von Jürgen Fuchs anschließen, sollten Sie meinen Leserbrief zum Anlaß nehmen, Ihre Haltung zu überprüfen. …
>
> Können Sie sich aus kaum einzusehenden Gründen dazu nicht entschließen, bitte ich Sie, den Brief wenigstens an Jürgen Fuchs weiterzuleiten, da ich nicht im Besitz seiner Adresse bin.…"

Offener Brief an Jürgen Fuchs, bestimmt zur Veröffentlichung in „Horch und Guck":

> „Hallo Jürgen,
> Was nur ist in Dich gefahren?

Dein offener Brief an die Redaktion Horch und Guck vom 12.1.1995 zielt derart unter die Gürtellinie, daß ich mich – der ich Dich als Mitglied des Fördervereins Gedenkbibliothek zu Ehren der Opfer des Stalinismus seinerzeit mit in den Vorstand wählte – geradezu einer Unterlassungssünde schuldig machte, würde ich ihn unwidersprochen lassen.

Es ist schlicht infam, wenn Du Ursula Popiolek und Siegmar Faust als ‚eingesickerte Leute´ im Förderverein diffamierst. Im Wesentlichen waren sie es, die mit Engagement und Idealismus die Gedenkbibliothek aufgebaut haben. Sie haben den Bestand der Bibliothek ständig vervollständigt, wichtige Autoren für Lesungen gewonnen und für eine aufgeschlossene Diskussionsatmosphäre gesorgt. Ich jedenfalls möchte diese Abende am Hausvogteiplatz nicht missen und plädiere für ihre Fortsetzung unter der bewährten Leitung. Vielleicht wäre Dir dieser Ausrutscher in der Einschätzung nicht unterlaufen, wenn Du (wie leider auch das ehemalige Vorstandsmitglied Frau Bohley) nicht permanent durch Abwesenheit geglänzt hättest.

Bei der Wahlversammlung am 9.1.1995 glaubte ich wahrlich, Dich nicht mehr wiederzuerkennen, als ich erleben mußte, wie Du nach verabschiedeter Tagesordnung polemisch die Diskussion an Dich zu reißen versuchtest, wütend den Raum verlassen hast und Dir vor Pressevertretern im Vorraum Luft zu machen versuchtest. Das war schlechter Stil, Jürgen, und das hat nicht nur mich enttäuscht.

Damit wir uns recht verstehen. Selbstverständlich hätte eine Debatte über den Fall Pietzner stattfinden müssen. Die aber mußte zwangsläufig zu einer Personaldiskussion führen, die wiederum nicht vor der Öffentlichkeit stattzufinden hat. Auch in einem von der öffentlichen Hand finanzierten nicht. Über den Ausgang derselben hätten wir dann selbstverständlich die Presse informieren müssen. Das ist zweifellos schiefgelaufen. Daß es während der Wahl, deren Verlauf und Rechtmäßigkeit über jeden Zweifel erhaben ist, dann doch zu Personaldiskussionen gekommen ist, ist eine andere Sache. Daran hättest Du Dich beteiligen können, wenn Du es nicht vorgezogen hättest, grollend zu entschwinden. Eben gerade durch Hochspielen des umstrittenen Falles Pietzner durch Presseorgane wie das Blättchen taz (ich bleibe dabei, und mehr habe ich über dasselbe nicht geäußert) bestärkt die gebotene Vorsicht beim Umgang mit (sogen. Linker) Presse.

Was ein Schreiberling namens Schreier (über dessen Provenienz Du Dich einmal informieren solltest) hier in seinem Artikel vom 1.12.1994 verzapfte, ist Holzhammerjournalismus mit nur allzu durchsichtigem Ziel, nämlich Liquidierung der Gedenkbibliothek. Ich muß Dir doch nicht sagen, daß Aufklärung über Sowjet – und DDR – Stalinismus gewissen Leuten ein Dorn im Auge ist. Und was wäre da willkommener als die ‚Faschismuskeule´?

Der Fall Pietzner muß und wird untersucht werden. Da habe ich volles Vertrauen zu W. Templin (vom taz-Schreier unverschämt in eine rechtsextreme Ecke gestellt) und dem neuen Vorstand.

Dirk Jungnickel als Zuhörer

Daß Menschen, die die üblen Internierungslager der Sowjets als erste deutsche Opfer des Stalinismus durchlitten haben, weiterhin eine Heimstatt in der Gedenkbibliothek haben, dafür werde ich mich vehement einsetzen. Das ist eine Selbstverständlichkeit. Ich erinnere an den Namen dieser Einrichtung.

Ein schwarzes Schaf bestimmt nicht die Herde, und gar den Stall deshalb abreißen zu wollen, nenne ich totalitäres Handeln, im Übrigen ist noch nicht einmal bewiesen, ob es oder wie schwarz es tatsächlich war.

Die umstrittenen Geldgeschenke sind auf der Versammlung mehrheitlich als politischer Fehler bezeichnet worden. Juristisch sind sie m.E. nicht zu beanstanden, weil sie privaten Charakter hatten.

Bedenke noch einmal, ob Du Dich wirklich daran beteiligen kannst, aus diesem Grund wichtige geleistete Arbeit herabzuwürdigen und denen Vorschub zu leisten, die ein Interesse daran haben, die Bibliothek kaputtzumachen.

Bitte begebe Dich nicht auf das jetzige Niveau von Frau Bohley, die in einer Sendung von Deutschlandradio am 9.1.1995 polemisch und unreflektiert die Streichung der Mittel für die Bibliothek forderte.

Ich weiß nicht, ob Du ein klärendes Gespräch gesucht hast, als es noch Zeit war. Derzeit sind dafür sicher – leider! – die Fronten zu verhärtet.

Diese Fronten allerdings werden die Ewig-Gestrigen und notorischen Geschichtsfälscher von SED-PDS sowie andere sich links gerierende Stimmungsmacher zu nutzen wissen.

Das stimmt mich traurig und ist für mich schwer zu ertragen.

Deshalb dieser Brief.

Es grüßt Dich Dirk Jungnickel"

Brandanschläge

Bald nach der Kündigung von Siegmar Faust **brannte es** in den frühen Morgenstunden im Mietshaus, in dem er wohnte, mit dieser erwähnten Aufklärungsschrift über den ganzen Skandal als Lunte für die Fahrradreifenanzündung, die verkohlt zurückgelassen wurde. Wie schlimm hätten die Folgen sein können für alle Hausbewohner, wenn die starke Rauchentwicklung nicht von Fausts Partnerin bemerkt worden wäre. Die Ermittlungen wurden eingestellt, ja, der Polizeipräsident Herr Kittlaus, den ich um Rat fragte, sagte mir sogar, daß „gemunkelt" würde, Siegmar Faust hätte den Brand selbst gelegt. Auf meine ängstliche Frage, was mir geschehen könnte, meinte er, es würde möglicherweise eine böse Schmiererei an unserem Haus geben. Einen Brand schloß er aus, wohl um mich zu beruhigen. Und dann:

Am 17. Februar 1995 gab es den 2. Brandanschlag, diesmal auf unserem Grundstück, wobei das Auto meiner Eltern völlig ausbrannte, unser in der Einfahrt davor stehendes Auto hinten beschädigt wurde, und die Hecke entlang der Einfahrt zum Teil verbrannte. Das Feuer hätte auf unser wie aufs Nachbarhaus bei nicht sofortigem Einsatz der Feuerwehr schnell übergreifen können.

Bohley unterschrieb eine von Bürgerrechtlern verfaßte Resolution gegen diesen Anschlag nicht, weil sie von der Polizei erst geklärt haben wollte, ob der Brand nicht von mir selber gelegt sei. Allein diese Aussage erlaubte mir gnadenlose Unversöhnlichkeit.

Was war geschehen in dieser frühen Morgenstunde bei uns zuhause?

Wegen meiner Angst, ohne meinen Mann, der wegen der Rufmordkampagne schwer suizidal gefährdet in der Charité lag, allein nachts in unserem Haus zu sein, wechselten sich meine Eltern mit meinem Schwager aus München ab, bei mir zu sein, weshalb mehrere Autos auf dem Grundstück standen. Von einem schrecklichen Knall wurde ich gegen 4 Uhr wach und erschrak mörderisch, als ich dieses Feuer in der Einfahrt sah, schrie nach meinem Vati, der mit seinen 80 Jahren aus dem Bett sprang, losstürzte und versuchte, mit dem Gartenwasserschlauch, das Wasser mußte auch noch kompliziert angestellt werden, es war ja Winter, zu löschen, während ich sofort 110 anrief. Die Polizei kam glücklicherweise in den nächsten Minuten, versuchte auch zu löschen, was nicht gelang. Gottlob kam bald darauf die Feuerwehr, die unser Nachbar gerufen hatte, der zufällig zu dieser frühen Stunde auf dem Grundstück seiner Eltern war und ein schwelendes Feuer unter einem Auto entdeckte. Welch ein Glück oder Schicksal, daß er zu dieser außergewöhnlichen Zeit auf dem Grundstück war…Es war eine ganz und gar einmalige Situation.

Was dann folgte kann sich nur vorstellen, wer so einen Horror schon mal erleben mußte. *„In antifaschistischer Aktion legen wir einen Sprengsatz unter das Auto von Ursula Popiolek"*. So oder ganz ähnlich lautete das Bekennerschreiben, das bei der Berliner Morgenpost einging. Es war aber das Auto meiner Eltern, die sich das erste Mal in ihrem Leben ein kleines neues Auto hatten leisten können. … Und sowas soll man sich selber antun?! Mir graust noch heute, wenn ich nur daran denke.

Einem Schreiben vom 19.2.1995 15 Uhr 10 entnahm ich später, daß die Bibliothek zwischen dem 16. und 20. Februar unverschlossen war, was junge Leute am Sonntagnachmittag entdeckten. Mit dem auf dem Schreibtisch liegenden Schlüssel schlossen sie ab und hinterließen dieses Schreiben, wovon weder Templin noch Kuo den Vorstand informierten. Ich war in dieser Zeit jeden Tag in der Klinik bei meinem Mann. Per Zufall wurde dieses Schreiben Monate später gefunden. Warum war die Bibliothekstür unverschlossen und einen Spalt offen, als bei uns zuhause der Brand gelegt wurde? Bestand ein Zusammenhang? Das hab ich mich lange gefragt.

Nach dem Brandanschlag bei uns zuhause wurde der 1. Brand bei Faust auch als Anschlag gewertet. Aber strafrechtliche Folgen hat es natürlich nicht gegeben. Parallelen zu heutigen Antifa-Anschlägen verbieten sich logischerweise.

Das Duo Templin/Kuo

Am **13. März 1995** gab es eine außerordentliche Mitgliederversammlung mit der Vorstellung des ab 1. Februar 1995 angestellten Presse- und Planungsreferenten Kuo und die Ankündigung einer großen politischen „Wende" in der Veranstaltungspolitik.

Zwischen März und Juni existierte auf mehreren Vorstandssitzungen oft nur ein einziges Thema: höhere Gehaltsforderungen von Kuo. Herr Templin kannte weder Finanzierungsplan noch Konzeption für die Förderungsfähigkeit des Trägervereins „Gedenkbibliothek", als er im Alleingang einen rechtsunwirksamen Arbeitsvertrag mit Kuo schloß. Erst nachdem im Juni 1995 der durch Gutzeit akzeptierte Arbeitsvertrag zustande kam, begann Kuo unqualifizierte Attacken gegen mich, obwohl ich im Vorstand meine gehaltliche Rückstufung zu seinen Gunsten anbot, damit er mehr verdient. Ich sah ja damals in ihm noch den schwer geschädigten Bautzen-Häftling und Herausgeber vieler Hafterinnerungen, u.a. Siegmar Fausts.

Im Juli 1995 erfolgte aber nach Kenntnis dieser und weiterer Indiskretionen auch Herrn Faust gegenüber, die so perfide waren, daß ich mich scheue, sie zu beschreiben, die Kündigung Kuos auf einer außerordentlichen Vorstandssitzung, an der teilzunehmen Templin fest zugesagt hatte, aber dann im letzten Moment absagen ließ. Mehrheitlicher Beschluß: Kuo wegen Ungeeignetheit fristgerecht in der Probezeit, die Templin – wie erst im Nachhinein durch das Arbeitsgericht bekannt wurde - eigenwillig auf einen Monat begrenzt hatte, zu entlassen. Kuo reagierte daraufhin mit öffentlicher Verunglimpfung durch angeblich in der Bibliothek gefundene nazistische Bücher. Er täuschte die Öffentlichkeit mit der Behauptung, er sei entlassen worden, weil er rechtsextremistische Literatur in der Bibliothek gefunden habe. Templin unterstützte Kuos Reaktionen und setzte dessen Lügen eine als Straftat zu ahnende Aussage hinzu: Absage eines Referenten *„Wegen bekanntgewordener Verbreitung von NS-Literatur durch die Mitarbeitern der Gedenkbibliothek Ursula Popiolek".* Diese Pressemitteilung hatte er auf einer Pressekonferenz mit Bärbel Bohley und Kuo am 11. August 1995 in den Räumen der Vereinigung Opfer des Stalinismus (VOS), ohne den Landesvorsitzenden Siegmar Faust zuvor in Kenntnis gesetzt zu haben, an Journalisten verteilt und die Streichung der öffentlichen Mittel für die Gedenkbibliothek gefordert. Daraufhin stellte ich einen Strafantrag gegen Wolfgang Templin wegen böswilliger Verleumdung. Am 10. August sagte er das für diesen Termin angesetzte Gespräch über die inhaltliche und finanzielle Planung für 1996 eigenmächtig ab und suchte den Landesbeauftragten als Zuwendungsgeber eine Woche zuvor auf, um anhand eines polemischen Schreibens als 1. Vorsitzender die Förderungswürdigkeit des Trägervereins in Frage zu stellen.

Nach einem Gespräch zwischen Herrn Gutzeit und dem 2. Vorsitzenden Dr. Günter erfolgte die Einladung durch Herrn Günter zur außerordentlichen Jahreshauptversammlung am **28. August 1995** mit dem wichtigsten Tagesordnungspunkt: Abwahl des 1. Vorsitzenden Wolfgang Templin wegen Vereinsschädigung, auf der Dr. Kuhn von Dr. Günter als 2. Vorsitzender vorgeschlagen und gewählt wurde, wovon sich nun alle Ruhe im Verein versprachen und was zunächst auch so aussah: ein promovierter Chemiker und ein Professor für Anglistik, den Frau Gneist aus ihrer Hamburger Unizeit her sogar kannte. Zudem brüstete sich Dr. Kuhn, Berater von 3 Senatoren zu sein und beste Kontakte in die höheren CDU-Kreise zu haben. Zwei konservative Westler also mit Demokratieerfahrung.

Wie hoch unsere finanziellen Mittel waren, wenn auch nur projektbezogen, weiß ich nicht mehr.

Eines Morgens Anfang Oktober bekam ich einen Anruf vom Landesbeauftragten Martin Gutzeit, ich möge in sein Amt kommen, Dr. Günter sei schon da, wovon ich nichts wußte.

Das finanzielle Aus trotz der beiden neuen Vorstandsvorsitzenden

Wie ein Schlag auf den Kopf traf mich der Satz vom Landesbeauftragten: „*Mit sofortiger Wirkung wird die Zahlung der Fördermittel eingestellt.*" Die taz war bereits *vor* mir informiert worden! Das war der Höhepunkt einer seit nun schon zwei Jahren schwärenden Kampagne.

In meiner Aufregung entdeckte ich plötzlich ein mitlaufendes Tonband, das mir den Rest gab. Es hieß, Dr. Günter hatte dem Aufzeichnen im Vorhinein zugestimmt.

Ich war außer mir! Mit einem Satz das finanzielle Ende der Bibliothek: keine Miete und kein Gehalt! Ab sofort!

Ich setzte wiedermal ein ganzes Räderwerk in Gang mit gebremster Hoffnung auf die beiden Vorstandsvorsitzenden, was sich bald beweisen sollte. Dr. Kuhn meinte in einer Vorstandsrunde privat bei Dr. Günter zuhause: "*Ich brauch nur mit dem Finger zu schnipsen, dann sind Sie erledigt, wenn Sie nicht spuren, Frau Popiolek.*" Und Dr. Günter: „*Die Bibliothek werden **Sie** nicht halten, sonst wär Ihnen das Bundesverdienstkreuz sicher.*" Ich hatte diese beiden Sätze damals wörtlich in meinem Kalender notiert.

Mein Mann und ich brachen sofort auf. Was Dr. Kuhn bewogen hat und was er erreichen wollte, haben wir nie erfahren. Es gab Spekulationen um eine Krankheit. Wieder standen Herr Leonhard als mein jahrelanger Getreuer als Schatzmeister im Vorstand und ich vor einem Scherbenhaufen.

Ich hatte mich bereits beim Arbeitsamt arbeitslos gemeldet, und die Miete versprach die Hilfsaktion Märtyrerkirche (HMK) zu übernehmen.

Damit hatten die „Zerstörer" wohl nicht gerechnet. Die See war rauh, wurde auch noch rauher mit der Kündigung des Raumes, aber das Bibliotheksschiff hielt Kurs.

Auf die letzte Wahlversammlung ohne Kampfabstimmung möchte ich noch kurz eingehen, die nach Abwahl Templins zwei „Westler" in den Vorstand berief, von denen nun Ruhe ausgehen sollte nach einem wiederholten Schmähartikel in der taz „Es rappelt im Karton der Gedenkbibliothek". Was sich eine Weile als glättend vermeinte, entpuppte sich unbegreiflicherweise nun bald als pure Eitelkeit zweier „Besserwessis", die uns als Notlösungsvorstandsvorsitzende zwar endgültig von den drei Bürgerrechtlern erlösten, aber leider für neue andere Schwierigkeiten sorgten. Ohne jede Kenntnis der Vorgeschichte und sonstige Sachkenntnis wollte Dr. Günter, der, wie gesagt, kurze Zeit 1. Vorsitzender war, in mir als Geschäftsführer seine ausführende Sekretärin sehen und aus purer Eitelkeit als ein Vorstandsvorsitzender in der Öffentlichkeit in Erscheinung treten. Warum hatte er das nötig? Seiner Borniertheit setzte er noch die Krone auf, indem er vor einer wieder einmal erforderlichen Vorstandswahl - diesmal wegen Dr. Kuhns unsäglichen Verhaltens, das wirklich dem Ruf der Bibliothek nochmal mehr hätte schaden können als bisher, auf peinliche Beispiele möchte ich verzichten, Mitglieder im Alleingang anschrieb, fehlinformierte und ohne Berechtigung zu einer Wahlversammlung einlud, was wir rechtzeitig zu verhindern wußten. Kurz und gut. Unlautere Mittel führen nicht immer zum Erfolg, was er später schmerzlich erfahren mußte.

An dieser Stelle möchte ich ein Schreiben mit „*Gedanken und persönlicher Stellungnahme zum Erhalt der Gedenkbibliothek*" von Sigrid Paul, langjähriges Mitglied, Opfer und aktive Streiterin für Aufklärung, zitieren:

„Am 26. Februar 1996 war ich Gast bei der Anhörung vor dem Kulturausschuß des Abgeordnetenhauses Berlin zum Thema: Erhalt der Gedenkbibliothek zu Ehren der Opfer des Stalinismus. Doch was ich dort zu diesem Thema teilweise zu hören bekam, zog mir fast die Schuhe aus. Ich hatte das Gefühl, als hätte es zu DDR-Zeiten nur einen verschwindend kleinen Kreis von würdigen Opfern gegeben, nämlich den um die ehemaligen Bürgerrechtler Wolfgang Templin und Bärbel Bohley. Und da dieser Kreis von Personen, aus hinreichend fadenscheinigen Gründen, mit der Existenz und Funktion dieser so einmaligen Begegnungsstätte für Opfer und Interessierte, in der Mitte unserer Stadt gelegen, nicht mehr einverstanden ist, soll sie kaputt gemacht werden.

Dagegen wehre ich mich entschieden.

Es kann doch niemandem verborgen geblieben sein, daß diese kleine, aber so großartige Bibliothek, mit ihrem unschätzbaren Wert an Büchern, Berichten, Belegen und Gesprächsangeboten, in der eine Atmosphäre gewachsen ist, die es nirgends soo woanders gibt und die soo wichtig ist für das Reden auf ein zu langes Schweigen aus der unseligen Vergangenheit heraus, nicht mehr existieren soll. Hier können Menschen miteinander ins Gespräch kommen auf einmalige Art und Weise, sie werden verstanden, sie werden angenommen, und sie können sich so ganz behutsam von ihrem eigenen vorangegangenen Leid besser lösen. Gerade auch die Enge macht das möglich.

Und dieses Kleinod lebt von und mit seinen treuen Mitgliedern und Mithörern und nicht zuletzt von der Qualität der Veranstaltungen. Es muß uns unter allen Umständen erhalten bleiben. Oder, wollen wir es denn zulassen, daß das alles zugrunde geht, nur weil ursprünglich zwei Frauen nicht mehr miteinander konnten. Und warum? Wieviel Verständnis bringt man denn bei all dem Streit noch uns zahlreichen Opfer-Mitgliedern entgegen? Wir haben doch genauso und gar länger zu DDR-Zeiten gelitten, wie z.B. Herr Templin. Unsere Haut haben auch wir zu Markte getragen.

Mich hat der Vortrag von Herrn Töpfer sehr schockiert. Als er vorschlug, diese rühmliche Bibliothek inmitten unserer Stadt, dem Opferverband ASTAK oder der Gedenkstätte Hohenschönhausen anzugliedern, verstand ich die Welt nicht mehr. Er tat es, obwohl genau wissend, daß das das Aus für diese wichtige Begegnungsstätte bedeutet. Unverkennbar war seine Absicht, einer zum wiederholten Male verleumdeten verdienstvollen Person, so das Wasser abgraben zu wollen. Doch dafür sollte sich ein Abgeordneter nicht hergeben, zumal er solches vermutlich nur auf Zuruf tat, denn auf Veranstaltungen in der Bibliothek ist er mir noch nie begegnet.

Auf den Vortrag von Herrn Templin will ich gar nicht lange eingehen. Hier hatte ich das Gefühl: „Hoch lebe die Diktatur eines Besessenen, und nun folgt mir alle."

Da gefiel mir die reale Einschätzung zur Lage der Bibliothek, zu den ehemals verbotenen Büchern und zu ihrer Aufgabenstellung von Herrn Gutzeit sehr vernünftig. Hieraus glaubte ich schließen zu können, daß auch er die hohe Qualität dieser Einrichtung voll anerkennt und hinter dem Erhalt dieser Bibliothek in dieser Form steht. Doch wie sehr war ich enttäuscht, als auch Herr Gutzeit eine Angliederung an andere Verbände vorschlug und schlimmer noch, die Weiterfinanzierung unter besonderen Umständen ausschloß. Warum, so frage ich mich immer wieder, lassen sich die Dinge nicht besser lösen?

Schon aller Opfer wegen sollte man eine so wichtige und erfolgreiche Begegnungsstätte, wie wir sie nun einmal in Form dieser Gedenkbibliothek zu Ehren der Opfer des Stalinismus haben, wegen ehemals persönlicher und politischer Querelen nicht aufs Spiel setzen. Der Erhalt der Sache hat Vorrang.

Sollte dennoch gegen den Erhalt dieser Begegnungsstätte an diesem Ort entschieden werden, dann fühle ich mich, und viele andere Opfer auch, an den Rand der Stadt gedrängt. Hilfreiche Gespräche verlieren sich dann im Sand."

In der Welt am Sonntag vom 13.10.1996 hieß es:

> *„Die CDU hält die Streichung der Zuschüsse für die Gedenkbibliothek zu Ehren der Opfer des Stalinismus durch Berlins Stasi-Beauftragten Martin Gutzeit (SPD) für „rechts- und sachwidrig."*
>
> *Gutzeits eigenmächtige Entscheidung werde ein politisches Nachspiel haben, sagte Fraktionsgeschäftsführer Volker Liepelt. Gutzeit habe einen angeblichen Verstoß gegen das Haushaltsrecht als Vorwand benutzt. Der wahre Grund für die Streichung der Mittel sei die „antikommunistische Haltung der Bibliothek."*
>
> *„So wie das Projekt angelegt ist", sagte Volker Liepelt, der im Hauptausschuß sitzt, der Welt am Sonntag, „unterstützen wir es. Wir wollen es nicht schließen. Eine Sperrung der öffentlichen Mittel sei ein Triumph für diejenigen, die mit unhaltbaren Vorwürfen gegen sie Stimmung gemacht haben."*

Und in der Märkischen Zeitung vom 10.11.96 heißt es unter der Überschrift: *Opfer des Stalinismus sind die Leidtragenden:*

> *„Für die PDS war es eine gute Nachricht, als jetzt bekannt wurde, daß die Förderung der Gedenkbibliothek zu Ehren der Opfer des Stalinismus aus öffentlichen Mitteln mit Wirkung vom 1.Oktober 1996 eingestellt wurde. In einem Brief von 6 Zeilen Länge an den Förderverein der Gedenkbibliothek begründete der Landesbeauftragte seine Maßnahme, die in der Öffentlichkeit zunehmend auf Kritik stößt, damit, daß gegen die Landeshaushaltsordnung verstoßen worden sei, und daß Zweifel an der Arbeit der Gedenkbibliothek bestünden. ... Gegen den Bescheid hat der Förderverein Rechtsmittel eingelegt ..."*

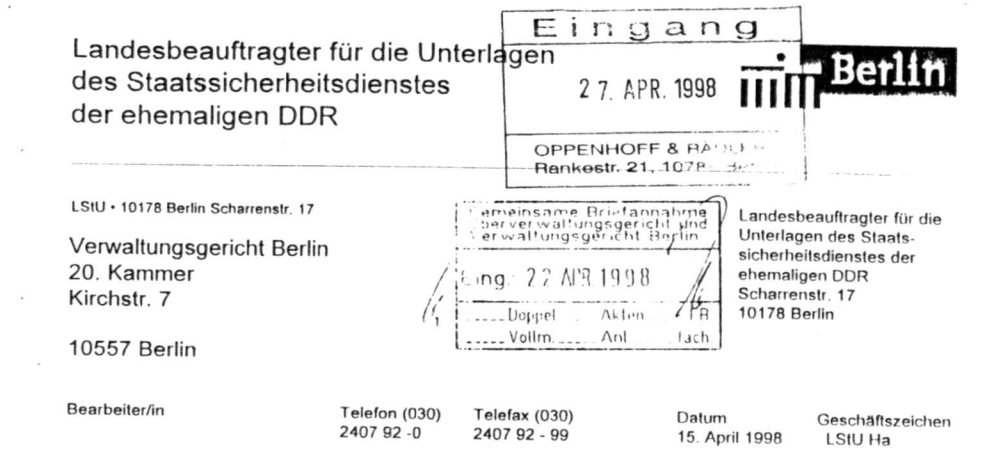

Landesbeauftragter für die Unterlagen
des Staatssicherheitsdienstes
der ehemaligen DDR

Eingang 27. APR. 1998 **Berlin**

OPPENHOFF & R...
Rankestr. 21, 1078...

LStU · 10178 Berlin Scharrenstr. 17

Verwaltungsgericht Berlin
20. Kammer
Kirchstr. 7

10557 Berlin

Gemeinsame Briefannahme
Oberverwaltungsgericht und
Verwaltungsgericht Berlin

Eing: 22 APR 1998

Doppel   Akten   FB
Vollm.   Anl.   Fach

Landesbeauftragter für die
Unterlagen des Staats-
sicherheitsdienstes der
ehemaligen DDR
Scharrenstr. 17
10178 Berlin

Bearbeiter/in	Telefon (030) 2407 92 -0	Telefax (030) 2407 92 - 99	Datum 15. April 1998	Geschäftszeichen LStU Ha

Betr.: **VG 20 A 421/96** - Verwaltungsstreitsache Förderverein "Gedenkbibliothek zu Ehren der Opfer des Stalinismus" gegen Land Berlin

Sehr geehrte Damen und Herren,

wir beziehen uns in vollem Umfang auf unsere Stellungnahme vom 18. Dezember 1996 und beantragen die Abweisung der Klage vom 28. November 1996 sowie der Klage vom 17. März 1998, da nicht generell die Förderung sondern nur die Sonderform der **institutionellen Förderung** wegen nicht korrekter Einhaltung der Landeshaushaltsordnung §§ 44/44a und zu diesem Zeitpunkt bestehender Zweifel an der inhaltlichen Arbeit hinsichtlich des Zuwendungszweckes mit Wirkung zum 01. Oktober 1996 eingestellt wurde.

Ab 01.Oktober 1996 erfolgte durch den Landesbeauftragten eine Projektförderung in Höhe von 19.000,-DM abzüglich der Rückforderungen aus dem Jahr 1995.

Die mit Schreiben vom **12.November 1996** an den Verein übersandten Formblätter für den Zuwendungsantrag auf Projektförderung 1997 wurden von der Gedenkbibliothek weder zum geforderten Termin 15.12.1996 noch bis zum heutigen Tag zugeschickt.

Ergänzung der Begründung:

Infolge des mehrmaligen Vorstandswechsels und der vereinsinternen Probleme, die sehr ausführlich in der Presse öffentlich gemacht wurden, war die Zusammenarbeit des Vereins mit dem Landesbeauftragten nicht zufriedenstellend. Erschwerend kam noch hinzu, daß es innerhalb des Vereins häufig zu Informationsverlusten zwischen der Geschäftsführung und dem Vorstand kam und daß Entscheidungen nicht abgestimmt waren und Auflagen nicht oder nicht in der gesetzten Frist erfüllt wurden.

Sprechzeiten:
Mo, Di, Mi, Fr 9-16 Uhr
Do 9-18 Uhr

Fahrverbindungen:
U-Bhf. Spittelmarkt (U 2)
Bus 142

Der Wirtschaftsplan 1995 wurde nicht korrekt erstellt und mußte beanstandet werden, er wurde auch nicht **titelgerecht** realisiert, obwohl nach den AV §§ 44/ 44a LHO 1.2 der Haushalts-oder Wirtschaftsplan einschließlich Organisations-und Stellenplan bei Zuwendungen zur institutionellen Förderung **verbindlich** sind, d. h. die Ausgaben dürfen keine
nicht genehmigten Änderungen gegenüber dem aufgestellten Plan haben. Der Verwendungsnachweis 1995 enthielt aber die ausdrücklich **vom Landesbeauftragten nicht bewilligten Positionen und weitere Änderungen.**

Gem. § 44a (1) der Landeshaushaltsordnung mußte deshalb die institutionelle Förderung mit Wirkung auf die Zukunft eingestellt werden.

(1) Werden Zuwendungen entgegen dem Zuwendungsbescheid bestimmten Zweck verwendet oder werden mit der Zuwendung verbundene Auflagen nicht oder nicht innerhalb einer dem Zuwendungsempfänger gesetzten Frist erfüllt, kann der Zuwendungsbescheid ganz oder teilweise mit Wirkung für die Zukunft oder für die Vergangenheit widerrufen werden.

Mit dem Angebot, eine Projektförderung auch im Jahr 1997 zu gewähren, wollte der Landesbeauftragte eine enge Zweckbindung mit konkreter Zielstellung sowie eine disziplinierte Erfüllung und Abrechnung der Fördermittel erreichen.
Die zugeschickten Formblätter wurden von der Gedenkbibliothek nicht ausgefüllt, d.h. ein Antrag auf Zuwendungen wurde für 1997 nicht gestellt.

Da die Gedenkbibliothek auch 1997 geöffnet war, kann zum jetzigen Zeitpunkt davon ausgegangen werden, daß sie auch ohne Leistungen der öffentlichen Hand ihre Aufgaben erfüllen kann.

Im § 23 der Landeshaushaltsordnung, der den Begriff Zuwendungen definiert und auch erläutert, unter welchen Voraussetzungen Mittel dafür im Haushalt veranschlagt werden dürfen, heißt es dazu: "An der Erfüllung der Zwecke außerhalb der Verwaltung muß die öffentliche Hand ein erhebliches Interesse haben, das ohne Zuwendungen nicht oder nicht in dem notwendigen Umfang zu befriedigen ist. .... Ein Interesse kann **nicht** als gegeben angesehen werden, wenn die Zweckerfüllung auch ohne Zuwendungen möglich war, z.B. dadurch, daß ausreichend eigene oder andere Mittel zur Zweckerfüllung zur Verfügung standen oder die Verwaltung die Zwecke selbst erfüllen konnte. Zuwendungen sind zukunftsbezogene auf Zweckerfüllung gerichtete Leistungen. Die Gewährung von Zuwendungen für bereits abgeschlossene Maßnahmen (nachträgliche Zuwendungsgewährung) ist deshalb unzulässig."

Martin Gutzeit
Landesbeauftragter

OPPENHOFF & RÄDLER

Boden Oppenhoff Rasor Raue · Rädler Raupach Bezzenberger
Rechtsanwälte Steuerberater

Entwurf

OPPENHOFF & RÄDLER Postfach 30 18 50 D-10746 Berlin

Verwaltungsgericht Berlin
Kirchstraße 7

10557 Berlin

30. April 1998 / juhPR
Az.:
Durchwahl: (030) 214 96-187   Telefax: (030) 214 96-207

In dem Verwaltungsstreitverfahren
Förderverein "Gedenkbibliothek"
g e g e n
Land Berlin
- VG 20 A 421.96 -

kann der Darstellung des Beklagten nicht entschieden genug widersprochen werden.

1. Vorstandswechsel ist kein Verschuldenstatbestand und kein Anlaß, irgendwelche Förderungen zu entziehen.

2. „Die Zusammenarbeit des Vereins mit dem Landesbeauftragten (war) nicht zufriedenstellend": damit kann der Kläger beim besten Willen nichts anfangen.

OPPENHOFF & RÄDLER

Nicht ein konkreter Vorwurf, nicht eine „Abmahnung", nicht ein einziger Hinweis darauf, daß die Zusammenarbeit nicht den gesetzlichen oder sich aus der Natur ergebenden Bedingungen entspreche. Weder gab es solche Hinweise in der Vergangenheit noch kann ich dem dunklen Schriftsatz vom 15. April einen konkreten Vorwurf entnehmen.

3. „*Erschwerend*" soll hinzukommen, daß Auflagen nicht...erfüllt wurden: auch hier läßt sich eigentlich kaum erwidern, da nicht eine einzige Auflage genannt wird, die der Kläger nicht erfüllt hat, nicht eine einzige Abmahnung vorgelegt wird, die die Behauptung trägt.

4. Hinsichtlich des Verwendungsnachweises für das Jahr 1995 beanstandet der Beklagte, daß er vom Landesbeauftragten nicht bewilligte Positionen und weitere Änderungen" enthalten hat. Auch hier fehlt eine Konkretisierung, die eine gezielte Antwort auch nur ermöglicht.

5. Schließlich glaubt der Beklagte, seine Entscheidung damit rechtfertigen zu können, daß die Gedenkbibliothek auch 1997 geöffnet war und daß sich daraus schließen lasse, „*daß sie auch ohne Leistungen der öffentlichen Hand ihre Aufgaben erfüllen kann*": das sind Mutmaßungen, denen irgendwelche Prüfungsleistungen wahrlich nicht zugrundeliegen. Mag der Beklagte im konkreten Einzelfall einen Förderungsantrag zurückweisen, weil er die Förderung nicht für erforderlich hält: dann wird sich der Kläger - wenn es denn erforderlich ist - wehren können. Der Beklagte ist aber einen anderen, einen verhängnisvollen, einen vom Gesetz nicht abgesegneten Weg gegangen: er hat grundsätzlich eine Förderung für die Zukunft ausgeschlossen, ohne Prüfung der Anträge und ohne sich wenigstens bereitzuerklären, jeweils in die Einzelfallprüfung einzutreten.

6. Leider läßt weder der Bescheid noch die Klageerwiderung auch nur ansatzweise erkennen, was der eigentliche Grund des Widerrufes ist. Der Beklagte beruft sich auf § 44 a (1) der Landeshaushaltsordnung, die dem Zuwendungsgeber einen Ermessensspielraum (k a n n widerrufen werden) einräumt. Daß der Beklagte überhaupt erkannt hat, daß ihm bei der Entscheidung ein Ermessen eingeräumt ist, daß er entsprechend dieser Erkenntnis ein Ermessen ausgeübt und dann zu einem Ergebnis gekommen ist: das läßt der Bescheid nicht erkennen. Er muß daher aus den in der Klagebegründung genannten Überlegungen aufgehoben werden.

Zwei Abschriften anbei

Raue

Unsere Unterlagen zu **Verleumdungen in der Presse** einerseits und zu den **Unterstützungsbemühungen durch Mitglieder** andererseits sind so umfangreich, daß ich auswählen muß, so zitiere ich aus einem *Schreiben von Herrn Joachim Collasius, Obstud. a. D., unserem ehemaligen Vereinsmitglied, an die Redaktion der Sendung Gulliver – Sätze und Gegensätze im SFB am 15.6.1996:*

> *„Sehr geehrter Herr Wendt,*
>
> *am Samstag, dem 15.6.1996, berichtete in der von Ihnen geleiteten Sendung der Journalist Thomas Moser über die Bibliothek zu Ehren der Opfer des Stalinismus und den Förderverein dieser Bibliothek.*
>
> *Da ich selbst aus der DDR stamme, das Regime dort kennengelernt und später an Westberliner Schulen u.a. das Fach Politische Weltkunde unterrichtet habe (zentraler Bezugspunkt: DDR), bin ich seit Gründung dieser Bibliothek in sehr hohem Maße an ihrer Arbeit interessiert und habe an einer sehr großen Zahl von Veranstaltungen teilgenommen.*
>
> *Ich beurteile deswegen die Sendung von Herrn Moser wie folgt:*
>
> *1. Durch aus dem Zusammenhang gerissene Zitate kam es Herrn Moser darauf an, vor allem drei Personen, die sich um die Bibliothek sehr verdient gemacht haben, in ein ungünstiges Licht zu rücken: Frau Ursula Popiolek, die Gründerin und Geschäftsführerin dieser Bibliothek, Herrn Siegmar Faust, längere Zeit im Vorstand des Fördervereins (mehrere Jahre im Zuchthaus in der DDR) und seit kurzem Leiter für die Verwaltung der Stasi-Unterlagen in Sachsen, und Herrn Dr. Günther, Vorsitzender des Fördervereins der Bibliothek.*
>
> *2. Benutzt wurde von Herrn Moser u.a. wiederum die Angelegenheit Pietzner, die in der Presse und auf einer Sonderveranstaltung der Evangelischen Akademie erschöpfend diskutiert und auch auf justiziellem Wege soweit geklärt worden ist, daß den Betreffenden (vor allem Frau*

Popiolek und Herrn Faust) keinerlei Schuld vorgeworfen werden kann..

3. Wenn Herr Moser die politische Ausrichtung des Fördervereins als „rechts" bezeichnet, so besagt das nichts weiter als eine recht einseitige Sicht auf die Arbeit, die in dieser Bibliothek und im Förderverein geleistet wird.
In weit über 100 durchweg gut besuchten Vortragsveranstaltungen (übrigens durchaus mit bis zu 250 Teilnehmern, so z.B. am 20.1.94 in der Berliner Stadtbibliothek – Herr Moser war eben nicht immer dabei!) mit jeweils anschließenden sehr lebhaften Diskussionen war es einzig und allein das Bestreben der Teilnehmer, ein klares Bild von den Verhältnissen im zweiten deutschen Staat und seiner Geschichte von 1945 bis 1989 zu zeichnen.
Wenn Herr Moser diese Arbeit als „rechts" bezeichnet, so kann man ihn selbst nur als eindeutig „links" klassifizieren.

4. Ich nehme an, daß Ihnen die lange Liste der bisherigen Veranstaltungen und der weiteren geplanten Veranstaltungen der Bibliothek bekannt ist. Sollten Sie weitere Auskünfte dazu wünschen, stehe ich Ihnen selbstverständlich gern zur Verfügung.

Kopien dieses Briefes gehen auch an Herrn von Lojewski, Herrn Dr. Biewaldt und Herrn Gutzeit.

Mit freundlichen Grüßen

Joachim Collasius"

Ein Schreiben von Herrn Klaus-Reiner Latk an die Frankfurter Allgemeine Zeitung vom 23.7.1996 sei an dieser Stelle noch angefügt:

„Betr. Ausgabe 169/1996 „Keine Haftentschädigung für frühere KZ-Aufseherin

Sehr geehrte Damen und Herren!

Sicherlich kann in der Urlaubszeit auch bei der FAZ ein weniger guter Artikel in die Hände der Leser geraten. Mir scheint, die KZ-Aufseherin ist von Joachim Winters in der

FAZ vom 23.7.96 benutzt worden, um den kürzlich zum Landesbeauftragten für die Aufklärung der Stasi-Machenschaften in Sachsen berufenen beispielhaft unbestechlichen Siegmar Faust zu diskreditieren. Gibt es bei der FAZ ein Motiv dazu? Berliner, wie Herr Ws., wissen, daß einigen Politschaumschlägern auch die sorgfältige und aufopferungsvolle Arbeit der Gedenkbibliothek zu Ehren der Opfer des Stalinismus in Berlin im Wege steht. Warum sonst erwähnt die FAZ dieses Dokumentationszentrum, in dem sachliche Kompetenz und politische nicht manipulierbare Erfahrungen dem Publikum eröffnet werden? Wer die Profilneurosen der Linken und sogenannten Bündnisgrünen kennt, weiß sofort, worum es eigentlich geht, wenn eine Öffentlichkeitsarbeit diskreditiert wird, bei der Persönlichkeiten mitwirken wie Manfred Kittlaus, Chefermittler in Stasi-Angelegenheiten, Hermann Kreutzer, ehemaliger Staatssekretär im Innerdeutschen Ministerium, Karl-Wilhelm Fricke und Joachim Gauck, um nur wenige zu nennen.

Mit freundlichen Grüßen

Ihr Leser Klaus-Reiner Latk"

(Weil Pastor Latk die Selbstverbrennung von Pfarrer Brüsewitz gegen die Vereinbarung von Staat und Kirche 1976 veröffentlichte, wurde er unmittelbar daraufhin unter Haftandrohung aus der DDR ausgewiesen.)

Frage an Ilse-Dore Gissler: qui bono?

Trotz inzwischen aller Abgeklärtheit und größtmöglichem Verzeihen möchte ich doch fragen, wer ist frei davon, nicht nach dem Verursacher erfahrenen Unglücks zu suchen? Jürgen Fuchs kann ich nicht mehr fragen und ihm nicht sagen, daß mein Mann wegen der politischen Ächtung gerade durch jemanden, den er sehr schätzte, in schwerste Depression fiel und sich mit mir das Leben nehmen wollte. Hermann Kreutzer prangerte die Gnadenlosigkeit von Jürgen Fuchs auf einer öffentlichen Veranstaltung im Abgeordnetenhaus einmal scharf an: *„Soweit darf politische Kritik nicht gehen."*

So suchte ich natürlich auch nach der Antwort auf die Frage WARUM viele Jahre mit Groll und Wut, mit Enttäuschung und Unverständnis.

Aber *„Nicht alle Schmerzen sind heilbar, manche schleichen sich tiefer ins Herz hinein. Und während Tage und Jahre verstreichen, werden sie Stein."* Sie hat es wohl so gespürt, die Ricarda Huch.

Ilse-Dore Gissler am Arbeitsplatz auf der Galerie

Auf dem Stein sitz ich nun und schreibe…. Heute nach 30 Jahren, ohne anzuklagen und auch ohne Hoffnung auf eine Antwort an Dich, Ilse-Dore Gissler:

> *„Ich erinnere mich noch gut an den Tag mit dem langen Interview, das ich dem Chefredakteur der Neuen Zeit Hans-*

Joachim Koppe gab, dem Du beiwohnen wolltest, um alles zu erfahren, was mich zu dieser Bibliotheksidee geführt hat. Und als er ging, bliebst Du in der Tür stehen: ´von hier geh ich nie mehr weg´, oder so ähnlich. Deine und meine Begeisterungen paßten gut zueinander, auch wenn sie – zunächst ergänzend - in unterschiedliche Richtungen zeigten. Du fühltest Dich mehr zu den Linksgrünbunten hingezogen, ich mehr zu den Konservativen. Im Rahmen unserer institutionellen Förderung durch den Kultursenat erwirkte ich sogar eine feste 2. Stelle für Dich, mit der Du anscheinend sehr zufrieden warst. Warum hast Du Deinen sicheren Arbeitsplatz und unsere gemeinsame Arbeit aufs Spiel gesetzt? Auf die Suche nach einer Antwort werde ich später noch zurückkommen. Alle bibliothekarischen Arbeiten erledigten wir mit Freude und Zufriedenheit mit uns selbst, wie zum Beispiel mit dem großen Werk der beiden Kataloge, dem Systematischen und dem Alphabetischen Teil, ein von der Stiftung Preussische Seehandlung finanziertes Projekt und von meinem Sohn computermäßig unterstützt. Wie stolz waren wir darauf, das 1. Exemplar Herrn Joachim Gauck nach seinem Vortrag bei uns zu überreichen. Meine Freude veranlaßte ihn zu dem Satz, den ich schon oft zitiert hab: ´Gucken Sie immer so fröhlich aus der Wäsche?'

Na ja, aber ich hatte allen Grund dazu, viel war erreicht, und alles schien auf dem richtigen Weg auch für meinen Mann, der seine Aufgabe in der Gauck-Behörde fand, und für unsere Söhne, denen nach dem Ende der DDR nun die Welt offen stand – während und nach ihren Studien.

In meinem Kalender 1992 finde ich einen kleinen eingeklebten Zeitungsschnipsel mit dem Tageshoroskop:

‚Das gefällt: Kaum hat der Monat begonnen, überstürzen sich die aufregend angenehmen Ereignisse. Deutlich zeigt man Ihnen, daß Ihre Arbeit geschätzt wird und Sie gemocht werden. Kommt es zur Monatsmitte zu einem Konflikt, verstehen Sie es, mit einem kühlen Kopf den anderen zu überzeugen.'

Und so fühlte ich mich damals: auf rosaroten Wolken gebettet. Und ging es Dir nicht auch so, Ilse-Dore?

Joachim Gauck mit den Katalogen unterm Arm
nach seinem Vortrag im Gespräch mit Kai Popiolek

Amtsgerichtlich eingetragen hatte die Bibliothek einen Überbau in Form eines Fördervereins mit einem aus 4 gewählten Mitgliedern bestehenden Vorstand; dem 1. Vorsitzenden mit Jürgen Fuchs, der Stellvertretenden Bärbel Bohley, mit einem Schatzmeister und mit mir als Geschäftsführer. Du warst Angestellte des Vereins, also kein Vorstandsmitglied. Unsere Mitgliederzahl lag in den folgenden Jahren um die Hundert. Vereinsmeierei betrieben wir nicht, da sich die meisten eh zu den Vortragsveranstaltungen in der Bibliothek trafen.

Wir gewannen honorige Referenten, freuten uns über interessierte zahlreiche Besucher und immer wieder neue Leser, v.a. Studenten, von denen wir nach ihren Weggängen aus Berlin leider so manches Buch nicht wiederbekamen, aber egal, vielleicht war es in richtigen Händen.

Eberhard Zahn (†) mit Roy Popiolek fachsimpelnd am Computer

Dr. Rainer Hildebrandt (†) als Referent an meinem Schreibtisch

Angesichts unserer großzügigen Spenden, aber vor allem der institutionellen Förderung, konnten wir, fleißig bibliographierend, jede Menge Bücher bestellen, die uns Herr Wolt-

mann aus Westberlin, ein Exkollege meiner Freundin aus Cottbus, brachte oder schickte. Bücherpakete waren immer ein freudiges spannendes Ereignis. Gemeinsam systematisierten wir und arbeiteten mit dem von Roy geschriebenen Bibliotheksprogramm, das sogar aussagte, welche der ausgeliehenen Bücher jeweils die Favoriten waren, selbstredend „Die Revolution entläßt ihre Kinder" und „Archipel Gulag", Buber-Neumanns „Als Gefangene bei Stalin und Hitler" und beide Bände Jewgenia Ginsburgs „Gratwanderung", „Marschroute eines Lebens", aber auch die Perestroika - Literatur und Rudolf Bahros „Alternative", um nur einige zu nennen. Wir hatten sehr Eifrige unter unseren ersten Lesern. Du wirst Dich erinnern, Ilse-Dore, nicht wahr?

Gestörtes Arbeitsklima

Was hatte es damals auf sich mit einer falschen Information im Protokoll einer Vorstandssitzung, die schlimme Folgen für mich als Geschäftsführer vor dem Arbeitsgericht hätte haben können? Du wolltest gehen, aber nicht selber kündigen, wolltest also, daß wir Dir kündigen wegen des Arbeitslosengeldes, weil Du bei Selbstkündigung einige Monate auf die Zahlung hättest verzichten müssen. Herr Faust und ich wollten Dir aber kein schlechtes Zeugnis ausstellen, was für eine Kündigung ja nötig gewesen wäre. Also boten wir Dir privat finanzielle Hilfe nach Deiner gewünschten Kündigung an. Eindeutig beschloß der Vorstand also k e i n e Kündigung von Seiten der Bibliothek, was aber wurde im Protokoll festgehalten? Das Gegenteil! Frau Gudrun Prior entdeckte diese Fälschung erst später, da das Protokoll von der Protokollführerin Annegret Gollin ewig nicht ausgehändigt wurde und wohl einfach untergehen sollte. Dank der Aufmerksamkeit von Frau Prior wurde der Vorstand nicht in eine betrügerische Situation gebracht. Dafür galt ihr großer Dank wie sowieso für ihre unermüdliche Hilfsbereitschaft, wann immer sie nötig war. Daß sie bei ihrer Bitte um Mitgliedschaft ihre Mitarbeit in einem Psychologenverein, dem VPM, erwähnte, hatte Jürgen Fuchs als damaligen Vorsitzenden im Jahr zuvor auf einer erweiterten Vorstandssitzung dermaßen aufgebracht und ihn zu einer Äußerung hinreißen lassen, die alle Anwesenden geschockt hat. Wir besprachen stets auf jeder Vorstandssitzung Anträge von Interessierten auf Mitgliedschaft und erklärten die Gründe voreinander. Es gab schriftlich festgehalten nur einen einzigen Ausschließungsgrund, Stasimitarbeiter in egal welcher Funktion gewesen zu sein. Nichts sprach also gegen die Aufnahme von Frau Prior, die sich zudem durch viele ehrenamtliche Aktivitäten verdient gemacht hatte. Da eine Vorstandswahl anstand, nahm Jürgen Fuchs wütend dann eben diese eine Mitgliedschaft in Kauf, ließ aber kurz darauf schnell mehr als 10 Anträge von Bekannten und Verwandten stellen, was allgemein als Wahlmanipulation wahrgenommen, aber von den anderen Vorstandsmitgliedern toleriert wurde. Bis auf einen Prominenten hat sich von den anderen kaum jemand auch nur in der Bibliothek sehen lassen. Wolf Biermann war ein Gewinn. Er war aber nicht nur ein Freund von Jürgen Fuchs, sondern auch von Siegmar Faust. So entstand eine unangenehme Situation. Auch unsere alltägliche Arbeitsatmosphäre durch eine Supervision mit Jürgen Fuchs als Psychologen wurde nur noch angespannter.

Nach Deiner Denunziation des Sachsenhausener Kreises gegenüber den beiden Vorsitzenden Fuchs und Bohley führte diese unangenehme mißtrauische Situation letztlich zum Zerwürfnis und später zur erwähnten Kündigung. Annegret Gollin, die Protokollführerin, hatte oft eine Bühne in der Bibliothek, ihre Gedichte und das ihr von der Stasi Angetane vorzutragen. Warum also dieser Vertrauensbruch? Es sieht im Nachhinein nach einer „Kumpanei" aus zwischen Dir und Frau Gollin mit Unterstützung von Frau Bohley, oder?

Du bist damals gegangen, ohne dem Vorstand Deine Stasiakte gezeigt zu haben, worauf Jürgen Fuchs angesichts Deiner früheren vielen Westreisen hätte bestehen müssen. Du sprachst vom „Persilschein", den Du bekommen haben wolltest, worauf keine Fragen vom damaligen Vorstandsvorsitzenden kamen. Daß Du nach Deinem Ausscheiden aus der Gedenkbibliothek gleich im Anschluß von der Have-

mann-Gesellschaft aufgefangen wurdest, läßt keine Frage offen. Mag es Dir in der Folgezeit dort gut gegangen sein auch danach noch in der Gedenkstätte Bernauer Straße, wo wir viele Jahre später einmal schweigend aneinander vorbeigingen."

Sachsenhausener Kreis

Diese Vorstandswahl bringt Frieden in den Verein

Zum **4.11.1996** hatte ich als Geschäftsführer im Vorstand mit meinem Schatzmeister Herrn Rolf Leonhard (Foto) zur Wahlversammlung in die Brandenburgische Akademie geladen und wohlweislich Herrn Roscher als Rechtsanwalt dazu gebeten, der auch gleich nach meiner Begrüßung in Aktion treten mußte. Da die Wahl nicht öffentlich war, hatte ein von Dr. Günter eingeladener Journalist, der sich als „Fackel der Wahrheit" bezeichnete, den Saal zu verlassen, was er nach verbaler Aufforderung nicht tat, bis Ulrich Schacht und ein weiteres Mitglied ihn hinausbegleiteten. Ich bekam daraufhin eine Anzeige wegen Körperverletzung. Ich!, die ihn gar nicht berührt hatte, worauf ich mit einer Anzeige wegen Hausfriedensbruch reagierte. Welch ein Irrsinn. Das sah auch die Polizei in der Jägerstraße so, und die Verfahren wurden später beide eingestellt. Aber der „aufklären-Müssende" Thomas Moser gab nicht auf, er hetzte und log weiter.

Nach vielen Jahren ist gottlob Gras darüber gewachsen, und ich hab ihn vor einiger Zeit, unerkannt von mir, sogar nicht einmal als Veranstaltungsbesucher hinausgebeten. ... Na ja. Auch ihm war es nicht gelungen, der Bibliothek endgültig zu schaden.

Die Vorstandswahl, die als Farce begann, endete mit einer demokratischen Wahl mit Ulrich Schacht als neuem Vorstandsvorsitzenden, Dr. Heinz Steudel als Stellvertreter, Herrn Gerhard Ehlert als Schatzmeister und mit mir weiter als Geschäftsführer. Wer kannte über all die Jahre und in all den Wirrnissen denn die Geschäfte besser als ich? Unsere 50 anwesenden Mitglieder waren sich darin jedenfalls einig, wer ihnen zu Ehren diese Bibliothek gegründet hatte.

Mit Ulrich Schacht, dem langjährigen Freund von Siegmar Faust, hatten wir nun künftig ein journalistisches Schwergewicht an unserer Seite.

Aus unserer Pressemitteilung vom 23.12.1996 fasse ich wie folgt zusammen:

> *„... Schacht wurde am 9. März 1951 im DDR-Frauengefängnis Hoheneck/Stollberg geboren, wo seine Mutter aus politischen Gründen über 3 Jahre inhaftiert war. Nach Schule, Lehre, Pflegedienst in der evangelischen Kirche in Wismar, einem Jahr Theologiestudium in Rostock sowie nach seiner Exmatrikulation wegen ‚politischer Provokation im Fach Politische Ökonomie' und fortgesetztem Studium an einer kirchlichen Ausbildungsstätte wurde er im März 1973 von der Stasi wegen ‚staatsfeindlicher Hetze' zu 7 Jahren*

Freiheitsentzug verurteilt und konnte die DDR 1976 verlassen. Nach seinem Politik- und Philosophiestudium arbeitete er als Redakteur und Chefreporter Kultur bei der Welt am Sonntag, ist preisgekrönter Lyriker, Essayist, Romanschriftsteller und politisch-philosophischer Sachbuchautor. In seinen ‚Hohenecker Protokollen' hat er politisch verfolgten Frauen ein Denkmal gesetzt." (Ähnlich tat das Annerose Matz-Donath in „Spur der roten Sphinx" mit ihren unzähligen Zeugenbefragungen der SMT-verurteilten Frauen.)

Der getreue Dr. Heinz Steudel

Zum stellvertretenden Vorsitzenden wählte die Versammlung den 1935 in Thüringen geborenen Physiker Dr. Heinz Steudel, der 30 Jahre in der Akademie der Wissenschaften ab 1992 als wissenschaftlicher Mitarbeiter tätig war."

Als Beteiligter an einem Kabarettprogramm auf dem „Physikerball" 1956 an der Friedrich-Schiller-Universität Jena in Hoffnung auf „Tauwetter" nach dem XX. Parteitag der KPdSU im Februar 1956 mit der Geheimrede von Chrustschow und dem Ungarnaufstand im Herbst 1956 wurde Dr. Steudel neben vielen seiner Kommilitonen zu 18 Monaten Zuchthaus verurteilt.

„Jäger und Hund"

(von der Stasi „Ungarnszene" genannt)

> „*(Jäger betritt die Bühne mit Hund an der Leine, in Begleitung des Wanderers)*
> *Wanderer:* Ich muß Euch sagen, Ihr habt hier
> ein gar wunderbares Tier.
> Diese Haltung, die Statur,
> und sehet doch die Ohren nur.
> *Jäger:* Oh ja, nicht ohne guten Grund
> rühmt Ihr meinen prächt'gen Hund,
> und ganz besonders ich mich freue
> über seine große Treue.
> Ob ich gehe, ob ich reite,
> nie weicht er von meiner Seite.
> Majestätisch ist sein Gang, seht hin!
> Ihr müßt wissen, daß ich bin
> der Beschützer aller Hundeseelen,
> Feind derer, die die Hunde quälen,
> sie an Ketten oder Leinen hängen,
> um ihre Freiheit einzuengen.
> Solches zu sehen bereitet mir Schmerzen.
> *Wanderer:* Vom tiefsten Grunde meines Herzens
> muß ich Eure Ansicht teilen,
> doch vermögt Ihr zu verweilen
> und mir sagen, wie sodann
> Euer Hund an einer Leine hängen kann.

Denn dieses seh ich mit Besturz,
und wie ich sehe, hängt er recht kurz.
Rühmen könnt Ihr Euch gar leicht,
daß der Hund nicht von Eurer Seite weicht,
wenn er das - gesetzt er möchte –
doch wohl gar nicht fertigbrächte.
Jäger: *Ein Unterschied hier doch besteht*
wie Tag und Nacht, den Ihr nicht seht.
Ihr sprecht von einer Hundeleine?
Was Ihr hier seht, das ist keine.
Nein, dieses, was Ihr hier vorfindet,
ist der Freundschafts Band, das uns verbindet.
Mein Sultan, stimmt das nicht genau?
(gibt dem Hund einen Fußtritt)
Hund: *Wau, wau.*
Wanderer: *Wenn Sultan Eure Worte bestätigt,*
sind meine Zweifel dann erledigt.
Jäger: *Wovon ist gleich unser Gespräch gewesen?*
von Menschen, die des Hundes Wesen
wissen nicht recht einzuschätzen
und des Hundes Würde arg verletzen.
Die Ärgsten es selbst fertigbringen,
ihm einen Maulkorb aufzuzwingen.
Das geht wirklich doch zu weit.
Wanderer: *Sehr richtig, doch um eine Kleinigkeit*
möchte ich Euch gern noch fragen:
Wie kann bei Eurer Redlichkeit
der Hund hier einen Maulkorb tragen?
Jäger: *Seht, es fliegen durch die Lüfte Bienen,*
Wespen und Hornissen viel.
Und ein jedes Tier von ihnen
verfolgt nur das eine Ziel,
zu stechen meinen armen Hund

und zwar besonders in den Mund.
Sollte solches nun gescheh´n,
wären die Folgen nicht abzusehn.
Von Sultan die Gefahr zu wenden,
fertigt ich mit eigenen Händen
dieses Wespenschutznetz an.
(Der Hund reißt sich los und läuft davon)
Zurück Sultan!
Nun ist es den bösen Tieren
doch gelungen auszuführen
ihren unheilvollen Plan
zu stechen meinen armen Sultan.
Doch kann ich seinem Wesen trauen
und kann sicher darauf bauen,
daß schließlich sein Hundeverstand
gewinnen wird die Oberhand.
Sultan, komm zurück doch schon.
(Hält eine Bockwurst hin).
Ich verdopple dir auch die Portion.
(Hält 2 Bockwürste hin)
Was, du willst nicht – na warte.
(Legt an und schießt auf den Hund. Dieser kommt winselnd und hinkend zurückgekrochen. Er wird wieder an die Leine gelegt, erhält den Maulkorb umgebunden. Der Jäger schlägt auf den Hund ein.)
Strengstens ist es zu verbieten,
zu strafen einen Hund mit Hieben.
Das ist für den Hund die größte Qual.
Wanderer: *Verzeiht, oh Herr, ein drittes Mal*
bleibt mir Eurer Rede Sinn
dunkel, und ich will daraufhin
wie Eure Worte sich damit vertragen,
daß ich Euch sehe, Sultan schlagen.

Euch gern noch um eines fragen,
Nicht aus eigenem Entschluß
ist der Hund zurückgekrochen,
sondern erst, nachdem der Schuß
ihm verletzt des Beines Knochen.
Jäger: *Ihr verdient nicht die Geduld,*
die ich Euch in meiner Huld
hab entgegengebracht.
Doch gebt acht:
Gestochen von dem Ungeziefer
in den linken Unterkiefer
ließ Sultan sich selbst soweit bringen,
tollwütig davonzuspringen.
Dabei kam er arg zum Sturz
und hat sich ein Bein verletzt,
während ich entschlossen kurz,
meine Flinte angesetzt,
und mit einem Meisterschuß,
dess ich selbst mich loben muß,
erledigt hab der Wespen acht.
Indessen hat Sultan sich bedacht.
Überwältigt von der Reue
kommt er zurück in seiner Treue.
Wegen der Stiche von den Tieren
muß ich meinen Hund kurieren,
während böse Zungen sagen,
ich würde meinen Sultan schlagen.
Wanderer: *Ich seh, oh Herr, Ihr seid ein rechter*
Beschützer aller Hundeseelen.
Alle künftigen Hundegeschlechter
werden von Euren Taten erzählen."

So manches Mal lasen wir bei Veranstaltungen Dr. Steudels Satire auf das Arbeiter-und Bauernparadies vor.

Zum Schatzmeister des Vereins wurde Gerhard Ehlert, Jahrgang 1957, gewählt. Das Thema seiner 1996 geschriebenen Diplomarbeit lautete: „Das MfS und DDR-Schriftsteller in den 70er und 80er Jahren". Er arbeitete weiter auf dem Gebiet und gehörte viele Jahre zum festen Stamm der durch die Gedenkstätte Hohenschönhausen Führenden.

Mit dieser Vorstandszusammensetzung konnten wir nun endlich das Bibliotheksschiff wieder in ruhiges Fahrwasser steuern.

Der neue Vorstand mit Ulrich Schacht (†) und Dr. Heinz Steudel

Der Vorstandsvorsitzende der Union der Opferverbände Kommunistischer Gewaltherrschaft (UOKG) Gerhard Finn schrieb im „Stacheldraht" 1/97:

> „Die Berliner Gedenkbibliothek zu Ehren der Opfer des Stalinismus beginnt in diesem Jahr mit einem neuen Vorstand und einer neuen Unterkunft einen neuen Anfang. ...Der neue Vorstand bietet denn auch Gewähr für einen neuen Anfang, der hoffentlich ein Kapitel leidvoller persönlicher und richtungspolitischer Querelen abschließt, die allzu gern von linksgestrickten Journalisten aufgegriffen wurden.

…….Die UOKG wird die weitere Arbeit der Gedenkbibliothek als Teil der mehr denn je notwendigen Informationsarbeit mit Interesse verfolgen und unterstützen."

Erlösend nicht nur für mich und meine anwesenden Eltern, die sich viele Sorgen meiner häufigen Herzattacken wegen machten, auch die Mitglieder atmeten nach dem ganzen Marathon von Unterstützungsschreiben und Bittbriefen erleichternd auf.

An dieser Stelle möchte ich meiner Mutti ein ehrendes Gedenken schenken. Hat sie sich doch so unglaublich lieb interessiert für alles, was die Bibliothek betraf, und sich auch als aktives Mitglied mit Schreiben an zum Beispiel den Präsidenten des Berliner Abgeordnetenhauses (mit verständnisvoller Antwort) und an Frau Bohley (ohne Antwort) gewandt.

Nun waren wir frei für die kommenden Aufgaben, und das war vor allem die Klage gegen die rechtswidrige Streichung der institutionellen Förderung, die eine verständnisvolle Anwaltskanzlei gottlob für uns führte. Vorgreifend, das Prozedere dauerte, man glaubt es nicht, zwei Jahre und führte zumindest zu einem gerichtlichen Gütetermin, der aber auch noch Hürden bescherte und uns schmerzliche Abstriche hinnehmen lassen mußte, bis uns seitdem eine jährlich bewilligte Projekt- statt institutioneller Förderung das Überleben sichert mit **einer** Festanstellung und zwei Viertelstellen in Bibliotheksräumen 1o Mal so groß wie die 1. Bibliothek und mit mehreren zu betreuenden Ausstellungen sowie mit einem Bücherbestand von fast 14.000!

Nochmal zurück vor die Vorstandswahl. Es hatte unterschiedliche Ambitionen von Seiten einiger Bürgerrechtler mit Unterstützung der Bündnis/Grünen im Abgeordnetenhaus gegeben, die Eigenständigkeit der Gedenkbibliothek aufzuheben, worüber Frau Paul sich aufgrund einer Anhörung im Kulturausschuß des Berliner Abgeordnetenhauses in dem bereits zitierten Schreiben empört hat.

Frau Paul (†) führt unsere Schweizer Gäste durchs „Lindenhotel" in Potsdam

Es gab Bemühungen von allen Seiten, diese kleine Gedenkbibliothek irgendwo einzubinden. Das Mielke-Haus bot man an, wohin ich aber nie gewollt hätte. Eine Abteilung in der Stadtbibliothek zu werden, war auch eine sonderbare Idee. Ganz absurd war ein Vorschlag während der Vorstandsquerelen nach Templins-Zeit, vom Amtsgericht einen Vorstand einsetzen zu lassen, nachdem es nicht gelungen war, die Bibliothek ganz und gar aufzulösen oder unter einen anderen Vorstand zu bringen - auf jeden Fall ohne mich als Geschäftsführer. Versuche, mich per Rufmord und mit allen juristischen und politischen Tricks aus dem Vorstand zu drängen, gab es ja genügend. Meine Gegner wußten aber, daß ich das absolute Vertrauen der Mitglieder hatte, die mich immer wieder gewählt hätten. Darum wollten sie mich in ein Angestelltenverhältnis bringen, aus dem ich dann hätte entlassen werden können. Aber das ist gottlob auch nicht gelungen.

Abgeordnetenhaus von Berlin

12. Wahlperiode

Drucksache 12/5884

Antrag

der Fraktion Bündnis 90/Grüne (AL)/UFV
und der Gruppe Neues Forum/Bürgerbewegung

über **Sicherung der Gedenkbibliothek zu Ehren der Opfer des Stalinismus**

Das Abgeordnetenhaus wolle beschließen:

Das Abgeordnetenhaus fordert den Senat auf, mit dem gebotenen Nachdruck weitere Anstrengungen zu unternehmen, um die ursprünglichen Anliegen einer pluralen Programmkonzeption der Gedenkbibliothek zu Ehren der Opfer des Stalinismus zu verwirklichen. Dem Abgeordnetenhaus ist bis 30. November 1995 über den Stand der Bemühungen des Senats zu berichten.

Begründung:

Der Rückzug der DDR-Bürgerrechtler Bärbel Bohley, Jürgen Fuchs, Katja Havemann und mittlerweile auch Wolfgang Templin aus der Arbeit der Gedenkbibliothek und die Distanzierungen Freya Kliers und Angelika Barbes stehen am Ende harter Auseinandersetzungen über den Kurs der Gedenkbibliothek. Dabei haben sich offenkundig Kreise durchgesetzt, die den Belangen der ehemaligen politischen Häftlinge und Opfer der kommunistischen Gewaltherrschaft durch ihre Verlautbarungen und Handlungen letztlich zu schaden drohen. Nur wenn glaubwürdig behauptet werden kann, die Trägerschaft und die Arbeit der Gedenkbibliothek erwiesen sich des moralischen Anspruchs des Bibliotheks-Namens „zu Ehren der Opfer des Stalinismus" würdig, ist eine unveränderte Förderung durch das Land Berlin zu rechtfertigen.

Berlin, den 24. August 1995

Wieland   Eckert
und die übrigen Mitglieder der Fraktion
Bündnis 90/Grüne (AL)/UFV

Pflugbeil
und die übrigen Mitglieder der Gruppe
Neues Forum/Bürgerbewegung

Die Veröffentlichungen des Abgeordnetenhauses sind bei der Kulturbuch-Verlag GmbH zu beziehen.
Hausanschrift: Sprosserweg 3, 12351 Berlin-Buckow · Postanschrift: Postfach 47 04 49, 12313 Berlin.
Telefon: 6 61 84 84; Telefax: 6 61 78 28.

Erinnerungen an liebe Freunde und Mitstreiter der Frühzeit

Beim Schreiben erscheint die Situation nicht weniger absurd als sie damals war - im Unterschied - die Erinnerung tut nicht mehr weh. Vielleicht hat es daher einer so langen Zeit bedurft und sogar dieser besonderen entschleunigten Ausnahmesituation, obwohl traurigerweise einige liebe Vertraute und Mitglieder der Bibliothek, die mich vor Jahren schon baten, die Ereignisse, die guten wie die betrüblichen, festzuhalten, nicht mehr unter uns sind und diese auch ihre Geschichte nicht mehr lesen können. Am schmerzlichsten für mich natürlich, daß mein Mann nicht mitschreiben kann und sich meine beiden Söhne leider schon seit Jahren nicht mehr engagieren. Der Tod ihres Vaters hat für uns alle das Leben verändert. Vielleicht bringen uns die hier festgehaltenen Erinnerungen an gemeinsam Aufgebautes, Erlebtes, Gefilmtes, Erkämpftes und Erfreutes wieder einander näher. Ich hoffe weiterhin und wünsche es so sehr!

„Es gibt keine Freiheit dort, wo nicht der vollen Wahrheit freie Bahn gegeben wird." Der kluge Satz von Havel war damals in aller Munde. Was ist Wahrheit, welche und in wessen Augen?

Fakten und ein Einander- Zu- und- Anhören – d a s muß zumindest die Basis für die Wahrheitssuche in einer Nicht-mehr-Diktatur sein.

Ist das Leben auch in einer solchen, besser wäre es, von Demokratie zu sprechen, aber … erleben wir sie heute 30 Jahre nach dem wirklichen Diktaturende? - kein Wunschkonzert, so seh ich im Lebenskonzert der Gedenkbibliothek den Dirigenten auf einer höheren Ebene, mit der der Superintendent Dr. Woronowicz später in unserem Vorstand ein Verstehen von manchem Unverständlichem mit dem Blick nach oben zu erwirken versuchte – und – schon in der 2. Lebenshälfte der Bibliothek - uns alle wie eine „kleine feine Gemeinde" behandelte.

Er war mit seinen Vorträgen eine große Bereicherung, was ich auch von Herrn Jochen Stern, dem Schauspieler, Bücherautor und „Knastrologen" sagen möchte in Anbetracht seines häufigen originellen Auftretens über all die Jahre hinweg. Ein quasi Gründungsmitglied und eine interessierte regelmäßige Besucherin - solange es ihr Gesundheitszustand erlaubte – ist Frau Stefanie Brown, die ihren Schauspielfreund in Frankfurt an der Oder eines Tages 1947 verloren hatte, machte uns auf sein Schicksal aufmerksam. Mut und Hoffnung der grad aus dem schrecklichen Krieg heimgekehrten jungen Männer auf eine neue Zeit in Freiheit, Kultur und Bildung wurden damals gnadenlos zerstört und mit jahrelangen Lagerhaftzeiten bestraft. Darüber hat Jochen Stern in seinem Buch „Und der Westen schweigt" geschrieben und die Hörer durch sein spannendes Vortragen und Vorlesen fasziniert wie auch mit all den anderen Vortragsthemen.

Im liebevollen Gespräch mit Dr. Ulrich Woronowicz (†)

30, 20, 10 …Jahre zurückblickend, ist die Reihe der engsten Freunde, Mitglieder und Besucher, die nicht mehr bei uns sind, schon lang, was mich beim schreibenden Erinnern sehr traurig stimmt, und was ich schon bei meinem letzten Weihnachtsbrief mit Namen bestücktem Kreuz so ausdrücken wollte.

Der Knastrologe – Schauspieler – Vortragende Jochen Stern mit Frau Luzie Hillel (2. von rechts) und Frau Sieg zum 10jährigen im Nikolaiviertel

Aber auch die andere Liste der noch Getreuen aus der Frühzeit der Bibliothek ist lang. Nicht unerwähnt bleiben dürfen Frau und Herr Dieckmann, die eines Tages an unserem klitzekleinen vergitterten Fenster am „Bullenwinkel" den Namen Rainer Schottländer lasen in der Ankündigung seiner Vorstellung des „Teuersten Flugblattes der Welt" und so beglückt waren, daß Herr Dieckmann am Abend den Sohn seines ehemaligen Lehrers am Georg Herwegh Gymnasium in Berlin Hermsdorf Prof. Rudolf Schottländer kennenlernen würde. Aus dieser ersten Begegnung mit mir wurde eine enge Freundschaft bis auf den heutigen Tag. Ihr Interesse aus dem fernen Frankfurt am Main an allem, was sich in der Bibliothek und um sie herum ereignete, war mir oft Halt und Ermutigung. Ein Kompliment von ihnen ist mir im Herzen „Sie geben jedem Besucher das Gefühl, ganz und gar für ihn da zu sein und nicht des Eigentlich-grad-keine-Zeit-zu-Habens". Das tat und tut gut zu hören. Das gleiche Kompliment möchte ich an dieser Stelle auch Herrn

Dahnert machen. Er folgt mir darin ganz unabgesprochen. So beobachte ich das jedenfalls, wenn ich dienstags heute als Besucher in die Bibliothek komme.

Rainer Schottländer kam jahrelang in Begleitung seiner Mutter zu den Veranstaltungen, mit der ich oft auf der Heimfahrt vom Hausvogteiplatz auf seinem Barkas-Pritschenwagen hin- und herschaukelte bei ihren interessanten Plaudereien z. B. über Besuche von Havemann in ihrem Haus und über die verrückt-genialen Erfindungen und Tüfteleien ihres lieben Rainer, der zudem als Freund von Martin Walter, dem Mitarbeiter auf unserer heutigen ¼ Stelle, zum engen Kreis der Bibliothek gehört.

Martin Walter als Gesprächsleiter mit dem Filmemacher Fritz Poppenberg nach der Filmvorführung „Der letzte Mythos – Wer entfesselte den 2. Weltkrieg", 2009

Roland Bude, ehemaliger leitender Mitarbeiter im Ministerium für Innerdeutsche Beziehungen in Bonn, auch verbunden mit der Hausvogteiplatzära, hatte in der Bauphase eines Tages unsere Baustelle besucht, von deren Originalität er so angetan war, daß er seine angekündigte Spendensumme, die nur für Ikea-Regale gereicht hätte, spontan erhöhte, damit gediegene Massivholzregale zur Kiefernholzgalerie paßten. So ließen wir sie bauen mit Geldern, die nun nicht mehr für den Gefangenenfreikauf benötigt wurden, denn damit war er im Ministerium unter anderem betraut. 20.000 Westmark, gut angelegt fürs Beherbergen verbotener Bücher, die inzwischen zwei Umzüge schadlos überstanden haben, die Regale ja, die schöne Galerie leider nicht.

Warum – darauf komme ich später. Noch verweilen wir in dieser spannenden Frühzeit, aus der die Treffen der Sachsenhausener Frauen nicht wegzudenken sind.

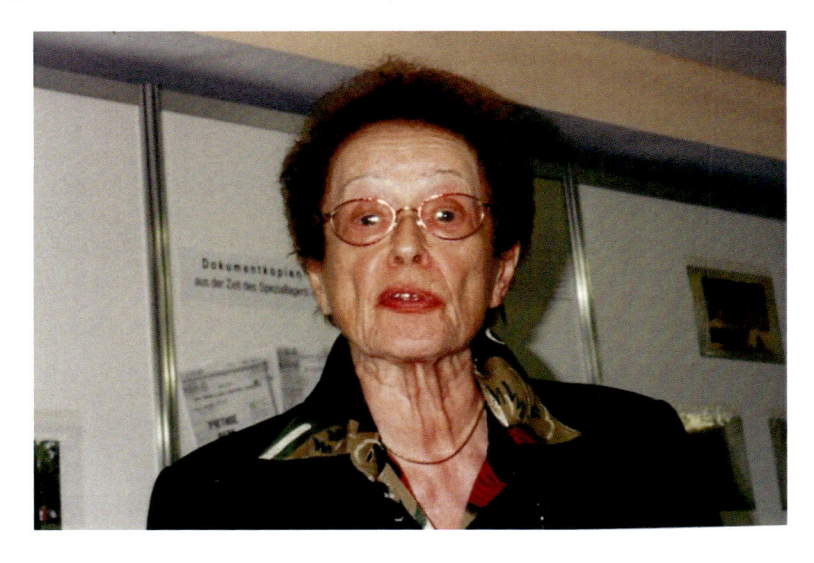

Die singende Friederike - das Vorspiel auf ein Benefizkonzert

Eines Kaffeeplausch-Erinnerungsaustausch-Nachmittags ging die Tür auf, eine elegante ältere Dame setzte sich auf die Treppe und fing ganz leise an zu singen. „Das ist unsere singende Friederike!" „Das bist ja Du!" Eine ehemalige Pritschennachbarin aus dem Lager Mühlberg erkannte Marianne Fischer (†), die spätere Marianne Fischer-Kupfer, die

Sängerin, Gesangsdozentin und Gattin des Intendanten der Komischen Oper Professor Harry Kupfer. Das war bewegend!

Von diesem Nachmittag an durfte ich mich dann über viele Jahre ihrer liebevollen Zuneigung erfreuen, die später zum Höhepunkt des Bibliothekslebens führte. Während eines Treffens mit „meinen Mühlbergern", wie sie ihre ehemaligen Mitgefangenen, SMT-Verurteilte (Sowjetisches Militär-Tribunal) und Internierte, liebevoll nannte, in ihrer wunderschönen Wohnung im „Schiff" am Checkpoint Charlie, kam ihr plötzlich eine Idee. Sie rief Jochen Kowalski an, ihr, wie sie ihn nannte, musikalisches Ziehkind: „Hallo Kowi", ich glaub, so sprach sie ihn an. „Ich hab einen Geburtstagswunsch an Dich. Sing bitte in der Nikolaikirche für die Gedenkbibliothek zu Ehren der Opfer des Stalinismus, gib ein Benefizkonzert. Sie brauchen dringend Geld."

Das Konzert gab es dann später wirklich.

Vorerst noch einige Erinnerungen an den **Alltag als Bibliothek.**

Peter Popiolek (†) vorm Büchertisch in Jamlitz anläßlich eines Gedenktages

Neben den gekauften Büchern gab es auch noch andere Quellen unseres Bücherflusses. Durch meine Kontakte zu einigen Westberliner Stadtbezirksbibliotheken kamen wir in den Genuss von Dubletten und auch von aussortierten Privatbeständen, wie z.B. vom Leiter der Landeszentrale für politische Bildung Herrn Eberhard Aleff, der mir zur Eröffnung ein ganz besonderes Geschenk gemacht hatte: eine sogenannte Tarnschrift Wolfgang Leonhards Revolution, verpackt in „Entscheidungen des Obersten Gerichts der DDR". Die hatte auch den Autor selbst beim Anblick verblüfft.

Viele Bücherfuhren machten mein Mann und ich quer durch Berlin im Laufe der Jahre und bestückten mit eigenen Büchern Ausstellungen, wie anläßlich eines Gedenktages in Jamlitz ...

Verwandtenbesuche im „Bullenwinkel"

Besuch von meinen Eltern und Geschwistern

Meines Mannes Familie aus München und Australien

Auf einer Mitgliederversammlung: meine Mutti (†), Roy und seine Freundin Grit

Meines Mannes Cousine (†) aus Wien zu Besuch

Durch mein Bibliographieren in der Amerika Gedenkbibliothek (AGB) lernte ich mehrere alternative Bibliothekarinnen kennen, von denen auch einige Mitglieder unseres Fördervereins wurden. Ja sogar die AGB selbst mit dem damaligen Direktor trat als institutionelles Fördermitglied bei. Das war schon eine große Ehre. 1992 wurde ich von der Leiterin der Kreuzberger Bibliothek zum Bibliothekstag nach Saarbrücken eingeladen, auf dem am Rande die Alternativen ihren Bibliothekstag gesondert abhielten. Ich wurde irgendwie als Exot geachtet und behandelt, was mir neue Beziehungen, Bücher und Spenden, aber daneben auch viele Ratschläge einbrachte. So lernte ich z.B. die Slawistin Frau Dr. Trepper kennen und hörte zum ersten Mal von der größten Samisdatsammlung an der Bremer Universität. Meine unzähligen Schreiben mit Bücherwunschlisten führten zu Kontakten, die in einem besonderen Fall nach jahrelanger Korrespondenz Herrn Richard Müller-Schmitt mit 19 nach Themen sortierten Bücherkartons nach Mahlsdorf, leider schon lange nach dem Tod meines Mannes, zu mir nachhause führte. War das ein Freudenfest für Siegmar Faust, der grad zu Besuch war, und für mich beim Anblick „alter Bekannter" und bei Neuentdeckungen.

Der Slawist und Übersetzer hatte uns aber nicht nur mit Büchern beschenkt, sondern sich mir in der schlimmsten Kampagnenzeit als d'Artagnan angeboten! Welch ein Mut, den er mit aufbauenden Briefen bewies. Auch ganz ermutigende Zeilen schrieb mir übrigens in dieser als Horrorgeschichte bezeichneten Ära der bekannte Lyriker und Dissident Uwe Kolbe mit seinem ausgedrückten Unverständnis für das Reagieren der beiden Bürgerrechtler. Das hab ich bis heute nicht vergessen.

Ein außergewöhnlicher Besucher eines Tages war Andreas W. Mytze, ein Antiquar aus London, mit seinem Katalog von Buchtiteln zum stalinistischen Terror. Oft nicht billig, aber, wie gesagt, wir konnten uns so manchen Schatz leisten, der wegen des schwer Wiederbeschaffbarem nicht öffentlich zugänglich war. Dazu gehörte nun auch ein Buch, der Skandal schlechthin, womit wir „in der Zeit nach den rosaroten Wolken" als „brauner Sumpf" diffamiert wurden.

Es handelte sich um den „Verratenen Sozialismus" von Karl Albrecht, über den in einem Hetzartikel stand, ich würde alte Nazischwarten von zuhause in der Bibliothek ausleihen. Als enttäuschter Kommunist in höchster Position rechnete er nach Haft in der berüchtigten Lubjanka mit all den Spitzenfunktionären als Gewaltverbrecher und Speichellecker Stalins scharf ab und sah in diesen eben die Verräter des wahren Sozialismus, den er nach Rückkehr und Haft bei der Gestapo nun im Nationalsozialismus zu sehen glaubte. Ich kannte das Buch zuvor natürlich nicht, stand es ja in der DDR, wie ich später erfuhr, selbstredend auf dem Index. Die Widmung in diesem antiquarischen Buch irgendeines mir logischerweise unbekannten Menschen wurde m i r, mich diffamierend, zugeschrieben. Das Buch, soviel sei noch dazu gesagt, stand nicht offen im Regal und wurde auch nie ausgeliehen, obwohl ich mich zum Beispiel in der Deutschen Bücherei in Frankfurt erkundigt hatte (dort arbeitete ein Bibliothekar, der bei uns Vereinsmitglied war), ob dieses Buch im Bestand zu haben verboten sei. Nein. Auch holte ich Erkundigungen in Antiquariaten ein. Ich hatte mich völlig korrekt verhalten. Das Buch stand auf keinem heutigen Index. Welch ein Irrsinn also, der mitunter makabre Formen annahm. Zudem ist Herr Mytze Herausgeber der „europäischen ideen" und in der Bürgerrechtlerszene kein Unbekannter. Wem allen hat er in seinen Publikationen nicht eine Bühne gegeben: u.a. Wolf Biermann, Siegmar Faust, Jürgen Fuchs, Sieghard Pohl, Siegfried Heinrich, um nur einige zu nennen. Was sollte also mit der medialen Anschuldigung durch Kuo, „Popiolek leiht Nazischwarten aus ihrem Privatbestand aus", erreicht werden?

Durch seine Kontakte als Journalist zu Medien verstieg sich Kuo nochmal zu einer böswilligen Verleumdung und benutzte dazu den Focus, der am 26.1.1998 unter dem Titel „Opfer gegen Opfer. Ein ehemaliger DDR-Häftling wirft Sachsens Stasi-Beauftragten dubiose Kontakte vor". Da er zum zigsten Mal auch mich denunzierte, wandte ich mich mit Schreiben vom 18.3.1998 an Herrn Helmut Markwort und zitiere daraus:

"... Dieser Artikel enthält neben einer Reihe von Schmähungen auch unrichtige Tatsachenbehauptungen über mich.

Beigefügt übermittle ich Ihnen in der Anlage eine von mir persönlich im Original unterzeichnete Gegendarstellung mit der Aufforderung, diese in der nächsten Ausgabe im gleichen Teil des Druckwerks, in einem der Erstmitteilung gleichwertigen Schriftbild ohne Einschaltungen und Weglassungen abzudrucken...."

Ob und wie auf mein Anschreiben plus Anlage reagiert wurde, kann ich heute nicht mehr belegen.

Man darf ja einen Fakt nicht außer Acht lassen, den ich auch erst erkennen mußte. Mit Schreiben auf mediale Verleumdungen, auf die man aus genannten Gründen reagieren muß, wird man so lange beschäftigt, bis vom Zuwendungsgeber gemahnt werden kann, sich nur mit sich selbst zu beschäftigen und nicht mehr die bildungspolitischen aus öffentlichen Mitteln bezahlten Aufgaben zu erfüllen. Eine ganz perfide Methode.

Neben den Büchern und Lesern ging es natürlich in dieser Gedenkbibliothek von Anfang an um zu gedenkender Menschen, aber eh ich auf den bereits erwähnten Sachsenhausener Kreis mit seinen oft jahrelangen Lagerzeiten und Leidensschicksalen zu sprechen komme, möchte ich noch eine Initiative erwähnen, die sich durch ein erschütterndes Schicksal, auf das Dr. Steudel aufmerksam machte, ergeben hat. In einem kleinen Kreis mit Rechtskundigen gründeten wir den sogenannten Rechtshilfeverein und nahmen Kontakt zum Weißen Ring auf, beginnend mit dem Fall Smolka nach dem Buch von Klaus Schmude „Fallbeil - Erziehung. Der Stasi/SED-Mord an Manfred Smolka". 1958 wurde der ehemalige Offizier der DDR-Grenzpolizei Manfred Smolka bei dem Versuch, seine Familie an der thüringisch-bayrischen Grenze in den Westen nachzuholen, Opfer eines Verrats. Den auf westdeutschem Territorium angeschossenen Smolka verschleppte die Stasi und machte ihm in Erfurt den Prozess, der 1960 zur Abschreckung „aus erzieherischen

Gründen" mit einem Todesurteil gegen den jungen Mann endete. Wir pflegten Kontakt zum Leiter des Weißen Rings, Herrn Zimmermann, der mit seinem Schicksal zum Thema unserer Bibliothek paßte, sowie zum Leiter der Erfassungsstelle Salzgitter Dr. Hans-Jürgen Grasemann der während einer Veranstaltung in der Point Alpha Stiftung den Unrechtscharakter der DDR-Justiz mit ihren niederträchtigsten Methoden und härtesten Strafen, unvergleichlich zu jedem Rechtsstaat, scharf anprangerte.

Dr. Hans-Jürgen Grasemann (†)

Leider ist dieser Rechtshilfeverein mit seinen aussichtsreichen Aktivitäten später der Diffamierungskampagne zum Opfer gefallen. Und leider betraf es auch den Sachsenhauser Kreis, der sich noch viele Male in den Hackeschen Höfen getroffen hatte, aber nach dem Wasseranschlag und durch eine übelste Lüge von jemandem, den ich nicht mal erwähnen möchte und gemeinsam mit Gisela Gneist einfach vergessen wollte, räumlich zum Landesbeauftragen übersiedelte. Das tat ganz besonders weh, hatte ich mich doch derart schützend vor diese leidvollen Opfer der SBZ gestellt, als sie diffamiert wurden, daß mir dadurch Umgang mit „braunem Sumpf" vorgeworfen wurde, was wohl Martin Gutzeit nicht so sehen konnte, wenn er sie, diese angeblichen „Nazis", sich in seiner Behörde treffen ließ. Na ja ...... Wenn zwei das Gleiche tun, ist das noch lange nicht dasselbe.

Sie blieben trotzdem für mich schuldlos nach 1945 politisch verurteilte oder internierte inzwischen betagte Frauen und Männer, wobei zu einigen der Kontakt bestehen blieb, die sich regelmäßig und häufig am Hausvogteiplatz, zum „Kaffeeplausch" trafen und endlich, manche das erste Mal, über ihre Schweigelagerzeit redeten. Warum Frau Gissler diese alten Frauen bei Bärbel Bohley im Vorstand anschwärzte, SS-Propaganda zu machen, wirft vor allem die Frage auf: was wollte sie damit erreichen und vielleicht sogar in wessen Auftrag? Ein Räderwerk wurde damals losgetreten mit Verleumdung, fehlendem Faktenwissen, Böswilligkeit, Neid... bis hin, wie gesagt, zu einem gefälschten Protokoll einer Vorstandssitzung, Vorenthaltung ihrer Stasiakte, ohne daß Jürgen Fuchs als Vorsitzender unverständlicherweise auf Einsicht bestand angesichts ihrer mehreren Reisen ins kapitalistische Ausland, dann Kündigung mit bald darauf folgender Zurücknahme der Kündigung, als es von Vorteil schien und die Aussicht auf Übernahme der Bibliothek durch Bohley vielleicht gemeinsam mit Annegret Gollin (sie hatte das entsprechende Protokoll geschrieben) nach meinem endgültigen „Abservieren". Ungute Erinnerungen... Ich kann an dieser Stelle hier natürlich nur über meine eigenen schreiben.

> „Qui bono? Hat sich diese viele negative Energie gelohnt, Frau Gissler? Und für wen? Oder kamen Sie gar in wessen Auftrag damals in die Bibliothek, wofür es Hinweise gab, die ich aber damals ignorierte und heute wohl nicht mehr wissen muß."

Was wäre also gewesen, wenn ich damals aufgegeben hätte nach dem Brandanschlag und ohne meinen Mann an meiner Seite, der aufgrund der ungeheuerlichen Anschuldigungen schwer suizidgefährdet in der Klinik lag? Wie konnte ich diese schreckliche Situation aushalten?

Man mag sich im Nachhinein fragen, von welchem Motiv die Kampagne damals am stärksten bestimmt worden ist: von totalem Fehlen jeder Sachkenntnis oder aus volkspädagogisch notwendiger Faktenfälschung im Sinne der Political Correctness durch die linksliberale Meinungsführerschaft des Gutmenschentums unter Instrumentalisierung einiger Bürgerrechtler oder?

Am Ende würde irgendwann die Frage stehen qui bono? Und auf der Strecke würden in jedem Fall die Opfer und ihr Leid bleiben. Faschismus bleibt im Zeitalter der PC, was er in der linken Szene schon lange war, der Kampfbegriff zum verbalen Totschlag des politischen Gegners und nicht seine vorurteilslose konsequente Aufklärung im Vergleich zum Sozialismus oder nationaler Sozialismus versus internationaler Sozialismus.

Dr. Holm Schöne, Senatsrat i.R. unter Willy Brandt, unser juristischer Beisitzer im Vorstand, schrieb damals in einer Presseerklärung:

> *"Eine Einrichtung, die sich dem Gedenken der Opfer des roten Totalitarismus im Geiste freiheitlicher, pluralistischer Demokratie widmet, paßt nicht in das Scheuklappendenken neuer Ideologen und soll daher auf Einseitigkeit umgepolt werden oder verschwinden. Dem entgegenzutreten und die Gedenkbibliothek zu Ehren der Opfer des Stalinismus zu erhalten, wird damit zur Aufgabe aller, die es mit dem Vermächtnis der Opfer des Totalitarismus ernst meinen."*

Das aber sollte oder durfte in bestimmten Kreisen nicht gewollt sein.

> *"Ein Wegfall der Gedenkbibliothek wäre eine Niederlage für alle diejenigen, denen eine Aufklärung über die vergangene Diktatur zur Gestaltung der gemeinsamen Zukunft in Deutschland am Herzen liegt."* Das sagte der Oberstaatsanwalt aus Hannover Dr. Hans-Jürgen Grasemann in einem seiner Vorträge bei uns als Herausgeber des „Salzgitter Reports".

Rainer Kunze sprach von einer *„gefährlichen gedankenlosen Ideologisierung des geistigen Lebens"* vor über 150 Gästen im Kinosaal des Tschechischen Kulturzentrums, den wir in Erwartung sehr vieler Besucher manchmal mieten durften.

„Eine Diskussion über einen künftigen Sozialismus mit menschlichem Antlitz" hat u.a. die Funktion, von ihrer Mitverantwortung als Linke für den tatsächlichen Sozialismus mit der unmenschlichen Fratze abzulenken." Eine bis in die jüngste Zeit zutreffende Äußerung von Ralf Giordano, dem Jürgen Fuchs als noch 1. Vorsitzender unseres Fördervereins damals schrieb und von ihm forderte, daß dieser seine der Bibliothek geschenkten Bücher zurückverlange. Giordano tat es nicht, und

wir haben selbstverständlich noch alle seine Bücher in unserem Bestand.

Mit dem heutigen Abstand von nun mehr fast 30 Jahren zu den damaligen auch persönlichen Angriffen fällt es mir nicht mehr so schwer, ihn und Bärbel Bohley so zu verstehen, daß sie sich unter dem linken medialen Druck nicht anders hätten verhalten können, als mit gleicher „Faschismuskeule" draufzuschlagen, um nicht selbst beschädigt zu werden. Stritten sie aber nicht vormals als „Bürgerrechtler" gerade dafür, die Meinungsfreiheit zu schützen, und genossen sie nicht auch dafür alle mediale und politische Aufmerksamkeit? Meinungs- und Redefreiheit sollte aber auch denen gelten, die bis ´89 über Verbrechen schweigen mußten, die im Namen des Sozialismus in den grausamen Schweigelagern der frühen Nachkriegszeit an ihnen begangen wurden und die noch umso eher Verständnis brauchten, als sie sich in zweifacher Hinsicht wie Opfer 2. oder 3. Klasse fühlten im Vergleich zu denen des Nationalsozialismus und eben den Bürgerrechtlern. Daß es Mut bedurfte, auch Menschen anzuhören, deren Biographien Brüche und Zweifel beinhalteten, wobei ich nicht von zurecht Verurteilten spreche, mit denen hatten wir in der Bibliothek nichts zu tun, auch wenn das unterstellt wurde. **Schuldig – unschuldig, Täter – Opfer** in und nach zwei Diktaturen auf deutschem Boden – das waren komplizierte Verstehensprozesse. Wer hatte das Exklusivrecht auf Kritik und moralische Verurteilung?

Die Zukunft hat eine lange Vergangenheit und über sie aufzuklären ist unsere Aufgabe: mit der Gestaltungskraft von Zeitzeugen neben den Schreibtischhistorikern, von den Ideologen ganz zu schweigen, deren gefährlicher Irrweg doch darin bestand, nach ihren eigenen Moralnormen, und diese als Maß gesetzt, die Menschen zu führen und zu ihrem vorgeblichen Glück zu zwingen, auch mit Gewalt. Diese Entwicklung verdeutlichen wir auch in unserer heutigen Ausstellung UTOPIE UND TERROR.

Nichts Geringeres als unvoreingenommen zuzuhören, zu beraten und, wo uns möglich, zu unterstützen. Darum bemühten wir uns nach bestem Wissen und Gewissen in unserer Begegnungsstätte, wobei mir mitunter politische Unbedarftheit zum Schaden gereichte.

Ich hatte mich den „Bürgerrechtlern" gegenüber - schon im Haus der Demokratie bei meiner Kontaktsuche – immer euphorisch und ganz klar für eine Wiedervereinigung ausgesprochen, wenn mir auch Gegenwind entgegenschlug von denen, die erst den „demokratischen Sozialismus" verwirklichen wollten. Es hieß, die DDR müsse erst erwachsen werden, um dann in Augenhöhe in eine Vereinigung einzuwilligen. Statt die sich immer deutlicher abzeichnende Einheit Deutschlands zu akzeptieren und mitzugestalten, las ich im Haus der Demokratie an allen Telefonapparaten **„Kein Anschluß unter der Nummer 23"**. Ihre Weltfremdheit und politische sowie wirtschaftliche Ahnungslosigkeit, aber vor allem ihre moralische Überheblichkeit verband die meisten Bürgerrechtler mit der West-Linken, was ich leider erst später erkannte und was eben dadurch auch zu diesem Bruch mit einigen führte und führen mußte. Es hätte damals jeder andere als der uns zum Verhängnis gemachte Grund sein können, bin ich überzeugt, diese Begegnungsstätte unter ihre allein gültige Deutungshoheit zu bringen oder sie zu liquidieren. Gottlob gelang beides nicht!

GEDENKBIBLIOTHEK
zu Ehren der Opfer des Stalinismus e. V.

Kurze Chronologie der Verleumdungskampagne

August 1991 Lesung aus dem Margot-Pietzner-Manuskript durch die ehemalige DDR-Schriftstellerin und "NS-Forscherin" Frau Lieblich (später Gruber) in der Gedenkbibliothek.

Ab 1992 – 1993 Private Beziehung und Freundschaft zwischen Frau Pietzner und Familie Popiolek, von der sie im Frühjahr 1993 sogar als Familienmitglied aufgenommen wurde.

Anfang 1994 Differenzen mit den Vorstandsmitgliedern Jürgen Fuchs und Bärbel Bohley, anhand der Vortragsvorschläge für das Wahljahr 1994, die mit Hermann Kreutzer und Heinz Gerull zuvor abgesprochen waren. Fuchs und Bohley griffen die absurden Anschuldigungen durch Frau Gissler auf, der Sachsenhauser Kreis würde in der Gedenkbibliothek SS-Propaganda betreiben. Zu einer angebotenen und zugesagten Aussprache erschienen beide nicht.

Juni 1994 Wahlversammlung: Bohley kandidierte nicht wieder. Siegmar Faust wurde zum 1. Vorsitzenden und Jürgen Fuchs zum 2. Vorsitzenden gewählt. Mit Fuchs keine konstruktive Zusammenarbeit möglich; endloses Diskutieren über herbeigeredete Teamkonflikte. Inhaltliche Arbeitsbesprechungen mit Faust, z.B. Wahlkampfaktionen gegen die PDS und für Angelika Barbe.

Oktober 1994 Aus nicht näher benannten "politischen und ethischen Gründen" legte Fuchs sein Vorstandsmandat nieder. Frau Gissler wolle daraufhin eine Kündigung durch den Vorstand erreichen. Der Vorstand beschloß, ihr zwar finanziell helfen zu wollen, aber keinen Sozialbetrug zu begehen. Die Protokollführerin Annegret Gollin, hielt das Gegenteil im Protokoll fest, was als Fälschung erst viele Wochen später bekannt wurde.

November 1994 Frau Gissler kündigte zum 31.12.1994 und erschien zum Dienst letztmalig am 30. November. Sie hat noch in Abwesenheit und ohne Genehmigung der Leiterin oder des Vorstandes den Verfassern des "taz"-Artikels v. 1.12.1994 und einer VOX-Sendung Interviews und Materialien gegeben. Die Kündigung widerrief Sie nach Erscheinen des "taz"-Artikels mit der Begründung: "Angesichts der Umstände um dei Geschäftsführerin..."

1. Dezember 1994 Erscheinen des "taz"-Artikels und Ausstrahlen einer Sendung bei Zeit-TV gleichen verleumderischen Inhalts, worin die private Beziehung Frau Pietzners zu Frau Popiolek mit Ihrer Tätigkeit in der Gedenkbibliothek vermischt wurde. Mit Halbwahrheiten und Lügen gelang es den Initiatoren der Veröffentlichungen die Verantwortlichen der Gedenkbibliothek politisch und moralisch in aller Öffentlichkeit zu verunglimpfen. Die Falschmeldungen wurden trotz sofortiger Stellungnahmen und Gegendarstellungen durch Popiolek und Faust von anderen Journalisten ungeprüft übernommen, besonders von Fuchs und Bohley, die längst ihren Einfluß in der Bibliothek schwinden sahen.

5. Dezember 1994 Anläßlich einer Veranstaltung der Gauckbehörde im Abgeordnetenhaus, stellte sich die Abgeordnete Irena Kukutz (Bündnis 90/Grüne) öffentlich hinter die Vorwürfe, ohne zuvor die Beschuldigten gehört zu haben.

8. Dezember 1994 Vorbesprechung der Mitgliederversammlung im Kreise politischer "Freunde" mit der Aufforderung an Ursula Popiolek und Siegmar Faust, die Vorstandsmandate vorerst niederzulegen und keine Erklärungen vor den Mitgliedern abzugeben.

9. Dezember 1994 1. öffentliche Mitgliederversammlung und anschließend weitere Falschmeldungen in der "taz".

Hausvogteiplatz 3 - 4, 10117 Berlin, Telefon/Fax (030) 208 23 39
Konto Nr. 20 832 397 00 bei der Berliner Bank (BLZ 100 200 00)

12. Dezember 1994   Faust wird ohne gründliche Überprüfung der Sachlage als Referent beim Landesbeauftragten gekündigt.

9. Januar 1995   2. öffentliche Mitgliederversammlung mit Wahl eines neuen Vorstands. Wolfgang Templin wurde zum 1. Vorsitzenden gewählt aufgrund des Versprechens, allen Schaden von der Gedenkbibliothek abzuwenden und der öffentlich gemachten Forderung Bohleys nach Kündigung Frau Popioleks nicht zu entsprechen.

Januar 1995   1. Brandanschlag in der Dunckerstraße 8, wo Siegmar Faust wohnt. Hinterlassenes Zeichen: die angekohlte umfangreiche Recherche zum Fall Pietzner. Ermittlungen wurden ergebnislos eingestellt.

17. Februar 1995   2. Brandanschlag auf das Grundstück der Familie Popiolek, wobei das Auto des Vaters völlig ausbrannte. Bohley unterschrieb eine von Bürgerrechtlern verfaßte Resolution gegen diesen Anschlag nicht, weil sie von der Polizei erst geklärt haben wollte, ob der Brand nicht selber gelegt sei.

16./17.-20. Februar 1995   In dieser Zeit blieb die Gedenkbibliothek mehrere Tage unverschlossen, was junge Leute am Sonntag nachmittag entdeckten. Mit dem auf dem Schreibtisch liegenden Schlüssel schlossen sie ab und hinterließen ein Schreiben, wovon weder die Herren Templin oder Kuo den Vorstand noch die Bibliotheksverantwortliche informierten. Per Zufall wurde dieses Schreiben Monate später gefunden.

13. März 1995   Außerordentliche Mitgliederversammlung mit der Vorstellung des ab 1.2.1995 angestellten Presse- und Planungsreferenten Xing-Hu Kuo und Ankündigung einer großen politischen "Wende" in der Veranstaltungspolitik.

März-Juni 1995   Oft einziges Thema der Vorstandssitzungen: höhere Gehaltsforderungen Herrn Kuos. Der Vorsitzende Templin kannte weder Finanzierungsplan noch Konzeption für die Förderungsfähigkeit des Trägervereins "Gedenkbibliothek", als er im Alleingang einen rechtsunwirksamen Arbeitsvertrag mit Kuo schloß. Nachdem erst im Juni 1995 der durch den Landesbeauftragten Gutzeit akzeptierte Arbeitsvertrag zustande kam, begann Kuos unqualifizierte Attacken gegen Frau Popiolek, obwohl sie dem Vorstand ihre gehaltliche Rückstufung anbot, zugunsten Kuos.

Juli 1995   Nach Kenntnis dieser und weiterer Indiskretionen erfolgte die Kündigung Kuos auf einer außerordentlichen Vorstandssitzung, an der teilzunehmen Templin fest zugesagt hatte, aber dann im letzten Moment absagen ließ. Mehrheitlicher Beschluß: Kuo wegen Ungeeignetheit fristgerecht in der Probezeit, die Templin - wie erst im nachhinein durch das Arbeitsgericht bekannt wurde - eigenwillig auf einen Monat begrenzt hatte, zu entlassen. Kuo reagierte daraufhin mit öffentlicher Verunglimpfung durch angeblich in der Bibliothek gefundene nazistische und neonazistische Bücher. Er täuschte die Öffentlichkeit mit der Behauptung, er sei entlassen worden, weil er rechtsextremistische Literatur in der Bibliothek gefunden habe. Templin unterstützte Kuos Reaktionen und setzte dessen Lügen eine als Straftat zu ahndende Aussage (siehe Pressemitteilung Templins v.11.8.95) hinzu: Absage eines Referenten "wegen bekanntgewordener Verbreitung von NS-Literatur durch die Mitarbeiterin der Gedenkbibliothek Ursula Popiolek". Diese Pressemitteilung hatte er auf einer Pressekonferenz mit Bohley und Kuo am 11.8.1995 in den Räumen der VOS, ohne den Landes-Vorsitzenden der VOS, Faust, zuvor in Kenntnis gesetzt zu haben, an Journalisten verteilt und die Streichung der öffentlichen Mittel für die Gedenkbibliothek gefordert. Daraufhin stellte Ursula Popiolek Strafantrag gegen Templin wegen böswilliger Verleumdung.

10. August 1995   Das für diesen Termin angesetzte Gespräch über die inhaltliche und finanzielle Planung 1996 sagte Templin eigenmächtig ab und suchte den Landesbeauftragten Gutzeit als Zuwendungsgeber eine Woche zuvor auf, um anhand eines polemischen Schreibens als 1. Vorsitzender die Förderungswürdigkeit des Trägervereins in Frage zu stellen.

Nach einem Gespräch zwischen Gutzeit und dem 2. Vorsitzenden, Dr. Achim Günther, erfolgte die Einladung durch Dr. Günther zur außerordentlichen Jahreshauptversammlung am 28.8.1995 mit dem wichtigsten Tagesordnungspunkt: Abwahl des 1. Vorsitzenden Wolfgang Templin wegen Vereinsschädigung.

HÖHEPUNKTE

1. „Eine Laune der Natur"

Und er sang mit seiner göttlichen Stimme, einer „Laune der Natur", wie die Morgenpost nach dem unvergeßlichen Konzert am 19. Juni 1999 titelte, der großartige **Countertenor Jochen Kowalski**.

Vor dem großen Ereignis steckten wir ähnlich wie vor der Eröffnung der 1. Bibliothek mit Wolfgang Leonhard noch voll in Umzugsnachbereitungen im 3. neuen Bibliothekszuhause und in Vorbereitungen auf den Konzertabend, als ich den Kammersänger nach besonderen Einladungswünschen fragte. *„Nein, hab ich nicht, es muß nur alles professionell sein, wie ich es gerade in Japan erlebte."* Oh mein Gott .... Und ich schmiß das alles allein: Organisation letzter Handwerkerarbeiten, damit die Bibliothek nach dem Konzert präsentiert werden konnte, vor allem vor einigen Prominenten der Berliner Politik und eventuellen potentiellen Unterstützern, Absprachen mit der Stiftung Stadtmuseum, Besorgen eines Flügels, da der kircheneigene nicht den Ansprüchen des Pianisten entsprach. Dazu fällt mir ein Satz von Jochen Kowalski ein, der sich mir für lange Zeit geradezu eingebrannt hatte. Statt zur Probe in die Kirche zu gehen, stand er vor meinem Bürofenster: *„Der Flügel ist nicht da...."* Ich wollte im Erdboden versinken. ... telefonisches Kümmern... Bestellung eines Klavierstimmers, Gestaltung der Einladung und das Allerkomplizierteste: es sollten natürlich viele Karten verkauft werden, aber es durften nur 360 Plätze besetzt werden. Das Stadtmuseum blieb hart, keine Karte mehr!

Wie viele Kartennachfragen und wie viele Absagen! Eine Verehrerin war so hartnäckig, daß ich ihr eine Karte versprach, wenn sie sich an dem Abend mit einbrächte. Ich hatte einen Arbeitsablaufplan für mehrere Helfer in der Küche hängen: Einlaßkontrolle vor der Kirche,

Unter der Schirmherrschaft
von Kultursenator Peter
Radunski

Gefördert von:
Konrad-Adenauer-Stiftung,
Berlin
CDU - Landesverband, Berlin
Hilfsaktion Märtyrerkirche,
Uhldingen

Grußwort:
Prof. Dr. Ernst Cramer
Stellv. Aufsichtsratsvorsitzender
der Axel Springer Verlag AG

Dank für
die freundliche Unterstützung
durch Frau Marianne Kupfer
und Herrn Prof. Harry Kupfer
(Komische Oper Berlin)
sowie
der Stiftung Stadtmuseum
Berlin

Der Verein ist gemeinnützig.
Spenden können steuerlich abgesetzt
werden.

Gedenkbibliothek
zu Ehren der Opfer des Stalinismus

Mit der ständigen Ausstellung
der Hilfsaktion Märtyrerkirche
zur Christenverfolgung im 20. Jahrhundert

Nikolaikirchplatz 5 -7
10178 Berlin
Tel.: +49 / 30 / 283 43 27
Fax: +49 / 30 / 280 97 193

Kammersänger Jochen Kowalski
(Altus)
Komische Oper Berlin

Benefizkonzert
anläßlich der Neueröffnung
und zum Erhalt der
Gedenkbibliothek
zu Ehren der Opfer des Stalinismus

Programm

19.06.1999, Nikolaikirche

L. van Beethoven
„An die ferne Geliebte"
Liederkreis op. 98

Johannes Brahms
aus „Deutsche Volkslieder"
„Wach auf mein Herzenschöne"
„All mein Gedanken"
„Mein Mädel hat einen Rosenmund"
„Es steht ein Lind"
„Da unten im Tale"

Pause

Peter Iljitsch Tschaikowski
5 Romanzen
„Nur wer die Sehnsucht kennt..."
op.6, Nr.6
„Wieder, wie früher, allein..."
op.73, Nr.6
„Kein Wort von dir..." op.28, Nr.6
„Wiegenlied" op.16, Nr.1
„Inmitten des Balles" op.38, Nr.3

Domenico Sarri (1678-1740)
„Sen corre l'agneletta"-Canzonetta

G.F. Händel
Arie aus der Oper „ALCINA"
„Lascia ch'io pianga"

Ch. W. Gluck, Arie des Orfeo aus
der Oper „Orfeo ed Euridice"
„Che faro senza Euridice..."

**Am Flügel: Dietrich Sprenger
(Komische Oper Berlin)**

Erinnern statt Vergessen

Besetzung einer Abendkasse, Sektausschank in der Kirche wie hinterher in der Bibliothek, die bestimmten Gästen gezeigt werden sollte, mit besonderer Zuwendung wie für Prof. Cramer, der dankenswerterweise neben Pfarrer Latk von der Hilfsaktion Märtyrerkirche ein Grußwort nach meiner Begrüßung hielt, für Wolfgang Joop, einen ehemaligen „Waldheimer" und jahrelangen Förderer, daneben natürlich einigen erschienenen Berliner Politikern. Aus der mit noch einer Karte beglückten „Kowi-Fanin" Luzie Hillel wurde eine Freundin bis zum heutigen Tag und ein Ehrenmitglied unseres Fördervereins durch eine so großzügige private Spende, daß die Bibliothek ein paar Monate überleben konnte!!!

Ich möchte noch etwas zu meinem Dank an den Pianisten Dietrich Sprenger und an Jochen Kowalski sagen. Wegen der erbetenen japanischen Professionalität hatte ich mir meine Bedankung ins Japanische übersetzen lassen und abgelesen, auf die Jochen Kowalski mit einem Danke reagierte und das von meinem Sohn überreichte japanische Myrtenbäumchen entgegennahm. Eine Japanerin unter den Gästen, die ihrem Idol überallhin nachreist, hatte mich übrigens verstanden!

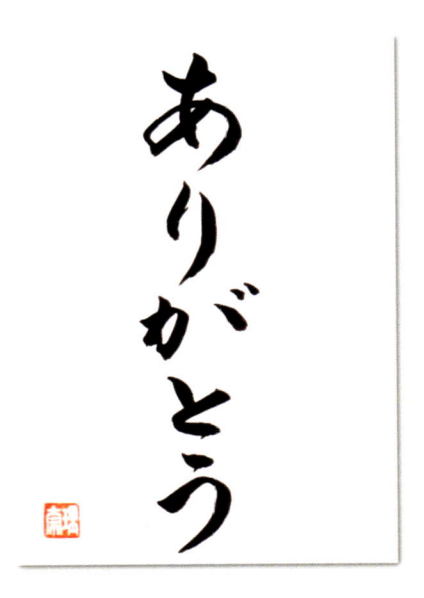

ありがとう

2. „Im Zentrum der Spionage"

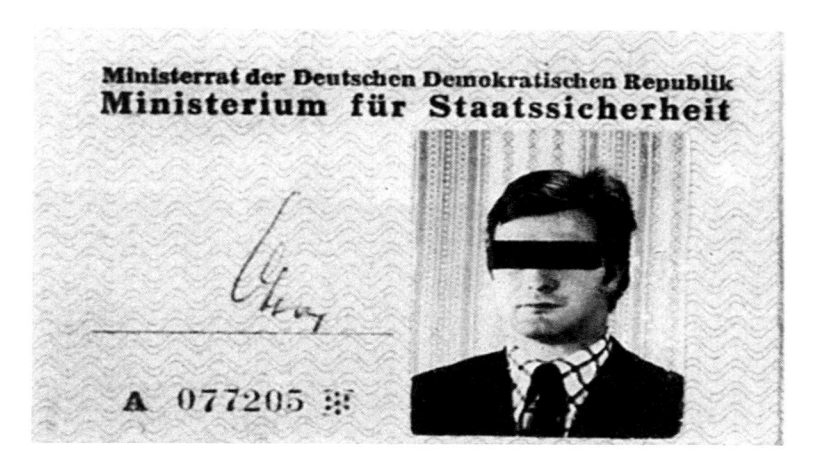

Peter Fischer alias Werner Stiller (Foto Tagesspiegel)

Ich möchte noch auf ein paar weitere Höhepunkte eingehen, wobei die im Ermessen des Betrachters liegen, aber ich geh ja von mir aus und nochmal zurück ins Jahr 1993 zu einem Nachmittag hinter verschlossener Tür. Wer waren die Gäste, die den Einzuladenden nicht genannt werden durften?

Bernhard Priesemuth, ein häufiger gern gesehener Gast der Bibliothek - stets mit „Top-Geheiminformationen" - machte eines Tages ein „Superangebot".

> *„Laden Sie Peter Fischer ein, der sich in der Bibliothek erstmalig als Werner Stiller outen wird. Was halten Sie davon? Dazu bitten wir die Witwe des Stasioberst Dr. Teske, des 1981 Letzthingerichteten, und den Nummernhäftling Walter Thräne. Aber zu niemandem vorher eine Andeutung."*

Vor handverlesenen Gästen standen die drei. Werner Stiller sprach über sein Buch „Im Zentrum der Spionage", das einige Gäste kannten, über seine Flucht 1979 und über das, was Mielke mit Himmel und Hölle in Bewegung gesetzt hatte, ihn, den Verräter aus den eigenen Reihen, zu kriegen. Aufregend! Dann schilderte der 11 Jahre in Isolierung als Nummernhäftling ohne Namen nur mit Wissen zweier Personen um seine Existenz: Mielke und der Direktor des Stasiknasts Hohenschönhausen – gewaltsam von Stasischergen verschleppte Überläufer, der Stasi-Hauptmann Walter Thräne, seine Flucht und Haft. Nicht einmal seine Frau war informiert über seinen Verbleib.

Bernhard Priesemuth zu Besuch in der Bibliothek, im Hintergrund Dr. Ralf Georg Reuth

Dann erzählte Frau Sabine Kampf, Teskes Witwe, von ihrem Schicksal. Werner Stiller machte einen symbolischen Kniefall vor den beiden, deren Strafenschwere er sich zurechnete wegen Mielkes Haß und Wut auf seine gelungene Flucht, für den er, der doch alle, alle Menschen liebte, 1 Million „Steuergelder" als Kopfgeld eingesetzt hatte. Aber Stiller hat im Westen und später in den USA mit einer Legende als Peter Fischer gelebt bis .... Er outete sich in der kleinen Gedenkbibliothek am Hausvogteiplatz.

Auf den erschütternden Nachmittag bei uns folgte ein nicht weniger aufregender Abend im Checkpoint Charlie, der plötzlich durch eine Frage an Walter Thräne von Sigrid Paul aus dem Publikum „*Wann hast Du wo geklopft?* den Atem aller stocken ließ. Leider kam es zwischen den beiden meines Wissens nur noch zu wenigen Treffen. Walter Thräne starb bald darauf. Sigrid Paul gehörte als Mitglied, als Zeitzeugin und Autorin „Die Mauer durchs Herz" bis zu ihrem unerwarteten Tod 2011 zum engen Kreis der Bibliothek.

Nummernhäftling Walter Thräne (†)

Diesem Werner-Stiller-Ereignis folgte viele Jahre später ein bewegender sich daran anschließender Vortragsabend, am 27. Mai 2004, nun schon im heutigen Bibliothekszuhause. Dr. Nicole Glocke suchte nach Enttarnung ihres Vaters als von Stiller geführten IM im Westen nach den Gründen dessen Verhaltens und wollte unbedingt Stiller persönlich kennenlernen, weshalb sie mich um Mithilfe gebeten hat. Irgendwann war es ihr gelungen, und sie konnte ihn befragen, schrieb darüber und befreundete sich mit Stillers Tochter. Beide auf so unterschiedliche Weise betroffene Töchter gaben in dem Buch „Verratene Kinder" ihren

Gefühlen, Erinnerungen und Schlußfolgerungen aus ihren Biographien Ausdruck.

Werner Stiller (†)

U. P., Walter Thräne, Sabine Kampf, Werner Stiller, Berhard Priesemuth
vor der wieder aufgeschlossenen Tür

Ein Treffpunkt politisch Interessierter

Ich geh nochmal zurück ins ´93er Jahr. Wer erinnert sich nicht an den Leiter der ZERV (Zentrale Ermittlungsstelle für Regierungs-und Vereinigungskriminalität) **Manfred Kittlaus**! Als Mitglied und Freund des Hauses hielt er seinen Vortrag wegen des großen Zustroms nicht in der Bibliothek, sondern draußen unter freiem Himmel „*ohne*", wie er sich freute, „*Abhörmöglichkeiten*". Der seit 1962 tätige Berliner Kriminalpolizeibeamte war von 1974 bis 1985 Leiter des Polizeilichen Staatsschutzes und danach Landeskriminaldirektor und schließlich Landespolizeidirektor und seit 1992 als Leiter der ZERV Chef eines Stabes von insgesamt 430 Mitarbeitern, die sich die strafrechtliche und strafprozessuale Aufklärung des Unrechtsstaates der zweiten deutschen Diktatur zur Aufgabe gemacht haben. Das später erschreckend magere unbefriedigende Ergebnis all der nicht umgesetzten polizeilichen Untersuchungen konnte er damals noch nicht kennen. Darüber sprach er dann später mit ziemlicher Verbitterung wieder bei uns.

Ein Markenzeichen dieser Zeit waren auch unsere sogenannten **Rotschocktouren**, die Siegmar Faust einführte, als er zwei einjährige vom Arbeitsamt erkämpfte Stellen innehatte. Schulklassen je eine aus dem Osten und eine aus dem Westen wurden von ihm per Bus zu einigen Gedenkstätten wie dem Checkpoint Charlie, zum Mauermuseum, zum Stasiknast Hohenschönhausen und zum Mielke-Haus begleitet und bekamen im Anschluss bei uns in der Bibliothek eine Lesung von einem ehemaligen politischen Häftling geboten. Aufgetreten sind u.a. die Maler Sieghard Pohl und Roger Servais, die Schriftsteller Jürgen K. Hultenreich, Annegret Gollin, der Verleger Siegfried Heinrich, dessen Bücher nicht nur große russische Autoren publik machten, sondern auch gestalterisch Schätze sind, um nur einige zu nennen.

Manfred Kittlaus (†) im Gespräch mit Gerhard Löwenthal (†)

Unsere Gästebücher sind ein Zeugnis von unschätzbarem Wert, die ich zu unserem 20-jährigen Bestehen zur Präsentation in der Nikolaikirche kopieren ließ, von denen zwei durch den noch zu beschreibenden Wasseranschlag ziemlich beschädigt sind. Ein anerkennendes Zeugnis ist zum Beispiel: „Schön, daß es Euch gibt!" von Annemarie Renger, der Rechten Hand von Kurt Schumacher, des großen Sozialdemokraten und damaligen Gegenspielers von Konrad Adenauer, der die Kommunisten als rotlackierte Nazis brandmarkte, was den Schülern heute kaum bekannt sein dürfte. Darum ist und wäre Zeitgeschichtsunterricht so unendlich wichtig. Aber wie viele Bemühungen auf Kultuskonferenzen liefen ins Leere, hörte ich einiges Beklagenswertes und Anmahnendes von Rainer Eppelmann in seinem Vortrag vor den UOKG-Vertretern. Ob gewünscht? Auch einer außerordentlichen Studie aus dem Forschungsverbund SED-Staat von Professor Klaus Schröder über den Bildungsstand von Schülern in Geschichte und Zeitgeschichte ist Ähnliches zu entnehmen.

Die Kurt-Schumacher-Gesellschaft unter Annemarie Renger in Bonn hatte ein Pendant im Berliner Kurt-Schumacher-Kreis mit dem bereits erwähnten Hermann Kreutzer, einem hohen Ministerialbeamten unter

Willy Brandt, der sich in der finanziellen Notlage der Bibliothek, auf die ich noch zu sprechen komme, Gedanken machte, unsere Kleine Bibliothek der großen Privatbibliothek von Dr. Klaus-Peter Schulz, Autor eines fast Nachschlagewerkes: „Authentische Spuren. Begegnungen mit Personen der Zeitgeschichte", anzugliedern, um damit wieder aus dem Berliner Kulturhaushalt gefördert zu werden, oder sie durch eine Erbschaft seines Privathauses zu erweitern. Dieser historisch Bewanderte suchte durch unsere Gäste wieder die Öffentlichkeit, aber außer zu einigen Veranstaltungen bei ihm in Eichkamp und nach einem Zerwürfnis ist nichts daraus geworden. Na ja. Wir blieben, was wir waren: die kleine Gedenkbibliothek am Hausvogteiplatz.

Der Gästebucheintrag **„Die Gedenkbibliothek - eine erste Adresse am Hausvogteiplatz"**, verewigt auch auf unserem Flyer, stammt von dem bereits erwähnten Professor Alexander Fischer, dem Gründungsdirektor des Hannah-Arendt-Instituts für Totalitarismusforschung in Dresden, als er sich mit Opfern der frühen Nachkriegszeit bei uns traf, zu denen damals auch Günter Polster gehörte.

Ich erinnere mich an ihn auch eines anderen Grundes wegen, auf den ich noch zu sprechen komme. Zunächst geht es um ihn als „Mühlberger", verschickt als Jugendlicher mit dem Pelzmützentransport nach Anschero Sudschensk, ins Zwangsarbeitslager 500 km entfernt von Nowokusnezk für entsetzliche Jahre unter Tage. Er war oft in der Bibliothek und engagierte sich in Initiativgruppen, die gleich nach 1990 an den Orten der ehemaligen Internierungslager wie Pilze aus dem Boden schossen und zu denen wir gute Kontakte pflegten, vor allem vermittelt durch Gerhard Finn, der sich wie ein „Ostbeauftragter" um alle diese ehemaligen Lager - als selbst mal Totgeweihter in Buchenwald - hoch motiviert kümmerte und Treffen der vielen Ehrenamtlichen zum gegenseitigen Kennenlernen z.B. in Bonn organisierte. Er hat als späterer Vorsitzender die UOKG politisch überzeugend repräsentiert ebenso wie sein Nachfolger Horst Schüler, dessen Fotoausstellung über die Hölle Workuta, verbunden mit seinem eigenen Schicksal, in unserem jetzigen Vortragsraum als stete Mahnung hängt.

Wie oft fiel mir beim Anschauen der Bilder aus der Workuta-Hölle das erschütternde „Sendschreiben nach Sibirien" von Alexander Puschkin ein. Was hatte sich geändert - 120 Jahre nach dem Dekabristenaufstand?

> *„Tief in Sibiriens Schächten sollt*
> *Ihr stolz das schwere Schicksal tragen,*
> *denn nicht vergeht, was Ihr gewollt,*
> *nicht Eures Geistes hohes Wagen.*
> *Des Unglücks milde Schwester trägt*
> *die Hoffnung in die nächt´gen Räume,*
> *des Kerkers lichte Zukunftsträume,*
> *bis die ersehnte Stunde schlägt.*
> *Durch alle festen Schlösser dringen*
> *die Lieb und Freundschaft treuer Seelen,*
> *so wie in Eure Marterhöhlen*
> *jetzt meine freie Stimme klingt.*
> *Die Fesseln fallen Stück für Stück*
> *Die Mauern brechen.*
> *Freies Leben begrüßt Euch freudig,*
> *und es geben die Brüder*
> *Euch das Schwert zurück."*

Betroffene, immer wieder Betroffene

Eines Tages - und das klingt naiv, wenn ich daran zurückdenke, aber es gehört eben auch in diese Aufbruchszeit - überlegten Herr Polster und ich, ob wir nicht Listen von Häftlingen aller Straf- Internierungslager in der SBZ und später auch des Gulag am Computer zusammenstellen könnten für die Stiftung für ehemalige politische Häftlinge in Bonn zur

Berechnung der Haftentschädigungen. Damit waren später ganze Heerscharen beschäftigt, was wir zu zweit mit meinem Sohn als Computerexperten allen Ernstes zumindest beginnen wollten. Wie naiv! Etwas anderes aber gelang. Herr Polster kam eines Tages mit einem Tomsker Gast, über den wir in großer Aktion kürzlich abgelaufene Medikamente aus Apotheken in Berlin in ein dortiges Kinderheim transportieren ließen. Ich hatte eine verständnisvolle Unterstützerin damals in der Leiterin der Apotheke am Zoo, die uns auch sonst mit Spenden beschenkte. Dieser Mann aus Sibirien, seinen Namen weiß ich nicht mehr, übernachtete, glaub ich, auch in der Notschlafstätte im Keller wie auch noch ein anderes Ehepaar aus Rußland, und ließ sich von mir mit einem Paket Kopierpapier fotografieren, weil er sich so sehr über dieses „Geschenk" gefreut hat. Unglaublich, wenn ich das jetzt aufschreibe.

Ja, es waren aufregende, erhellende und spannende Zeiten auch mit dem Ins-Leben-Rufen der Enquete-Kommission, die sich aller gesellschaftlicher, politischer, historischer, sozialer, kultureller, juristischer Probleme zur Durchleuchtung der DDR als Unrechtsstaat annahm mit ihren vielen öffentlichen Anhörungen und der abschließenden umfangreichen vielbändigen Publikation, die als rote Reihe zu unserem Bestand gehört.

In dieser Zeit intensivierten sich die Begegnungen zwischen den ehrenamtlichen Vertretern der an den 11 ehemaligen Schweigelagern gegründeten Arbeitsgruppen wie zu Familie Marchhausen in Ketschendorf, die wir später mit honorigen Gästen aus Zürich und den USA einmal besuchten. Mein Sohn Kai begleitete unsere Gruppe, den amerikanischen Gast dolmetschend, auf dem Weg über Potsdam, der Gedenkstätte Leistikowstraße, dem ehemaligen Stasi-Knast, bis nach Frankfurt in das ehemalige Gefängnis, durch das Jochen Stern aus eigenem schlimmen Erlebnis führen konnte und an dessen Gestaltung als heutiger Gedenkstätte er großen Anteil hat.

Treffen des Sachsenhausener Kreises mit prominenten Gästen aus Zürich

Im Rahmen der Studienreisen befreundeter Schweizer Lehrer und Studenten organisierte ich Treffen mit den Sachsenhausener Frauen, damit die Schweizer als Diktaturunerfahrene von diesen hören und verstehen, was diese gerade den Krieg überlebt habenden v.a. jungen Frauen in den schweren Lagerzeiten den Glauben am Leben erhalten ließ. Es waren immer wieder bewegende Begegnungen von großer Achtung diesen Opfern gegenüber.

Mit Gisela Gneist, verbunden mit der Bibliothek wie kaum jemand anders, fuhr ich zu einem Kongreß nach Zürich, um dort vor Hunderten zu sprechen, sie über ihre 4 Jahre Lagerhaft in Sachsenhausen als 15-jährige Melderin unter stalinistischer Quälerei in der SBZ und ich über eine mediale Diskriminierung in der Demokratie. Gisela Gneist und ich kämpften immer an der gleichen Front gegen die gleichen politischen Gegner.

Gedenkfeier in der Gedenkstätte Sachsenhausen mit politischen Freuden:
Roland Brauckmann, Siegmar Faust, Frau ?, Gabriel Berger, Heidemarie Foedrowitz,
U.P., Dorothea Schleifenbaum (†) und Ulrich Schacht (†)

3. Flutopfer-Benefizkonzert in der Nikolaikirche

In diesem Zusammenhang möchte ich - vorgreifend - noch ein **2. Benefizkonzert** erwähnen, das wir zur Zeit der großen Flut am 10. November 2004 in der Nikolaikirche gaben unter dem vom Abgeordnetenhauspräsidenten Reinhard Führer geachteten Titel: „**Opfer der Gedenkbibliothek zu Ehren der Opfer des Stalinismus spenden für Opfer der Flut**". Ein Grußwort sprach der Historiker Prof. Christoph Stölzl.

Bei der Auswahl der Flutopfer und der Spendenzuwendung bot sich die Gedenkstätte im schwer betroffenen Mühlberg an. Ich werde das Programm später in einem Tätigkeitsbericht noch einmal erwähnen, dann, wenn es in die Chronologie paßt.

Noch ein Wort zu Mühlberg: Später organisierten wir in der Bibliothek eine kleine Ausstellung mit „Erinnerungsschätzen" aus dem „Mühlberg-Koffer" von Frau Fischer-Kupfer. Erstaunlich, was ihr von Mithäftlingen aus buchstäblich Nichts mit Nichts „gezaubert" wurde für ihre Gesangsauftritte vor den russischen Bewachungsoffizieren im Lager. Dabei fallen mir kleine herzzerreißende „Lagergeschenkchen und -überbleibsel" auch von Gisela Gneist ein, die sich vehement dafür einsetzte, daß der vom ehemaligen Direktor der Gedenkstätte Sachsenhausen zu Opfern 2. Klasse degradierten Nachkriegs-KZlern würdig gedacht wird.

Ihr Einsatz wird heute in der Arbeitsgemeinschaft Sachsenhausen von einem ebenso Engagierten für das Recht auf Gedenken der kommunistischen Opfer, auf Achtung und Erinnerung an deren Leid, von Reinhard Klaus, weitergetragen. Zu uns in der Bibliothek gehört er nicht nur als treues Mitglied und interessierter Hörer, sondern auch als verläßlicher Kassenwart im Vorstand.

Dieses Anliegen verband Gisela Gneist aber nicht nur mit uns, sondern auch mit dem politisch Engagierten beim Aufklären über die kommunistische Ideologie und die Unfreiheit in der von den westdeutschen Linken verherrlichten sozialistischen DDR, mit Dr. Bernd Wilhelm, von dem wir ein umfangreiches Archiv erbten, einschließlich unserer englischsprachigen Bücherabteilung.

4. „Litauer ersingen ihre Freiheit"

Am 2.1.2002 gibt ein Chor aus Litauen ein stimmlich-traumhaftes Neujahrskonzert in der Nikolaikirche und schlägt zu später Stunde das Nachtlager nicht von Granada, sondern in der Gedenkbibliothek auf, eh die Sänger zu ihrer Weiterreise per Bus, von Menden kommend, zurück nach Plunge aufbrachen. Das war schon eine Originalität!

5. Professor Leonhard spricht im Französischen Dom

… vor über 350 Gästen zur Utopie des Sozialismus.

Leider gibt es zu dieser grandiosen Veranstaltung kein Bildmaterial.

6. 5-jähriges Bestehen der Gedenkbibliothek im Tschechischen Kulturzentrum

Prof. Dr. Ernst Cramer (†) mit seinem Vortrag

ERINNERUNG ALS LAST UND BEFREIUNG

Ulrich Schacht schrieb in der Welt am Sonntag vom 17.12.1995 anerkennend über das halbe Jahrzehnt der Gedenkbibliotheksarbeit und über die Verleumdungen, um die Förderungswürdigkeit in Frage zu stellen, aber auch über die Glaubwürdigkeit zahlreicher Künstler, Politiker und Zeitzeugen, darunter Karl-Wilhelm Fricke, Steffen Heitmann, Wolfgang Leonhard, Ivan Denes, Joachim Gauck, Rainer Eppelmann, die alle in der Gedenkbibliothek auftraten oder Mitglieder sind wie der Liedermacher Wolf Biermann.

> *„Nicht zuletzt diese Tatsache hatte den langjährigen Herausgeber der Welt am Sonntag, den Journalisten jüdischer Herkunft, **Ernst Cramer**, bewogen, zum **5. Jahrestag** der Gedenkbibliothek einen Festvortrag zu halten, einst Bu-*

chenwaldhäftling und in letzter Minute dem NS-Vernichtungsterror entronnen, sprach er über das ‚Erinnern als Last und Befreiung'. In seinem Vortrag verwies er nicht nur auf die unterschiedlichen „Erinnerungsparadigmen von Tätern und Opfern nach dem Zusammenbruch von Diktaturen schlechthin, sondern auch auf die jeweiligen ‚erinnerungsmaroden Gesellschaften' danach, was für die Zäsur 1989 ebenso gelte wie die von 1945. Von hier war es nicht weit zu deutlicher Kritik Cramers an der verdrängungsfreundlichen Gegenwart, wenn es um Charakter und Ziele der SED-PDS geht. Wieder seien in Deutschland in Bezug auf beide Diktaturen ‚Erinnerungsfälscher' unterwegs. Gerade deshalb dürften in der Erinnerung ‚immer nur die Opfer ganz oben stehen'."

Mir sind drei Begegnungen mit Professor Cramer fest im Gedächtnis verankert.

Aus dem Schreiben der Axel-Springer-Stiftung im Namen von Prof. Ernst Cramer vom 9. März 1993:

> *„Sehr geehrte Frau Popiolek,*
>
> *der Vorstand unserer Stiftung hat auf seiner Sitzung am 8. März Ihren Antrag auf Mietbeihilfe für die Gedenkbibliothek vom 7. März eingehend beraten und entschieden.*
>
> *Ich freue mich, Ihnen mitteilen zu können, daß unsere Stiftung beginnend vom 1. April bis (zunächst) 31. Dezember 1993 einen Zuschuß von monatlich DM 700,-- zu den gestiegenen Mietkosten leisten will. ....*
>
> *… Über den Fortgang Ihres Projekts möchte ich mich gelegentlich persönlich informieren. …*
>
> *Ihnen und Ihrer bedeutsamen Arbeit wünschen Vorstand und Mitarbeiter der Stiftung den verdienten Erfolg."*

Prof. Cramer hatte über die Axel-Springer-Stiftung in der Anfangszeit die Miete übernehmen lassen, bis er sie infolge der Rufmordkampagne einstellen ließ, was mich so erschütterte, daß ich ihn um ein persönliches Gespräch bat, wozu er mich an seinen großen beeindruckenden Schreibtisch im Springer-Hochhaus einlud.

Ich durfte ihm die gegen Siegmar Faust und mich erhobenen Vorwürfe erklären und fühlte mich vor dieser Größe wie vorm Staatsexamen. Sein Kritikwort, was mich nicht verletzte, gar zerstörte wie die Anwürfe der bereits erwähnten „Bürgerrechtler", die es nicht mal für nötig hielten, uns zumindest anzuhören, hieß *naiv*, womit er natürlich Recht hatte, aber mich aus der Situation und meiner DDR-Vergangenheit verstand. Durch seinen Vortrag hat er eine öffentliche Anerkennung bekundet, wozu es in der Welt vom 22.1.1996 hieß, daß er die Gedenkbibliothek gegen den Vorwurf verteidige, daß man sie in die rechte Ecke schieben wolle. Was hat sich zu heute geändert? Nur so nebenbei gefragt.

7. 10-jähriges Bestehen der Gedenkbibliothek in unserem Vortragsraum am 14. Dezember 2000

Rechts sitzend: Günter Polster und Dr. Ilona Walger

In der Bildmitte von links nach rechts: Journalist Bahlau, Hans-Eberhard Zahn (†), Dr. Holm Schöne (†) und Joachim Collasius (†)

Günter Nooke im Gespräch mit Roy Popiolek

Der Journalist und UOKG-Vorsitzende Horst Schüler (†)
vor seiner Fotoausstellung zur Hölle von Workuta

Einer meiner „Überväter" aus Bonn Gerhard Finn (†)
den Ausführungen von Dr. Heinz Steudel lauschend

Hans Brückl, der langjährige Rezensent unserer Veranstaltungsvorträge, war aus Bad Kösen angereist, um mit uns zu feiern. Gisela Gneist (†) kam extra aus Hamburg.

Mögen die Fotos die Stimmung wiedergeben, in der unsere vielen Gäste den Exkurs durch die Geschichte unseres gemeinsamen politischen Zuhauses erlebt haben, wozu u.a. Jochen Stern, Horst Schüler, Siegmar Faust, Dr. Holm Schöne beitrugen.

Im Profil Joachim Walther († 2020), Autor des Buches „Sicherungsbereich Literatur"

Auch die besonderen Sektflaschen, die der „Workutaner" Lothar Scholz besorgte und mit einem Etikett „10 Jahre Gedenkbibliothek" bedrucken ließ. Eine Flasche schenkte ich später mal Wolf Biermann nach seinem Auftritt in der Gauck-Behörde, womit ich mich für seine Mitgliedsbeiträge bedankte.

Auch meine Eltern waren zu diesem Ereignis wie zu allen bisher wichtigen Begegnungen wieder angereist.

Zum Ordensverleihfestakt, den mein Mann und meine Eltern leider, leider nicht mehr miterleben konnten, hatte mein Bruder mit seiner Frau diesen Ausschenkpart übernommen. Unser Tresen bot sich dafür gut an.

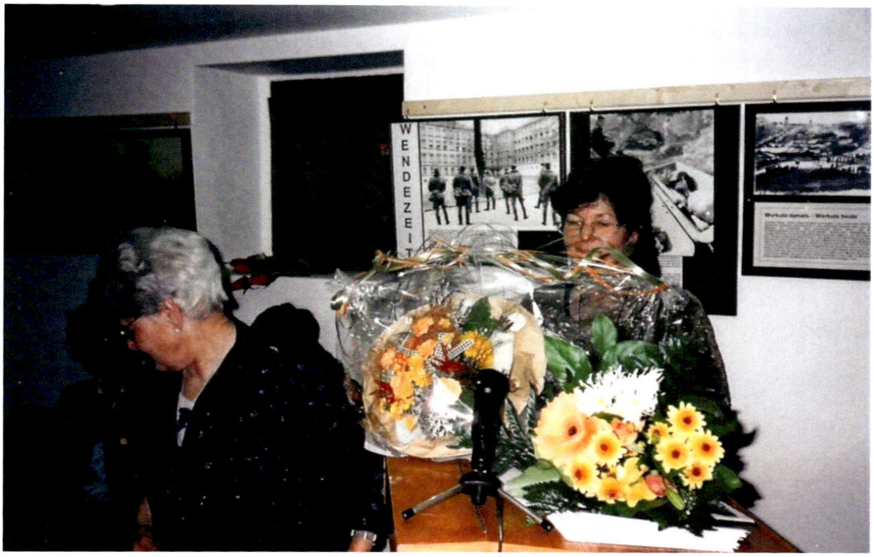
WENDEZEIT

8. Festakt zum 20-jährigen Bestehen in der Nikolaikirche

Mit Dr. Andreas Apelt, dem Vorstandsbevollmächtigten der Deutschen Gesellschaft, hatte ich einen verständnisvollen Unterstützer meines Wunsches, unser 20-jähriges Bestehen in der Nikolaikirche feierlich zu begehen. Da wir als Verein die Miete nie und nimmer hätten tragen können, kam Herr Dr. Apelt auf die wunderbare Idee, zumal ich damit punkten konnte, daß ich Professor Michael Wolffsohn als Grußwortgeber hatte gewinnen können, uns unter ihrem thematischen Schirm „Einheits- und Freiheitsdenkmal" feiern zu lassen.

Auf dem Podium: Jürgen Engert, Prof. Dr. Michael Wolffsohn, Felix Kellerhoff, Ernst Ehlitz

Die Einladung zum **30. November 2010** :

„Das Freiheits- und Einheitsdenkmal in Berlin und 20 Jahre Gedenkbibliothek - Orte der Erinnerung, der Gegenwart und der Zukunft"

„Der Mauerfall und die Wiedervereinigung haben als Sternstunden deutscher Geschichte einen dauerhaften Platz im nationalen Gedächtnis verdient. Welchen Beitrag das ge-

plante Freiheits- und Einheitsdenkmal in Berlin, das auf der Schloßfreiheit errichtet wird, hierzu leisten kann, soll in einer Podiumsdiskussion, die in Zusammenarbeit mit dem Förderverein Gedenkbibliothek zu Ehren der Opfer des Kommunismus/Stalinismus e.V. durchgeführt wird, diskutiert werden.

Für den Förderverein Gedenkbibliothek zu Ehren der Opfer des Kommunismus/Stalinismus e.V., im Jahr 1990 gegründet, ist die Aufarbeitung der DDR-Vergangenheit eine zentrale Herausforderung im Prozeß des Zusammenwachsens Deutschlands. Die Frage, inwieweit die Gedenkbibliothek und das Berliner Denkmal als Orte der Erinnerung diesen Prozeß positiv begleiten und mitgestalten können, steht im Mittelpunkt der Veranstaltung ‚Freiheit, Einheit und Vielfalt', welche Geschenke sie für unser Land darstellen, wurde an diesem Abend wieder einmal deutlich. Und Professor Wolffsohn rief ins Auditorium: ‚Es werde das deutsche Frei-

heits- und Einheitsdenkmal', nachdem er in heideggerscher Manier die Bedeutung des wiedergewonnenen hohen Gutes der Freiheit darstellte."

Im Gespräch mit Renate und Günther Dieckmann aus Frankfurt a.M.

In einem kürzlich von Alexander Bauersfeld zugesandten Artikel Gloria und Bernd Mossners in der Neuen Zürcher Zeitung vom 8. Oktober 2010 heißt es:

> „Es gibt in Berlin-Mitte die Gedenkbibliothek zu Ehren der Opfer des Kommunismus/Stalinismus mit ihrem hervorragenden Veranstaltungsprogramm. Sie ist das Werk **einer** Frau, selber in der DDR aufgewachsen, selber in mehrfacher Hinsicht Opfer.
>
> Den Grundstein für die heute rund 10.000 Werke umfassende Bibliothek bildete ein einziges Buch, dessen Lektüre mit Haft geahndet worden war. Am 30. November wird in der Kirche St. Nikolai eine Feierstunde stattfinden zum 20-Jahr-Jubiläum dieser Gedenkbibliothek."

9. Verleihung des Bundesverdienstkreuzes am 10. Januar 2012 in der Gedenkbibliothek

Der Bundespräsident verlieh
Frau Ursula Popiolek
durch Herrn Staatssekretär André Schmitz
*das **Bundesverdienstkreuz am Bande***

FESTAKT

am Dienstag,
dem 10. Januar 2012,
19:00 Uhr

in der Gedenkbibliothek
zu Ehren der Opfer
des Kommunismus/Stalinismus

im Nikolaiviertel
Berlin-Mitte

Diese schöne Fotocollage ist Friedel Weißert zu verdanken.

Dieses besondere Ereignis wollte ich mit all meinen Freunden und Mitstreitern gemeinsam am „Ort des Geschehens" feiern und nicht in einem offiziellen Rahmen in der Senatskanzlei mit nur wenigen ausgesuchten Gästen. Mir lag am Herzen, den Herrn Staatssekretär zu uns einzuladen in unsere Atmosphäre mit fast 100 Gästen, mit unserem musikalischen Programm und unseren Gastrednern.

Hier ein Auszug aus meiner Dankesrede:

> „ .....Wenn ich in dieser Auszeichnung nicht die tiefe Achtung und Verbeugung vor den unzähligen politischen Opfern, Verfolgten und Widerständlern der zweiten deutschen Diktatur – der „Deutschen Demokratischen Republik" sehen würde, fühlte ich mich unberechtigt für eine solche Würdi-

> gung. Denn ich kenne viele Menschen, die sich für andere uneigennützig einsetzen, bildungspolitisch ‚unterwegs' sind oft bis zur Aufgabe ihres persönlichen und privaten Lebens.
>
> Ich nehme diese Auszeichnung trotzdem – also – gern stellvertretend – entgegen, und bin stolz darauf, dafür ausgezeichnet zu werden, daß sich damals in einer der allerersten Aufklärungseinrichtungen das Schweigen vieler ehemaliger politischer Opfer und demokratischer Widerständler brach, in einer geschenkt bekommenen Freiheit und Demokratie brechen konnte, daß ich sie laut reden ließ nach oft jahrelangem Flüstern.
>
> Wenn ich mit meinen politischen Freunden und Mitstreitern hier in der Gedenkbibliothek zu Ehren dieser damals Gequälten und Erniedrigten einen winzigen Beitrag dazu geleistet haben sollte, daß Menschen nicht wieder flüstern müssen, dann danke ich für diese Anerkennung. ..."

Sie sollte auch ein Dank an alle politischen Freunde sein, die sich um eine Würdigung an das Bundespräsidialamt und an den Regierenden Bürgermeister von Berlin gewandt hatten, vor allem an Herrn Rackow und Herrn Bauersfeld. Der ganz besondere Dank ging natürlich an die Auszeichnenden **Herrn Bundespräsidenten Dr. Christian Wulff, Herrn Regierenden Bürgermeister Klaus Wowereit sowie Herrn Staatssekretär Andre Schmitz.**

Das Grußwort von **Ulrich Schacht** aus dem fernen Schweden verlas Herr Dahnert:

> „Wir alle wissen, warum es so lange gedauert hat, diese Stunde zu begehen; aber ein weiteres Mal wissen wir auch, daß es sich lohnt zu kämpfen! Denn es war ein Kampf – nicht nur, diese hochverdiente Auszeichnung für Ulla durchzusetzen, sondern die Voraussetzung dafür – die Existenz der Gedenkbibliothek zu Ehren der Opfer des Kommunismus/Stalinismus – überhaupt zu verteidigen.

In einer Republik, die dadurch hochgradig in ihrer demokratischen wie rechtsstaatlichen Substanz gefährdet ist, weil – durch vielfältige ideologische Einflüsse, vor allem aber durch die fast klassisch zu nennende elende politische Feigheit des Bürgertums – der antitotalitäre Charakter des Grundgesetzes sukzessive gegen den berüchtigten antifaschistischen ausgetauscht zu werden scheint, ist ein geistiger Ort wie die Gedenkbibliothek, der sich der systematischen Verbrechen des organisierten Anti-Faschismus (und nichts anderes war und ist der Stalinismus mit seinen diversen europäischen und deutschen Ausläufern gewesen) dokumentarisch wie diskursiv annimmt, all denjenigen ein Dorn im Auge, die uns weiszumachen versuchen, der Anti-Faschismus sei eine positive politische Eigenschaft. Das radikale Gegenteil ist der Fall, wie wir, die Gründer und Verteidiger der Bibliothek, aus Geschichte und Gegenwart, aus eigenem Erleben wie vermittelten Schicksalen, nur zu gut wissen, und eben deshalb sagen wir ja auch wieder und wieder:

Anti-Faschismus? Es ist uns egal, um welchen Faschismus es sich handelt – wir sind allergisch gegen jeden! Denn beide Totalitarismen haben unsägliches Leid über Millionen Menschen gebracht, haben Kulturen, Wirtschaft und Landschaften zerstört und sind deshalb nie etwas anderes gewesen als pure Barbarei aus dem Geiste menschlicher Hybris!

Aber auf unserer Seite stehen in diesem Kampf viele große Geister der Vergangenheit und Gegenwart, nur die bundesdeutschen Feig-Bürger der Gegenwart nicht, und ihre Phalanx reicht heute bis tief in die bürgerliche Mitte hinein: nicht mehr antitotalitär wollen sie sein, sondern modern, also antifaschistisch – so also, wie Frau Lötzsch und Herr Gysi, wie Ex-Stasi-Generäle oder die exkommunistischen Teile des Grünen-Personals. Denn sie alle nennen sich Antifaschisten und modern und fortschrittlich. Das heißt: Die Selbstgleichschaltung in ideologischer Hinsicht funktioniert in Deutschland wieder einmal bestens. Doch eben nicht total. Nie wird sie total gelingen, solange Menschen ihre geistige Würde und Integrität verteidigen.

Das eben trifft nicht zuletzt auf Ulla zu, die Gründerin unseres schönen Ortes freier Geister mitten in Berlin und Deutschland, der zugleich ein Gedächtnisort für die Millionen Opfer unfreier Verhältnisse unter dem Signum des kommunistischen Totalitarismus ist, dem siamesischen Zwilling des nationalsozialistischen! Eben deshalb gehört Ulla zu den Bürgern des Landes, die dieses Verdienstkreuz mit ganz besonderem Recht tragen. Denn wenn dieser Orden noch seinen Stiftungssinn behalten soll, muß er vor allem Bürgern wie ihr überreicht werden, die mit ihrem Tun nichts anderes als die Essenz unserer Verfassung verteidigt haben, verteidigen und verteidigen werden.

Die politische Administration Berlins hat jedenfalls gut daran getan, diese Auszeichnung zu befürworten. Man muß ihr deswegen nicht weniger gratulieren als der Ausgezeichneten selbst! Nicht immer trifft es ja so punktgenau die Richtigen; aber zukünftig vielleicht immer öfter? Das wollen wir hoffen, auch als aktive Weiterkämpfer, nicht zuletzt im Interesse des Erhalts und der Verteidigung unserer Republik des Grundgesetzes – wir müssen, in einem radikalen rechtsstaatlichen wie demokratischen Sinne, die konsequentesten, die wahren Verfassungsschützer des Landes werden: gegen all jene, die ihr entweder naiv oder in böser Absicht zu Leibe rücken wollen. Und für diesen Kampf muß der Wissens-Ort Gedenkbibliothek auch in Zukunft das sein, was sie war und ist: eine starke Rüstkammer der Freiheit!

Herzlichen Glückwunsch, liebe Ulla!

Herzliche Grüße, liebe Freunde, aus Schweden!

Dein / Euer Ulrich Schacht"

Nach dem herzlichen offiziellen Grußwort von Herrn Andre Schmitz berührten mich liebe Anerkennungsworte von meinem langjährigsten Mitstreiter Siegmar Faust, von Jochen Stern, von Herrn Dahnert, von ….. und nicht minder die musikalische und literarische Umrahmung neben den vielen herzlichen Umarmungen und Blumen über Blumen. Sinnbildlich für liebe persönliche Worte und wunderschöne Blumen zu jedem Anlaß steht Carmen Bärwald, die später mal mit ihrem empathischen Film über Charlotte von Mahlsdorf die Bibliotheksgäste erfreute.

Auf mein euphorisches: *"So was hab ich noch nicht erlebt!"* schmunzelte Herr Schmitz: *"Das will ich hoffen."*

Es war d e r Höhepunkt rückwärts geschaut wie in die Zukunft geblickt. Er war und bleibt Gegenwart. Gegenwart ist Ewigkeit. So kann ich heute beim erinnernden Schreiben diesen großen Tag noch einmal nachfühlen.

Mein Bruder Gerhard Zawadka und seine Frau Bärbel, im Vordergrund die beiden Künstlerinnen

Die Verleihungsurkunde, unterzeichnet vom Bundespräsidenten Dr. Christian Wulff, trägt das Datum: 13. August 2011. Welch ein historisches Datum: der 50. Jahrestag des Mauerbaus! Und noch ein Zufall: ich zählte am nächsten Tag – es klingt unglaubwürdig – 89 Rosen!, nur die Rosen, nicht die anderen Blumen. War doch mein Schicksalsjahr eben das Jahr 89. Meine damalige Tagebuchnotiz und meine Dankesschreiben mit Fotos des Blumentischs sagen es aus, aber auch meine Erinnerung an diese beiden Zahlen ist nicht verblaßt wie natürlich an das ganze festliche Ereignis.

Daß es mein Mann und Kai in Washington, aber vor allem meine Mutti, nicht miterlebt haben, tat mir sehr weh. Getröstet haben mich Roy mit meinen Enkeln Laila und Luca, die sich beide von klein auf mit der Bibliothek verbunden fühlen – Laila erfreute unsere Gäste durch einige Auftritte zu besonderen Anlässen am Klavier, und Luca absolvierte zwei Schülerpraktika in der Bibliothek.

10. Festakt zum 25-jährigen Bestehen im Roten Rathaus

Zum 25. Jahrestag am **4. Dezember 2015** stellte uns der Regierende Bürgermeister das Rote Rathaus für unsere Feier dankenswerterweise und kostenfrei zur Verfügung. Wir gewannen als Festredner Professor Hans-Gert Pöttering, den Präsidenten der Konrad-Adenauer-Stiftung und einstigen EU-Parlamentspräsidenten, sowie Frau Dr. Anna Kaminsky, die uns seit Jahren verbundene und zugetane Geschäftsführerin der Bundesstiftung Aufarbeitung der SED-Vergangenheit. Ich bot einen kleinen Exkurs durch die Geschichte der 25 Bibliotheksjahre und stellte unseren druckfrischen umfangreichen Rezensionsband „Aufklärung ohne Grenzen" vor.

**Gedenkbibliothek
zu Ehren der Opfer des Kommunismus e.V.**

Nikolaikirchplatz 5-7, 10178 Berlin (Nikolaiviertel)

www.gedenkbibliothek.de

th.dahnert@gedenkbibliothek.de

(+49) 030 283 432 7

GEDENKBIBLIOTHEK
zu Ehren der Opfer des
Kommunismus

Konrad Adenauer Stiftung

BUNDESSTIFTUNG AUFARBEITUNG

Berlin — Landesbeauftragter für die Unterlagen des Staatssicherheitsdienstes der ehemaligen DDR

CONCEPT.Berlin

Einladung

zum Festakt im Roten Rathaus,
am Freitag, 04. Dezember 2015, 18:00 Uhr,
Louise-Schroeder-Saal, 3. OG,

anlässlich des
25. Gründungsjubiläums
der
Gedenkbibliothek zu Ehren der Opfer des Kommunismus e. V.

Musikalische Umrahmung:

1. Teil: L.v. Beethoven - Romanze F-Moll
2. Teil: R. Schumann Noveletten
   D. Schostakowitsch - Romanze
3. Teil: B. Smetana - Moldau
   Z. Kodaly - Doppeltanz aus Kallo

Leila Faust	*Violine*
Mala Faust	*Violine*
Alam Faust	*Klavier*
Christine Ehrlich	*Klavier*

Festredner:

Ursula Popiolek
Vorstandsvorsitzende Gedenkbibliothek

Eröffnungsvortrag und Präsentation des Jubiläumsalmanachs
„Aufklärung ohne Grenzen"

Dr. Anna Kaminsky
Geschäftsführerin Bundesstiftung Aufarbeitung

Dr. Hans-Gert Pöttering
Vorstand Konrad Adenauer Stiftung

Ausstellungseröffnung:
Der Eiserne Vorhang - Bulgarien

Fanna Kolarova
Projektleiterin

Wir bitten um Ihre Rückmeldung.

Umrahmt wurde der Festakt von der Ausstellung „Bulgarien 1944 – 1989. Verbotene Wahrheit" durch Frau **Fanna Kolarova** sowie mit musikalischen Kostbarkeiten am Flügel und mit Violine durch die genialen Enkel von Siegmar Faust, die von **Professor Dr. Hans-Gert Pöttering** so komplimentiert wurden: *„Solang es solche Kinder gibt, ist mir um Deutschland nicht bang."*

Aus seiner Rede:

> *„Wir wissen: Demokratie braucht eine gute Verfassung. Und wir wissen vor allem: Demokratie braucht Demokraten. Menschen werden nicht als Demokraten geboren. Sie müssen lernen, Demokraten zu sein. Hier setzt die Politische Bildung an: Sie will Menschen befähigen, als mündige Bürger für unsere freiheitliche Demokratie einzustehen und eine aktive Rolle in Politik und Gesellschaft zu übernehmen. Dies stellt einen hohen Anspruch an Politische Bildung: Denn nur wer gut informiert ist, ist im besten Wortsinn ein aufgeklärter Bürger, der sich selbst ein Urteil bilden kann. Politische Entscheidungsfindung und politischer Diskurs setzen Informationen, setzen Kenntnisse und Wissen voraus."*

Professor Dr. Hans-Gert Pöttering (Foto FAZ)

Stargäste in der 1. Reihe: Vera Lengsfeld, Gabriel Berger, Ulrich Schacht (†),
Dr. Anna Kaminsky, Prof. Dr. Hans-Gert Pöttering, dahinter 150 Gäste im Roten Rathaus

Nach den Höhepunkten nun wieder in die **Niederungen des Alltags**:

Zwar machen sich repräsentative Veranstaltungen an repräsentativen Orten mit Hunderten von z.T. auch prominenten Gästen natürlich gut zum Repräsentieren, aber es verschöbe die Gewichte wie zwischen den Sonn- und Alltagen, und die Montage bis Freitage würden zu kurz dabei wegkommen. Die wichtigsten Arbeiten waren natürlich zu bibliographieren, zu systematisieren und die Titel in den Computer einzugeben, die 14-tägigen Veranstaltungen zu organisieren, Leser zu beraten, Bücher auszuleihen, was uns auszeichnete gegenüber den Präsenzbibliotheken des Landes- und des Bundesbeauftragten für Stasiunterlagen, Begegnungen zu ermöglichen, die Rotschocktouren zu planen, Briefe zu schreiben, behördliche Schreiben wie Briefe an Privatpersonen, in denen es oft um abzugebende Bücher ging, nicht zu vergessen das Buchhalterische und die Vereinsangelegenheiten zu regeln, was alles im Normalzustand reibungslos ablief, der aber **leider** allzu oft unterbrochen wurde durch aufwändige Rechtsangelegenheiten, Rechtfertigungen und Abwehrkämpfe.

Ich sprach vom Who´s who der Kommunismus- und Totalitarismusforschung und zählte namhafte Zeithistoriker und Politiker auf, mit denen wir uns schmücken konnten, mahnte aber auch an, daß diese Aufklärung über die „historische Mission" des Kommunismus, der für die Linken auf der Suche nach neuen Wegen zur Heilsversprechung noch einmal erträumtes Ziel ist, zu keiner öffentlichen Resonanz führt. Nach wie vor sind für die SEDPDSLINKE ihre politischen Klassenfeinde „Volksfeinde", „Ewiggestrige" und „Konterrevolutionäre", aktuell noch ergänzt durch „Totschläger" wie Nazi und Rassist, die als Feinde zu vernichten sind; als politische Gegner setzte man sich ja verbal mit ihnen auseinander.

VOM HAUSVOGTEIPLATZ ZU DEN HACKESCHEN HÖFEN

Abriß der „Kleinen Gedenkbibliothek" mit Galerie

Die euphorischen ersten 2 Jahre des Aufbaus und des Heimischfühlens kommen mir im Nachhinein viel länger vor und endeten mit einem Besucher, der uns aus unserem Paradies vertrieb angesichts großer Bauvorhaben in diesem Gebäudekomplex. Der Mietvertrag hätte uns geschützt, aber gegen einen Millionär und Altansprüchler… keine Chance.

Abriß der Galerie im Bullenwinkel

Also gings wieder mit meinem Mann, meinen Eltern und Söhnen, bewaffnet mit Sägen und Vorschlaghämmern, aber vor allem mit Tränen in den Augen der Schönheit dieser anheimelnden kleinen Galeriebibliothek zu Leibe. Wir mußten alles abreißen und versuchten zu retten, was zu retten war. Wußten wir ja nicht, was wir später mal noch hätten verwenden können. Alte DDR-Manier. Die elegante schöne Holztreppe nahmen wir vorsichtshalber mit und lagerten sie neben noch verwendbaren Brettern im hinteren Teil des neuen Domizils in den Hackeschen Höfen, bis sie ein Dieb eines Nachts mit LKW geklaut hat. Wie kam der auf den verschlossenen Hof, und wer wußte überhaupt davon? Schade. Wir waren ja die einzigen Mieter, nachdem der über uns beheimatete Verlag Neues Leben ausgezogen war.

Mein Vati (†) und Roy in Abrißaktion

Einzug in die Hackeschen Höfe

Nach dem Demontieren der Galerie-Bibliothek, dem Um- und Einzug, dem Einrichten der neuen mehreren Bibliotheksräume und des Vortragsraums feierten wir mit der Familie, mit Freunden und Helfern am **12. April 1997** die 2. Eröffnung der Bibliothek, die nun nicht mehr die Kleine Gedenkbibliothek hieß, auf der mir meine Eltern ein besonderes Geschenk machten: ein Eisengitter eines Gefängnisfensters aus dem „Zwiebelturm" in Gommern, das mein Vati im Gestrüpp gefunden hatte, reparieren ließ und meine Mutti mit 2 Gipsfäusten versinnbildlichte nach dem Buchcover „Ich will hier raus" von Siegmar Faust. Herrn Dr. Steudel hat es, wie er mir später gestand, zu Tränen gerührt.

Im Gefängnis in Gommern saßen hauptsächlich Politische.

Im Tagesspiegel vom 17. Juni 2003 schrieb Ilko-Sascha Kowalczuk.

> „In der Kleinstadt bei Magdeburg erfuhren die Bauarbeiter am Vormittag des 17. Juni 1953 durch Pendler von den Protesten. Auch in Gommern begannen Streiks. Den Bauleuten schloß sich schnell der VEB Geologische Bohrungen an. In einer hitzigen Versammlung forderten Arbeiter den Sturz der Regierung.
>
> Der Hauptredner, der ehemalige Polizeikommissar Werner Mangelsdorf, rief dazu auf, zum Zwiebelturm zu marschieren, dem Gefängnis in Gommern. Es beteiligten sich bis zu 800 Menschen, in manchen Stasidokumenten ist von 3000 die Rede. Zunächst ging es zur Polizei, wo man die Polizisten zwang, die Waffen abzulegen, und aufforderte, mitzumarschieren. Anschließend stürmten die Demonstranten das Gefängnis und brachen die Zellen auf. Der Bürgermeister wurde für abgesetzt erklärt. Am Nachmittag rückten sowjetische Einheiten an. Die Polizei begann die Suche nach ‚Rädelsführern' ..."

Auch bei Rainer Hildebrandt ist in seinem Buch „Als die Fesseln fielen..." vom Streik in Gommern die Rede.

Die Gipsfäuste am Knastgitter haben dann leider den Wasseranschlag zwei Jahre später nicht überlebt, aber das Gitter bleibt für immer eine Erinnerung für mich an meine Eltern und für die „Knastis" an eine genommene Freiheit.

Das Abrüsten wie der Umzug erfolgten wieder mit der ganzen Familie, aber gottlob ging es ja diesmal in renovierte Räume, wenn auch eines DDR-typisch-dreckigen verkramten Hinterhofkomplexes des noch häßlichen Teils der Hackeschen Höfe auf der Rosenthaler Straße.

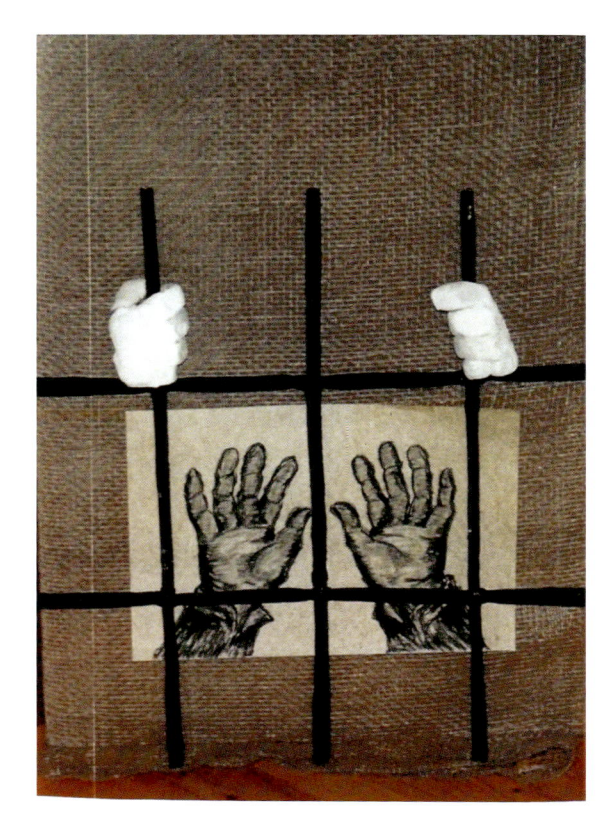

Der Besitzer hatte mir bei einem Essen im Friedrichshof am Gendarmenmarkt Versprechungen gemacht, damit wir das Feld räumen für seine großen Bauvorhaben am Hausvogteiplatz. Angesichts unserer prekären Lage klangen Mietfreiheit für zwei Jahre und das Angebot, beim Gestalten des gesamten Areals in den Hackeschen Höfen miteinbezogen zu werden, erstmal verlockend. Nach unserem Umzug folgten wirklich hoffnungsvolle Gespräche an Hand von tollen Bauzeichnungen, was über den Verlust unserer anheimelnden kleinen Galeriebibliothek hinwegtröstete.

Kein Vergleich zu den heutigen Rosenhöfen

Feier zur Eröffnung der Hackesche Höfe – Gedenkbibliothek mit Freunden und meinem Bruder (hinter dem Blumenstrauß)

Gudrun Fenten (damalige Prior) als aktive Mitstreiterin

Käthe Fraedrich (†), Autorin des Buches „Frauen im Gulag", zu Besuch mit Gisela Gneist (†)

Zwei Glücksbringer

Die kommenden zwei Jahre mit 3 Bibliotheksräumen und einem Vortragsraum konnten wir – trotz der rechtswidrig entzogenen institutionellen Förderung eben durch Mieterlaß und mein ehrenamtliches Arbeiten gut überstehen und erfreuten uns eines großen Leser- und Hörerkreises in einer touristisch beliebten und belebten Ecke mitten in Berlin.

Glückliche und unglückliche Fügungen hängen ja meistens mit Menschen zusammen. Eine glückliche Begegnung war die mit Herrn **Lutz Rackow** und dem Geschäftsführer der Hilfsaktion Märtyrerkirche am Bodensee, Herrn **Klaus-Reiner Latk**. Was wäre gewesen, wenn ich diese beiden Menschen nicht kennengelernt hätte?

Nachdem ich eines Tages einem interessierten Gast, eben dem Herrn Rackow, ausführlich unser bildungspolitisches und Gedenkanliegen vorgetragen hab, klagte ich natürlich wütend über das finanzielle Fiasko, das uns angetan worden war, womit ich auf viel Verständnis bei ihm stieß. Welch ein glücklicher Umstand. Er war im Auftrag der Bosch-Stiftung unterwegs nach förderungswürdigen Initiativen! Vom Ergebnis all dessen, was auf unsere erste Begegnung folgte, erzähl ich noch.

Herr **Klaus-Reiner Latk** war der andere Glücksbringer. Ich muß ihn auf einem Kongreß in Zürich kennengelernt haben.

Die Mission der Hilfsaktion Märtyrerkirche bestand im Aufmerksammachen der weltweit verfolgten Christen. Wir bekamen viele Publikationen aus der Stephanus-Edition in Überlingen, wo ich mit meinem Mann mehrere Male als Gast, bald sogar als Mitglied der HMK, an Begegnungen mit außergewöhnlichen Missionaren und Geistlichen teilnehmen durfte. Zur Familie Latk entwickelte sich bald ein freundschaftliches Verhältnis, das nach dem Tod meines Mannes sogar auf Herrn Dahnert überging.

Klaus-Reiner Latk als Vortragender neben Dr. Heinz Steudel

Ich erinnere mich an viele Besuche in ihrem schönen Haus mit dem wunderbaren Blick auf den Bodensee und an eine ganz besondere Weinsorte.

Nach dem Vortrag von beiden HMK-Vorständen, Herrn Latk und Herrn Braun, bei uns in den Hackeschen Höfen vereinbarten wir ein dann 10 Jahre währendes Miteinander: wir präsentierten ihre Ausstellung über die Christenverfolgung mit Schwerpunkt unter kommunistischen Regimen und verbreiteten ihre Publikationen. Wir wurden dafür großzügig finanziell unterstützt, was uns streckenweise überleben ließ.

Die Ausstellungstafeln zogen nach 2 Jahren, nach dem Wasseranschlag, mit uns in die nächste Bibliothek im Nikolaiviertel, bis durch Herrn Latks Ausscheiden aus der HMK die Kontakte zur Bibliothek abbrachen. Zudem verlagerte sich deren Schwergewicht bei den Anprangerungen der weltweit größten Christenverfolgung auf die islamischen Staaten. Unsere vordergründige Aufgabe ist es aber, über politisches Unrecht in den kommunistischen Regimen, darunter natürlich auch über die Verfolgung von Christen, mit Büchern und Vorträgen aufzuklären.

In einer Szenischen Lesung zur „Fabrik des neuen Menschen", die ich noch erwähnen werde, geht es um die Verfolgung von Gläubigen durch die Bolschewiken und deren Verbannung auf die Solowki-Inseln, die die ersten Opfer unter Lenins Verfolgungswahn waren.

> *„Das Straflager auf den Solowki-Inseln gilt als Versuchsstation für das Zwangsarbeitssystem Gulag, das sich nach den Terrorjahren der Stalinistischen Säuberungen netzartig über die ganze Sowjetunion ausbreitete.*
>
> *In Frankreich lösten ab Mitte der 40iger Jahre Berichte über dessen Existenz publikumswirksames Interesse aus. Die französische Linke wies Berichte dieser Art schlichtweg als Unwahrheit zurück, diffamierte Victor Krawtschenko, einen sowjetischen Deserteur, und strengte einen Prozess wegen Verleumdung der Sowjetunion gegen ihn an. Krawtschenko*

gewann seinen Prozeß dank dem Auftritt von Margarete Buber-Neumann, deren Zeitzeugenbericht „Gefangene unter Stalin und Hitler" 1941 in Schweden und 1947 in Deutschland erschienen war und deren Aussage jeden Zweifel ausschloß." (aus NZZ)

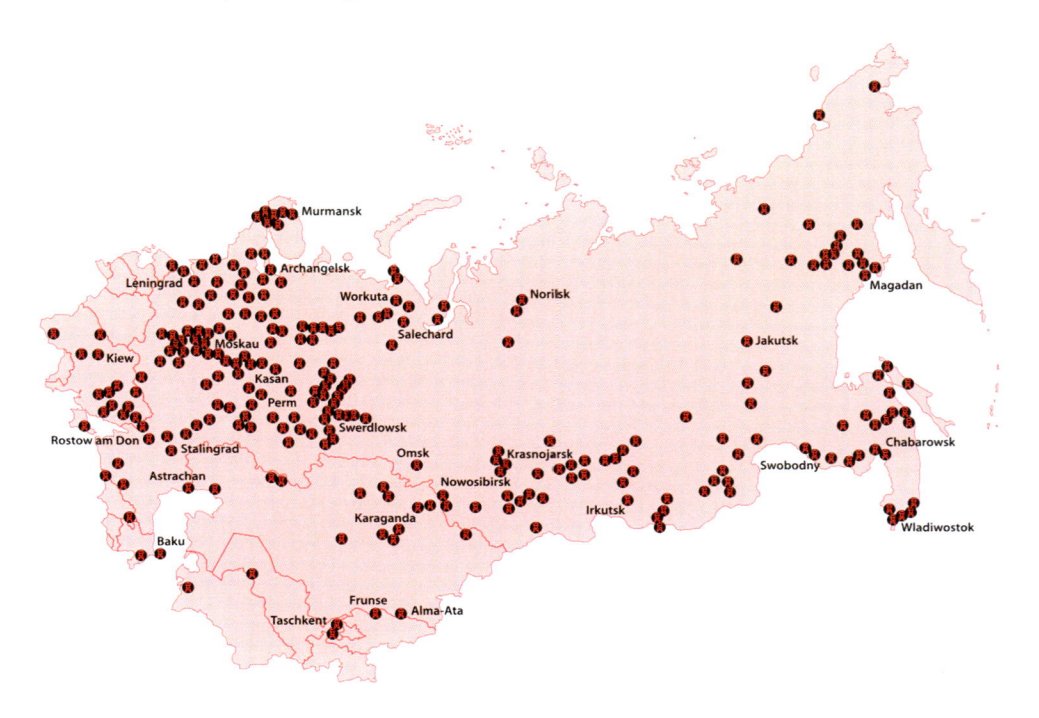

Das Gulagsystem

Den „Reiseführer durch die Konzentrationslager der Sowjetunion" aus der Stephanus-Edition haben wir in der Bibliothek unzählige Male verteilt. An dieser Stelle bietet sich an, auf die Kontroverse zwischen Albert Camus und Jean-Paul Sartre sowie auf die „Retuschen zu meinem Rußlandbuch" von André Gide und Louis Fürnberg „Das Jahr 1937" hinzuweisen.

Ein Who is who der Unterstützer

Die erwähnten Pläne, die Bibliothek zum Aufgeben zu zwingen, gingen also nicht auf, weshalb ich unbedingt von der Zuständigkeit des Landesbeauftragten wieder zurück in die Kultur strebte. Wieviel Gesprächswünsche und wieviel oft mühsam zustande gekommene Gespräche hat es damals gegeben. Meine Kalendernotizen allein aus den Jahren 1995 bis 1997 lesen sich wie in einem Who is who der kulturpolitischen Landschaft und sogar über die Grenzen Berlins hinweg. Ich bemühte mich um Fürsprecher im Abgeordnetenhaus vor Verhandlungen der Kultur- und Haushaltsausschüsse, erinnere mich an ein verständnisvolles Gespräch mit der damaligen Präsidentin Dr. Hanna-

Renate Laurien und bekam mal den Tipp, mich zur Anhörung von Frau Gueffroy begleiten zu lassen, um die Gegner zu entwaffnen, von keinem Geringeren als dem Leiter der ZERV. Die Namensliste aller Unterstützer hier aufzuführen, wäre so lang, daß es unbescheiden aussähe und ganz unverständlich für jeden Außenstehenden. Wie kann eine so kleine Einmanngedenkbibliothek einen solchen Stellenwert haben? Aber wen hat sie so gestört? Und für wen war sie wirklich wichtig?

Für die kommunistischen Opfer und Widerständler, vor allem der Frühzeit der SBZ/DDR, war ihr Erhalt ein wichtiges Symbol. Waren sie doch als KGUer oder als Streikende am 17. Juni die Vor- und Wegbereiter der Bürgerrechtler und späteren friedlichen Revolutionäre. Aber politischmedial verleumdete oder vergaß man sie lieber. Hermann Kreutzer sprach davon, daß nach 1946 so viele Sozialdemokraten im Buchenwalder Sowjet KZ einsaßen, daß sie Parteitage hätten abhalten können. Insofern war diese kleine Gedenkbibliothek eben doch für manche ein Störfaktor, was andere uns umso mehr unterstützen ließ. Hilfe kam sogar aus dem Kanzleramt. Der Name Dr. Aretz, ich sagte es bereits, tauchte unzählige Male in meinen 3 Kalendern dieser Zeit auf. Man überlegte, ob eine solche Spezialbibliothek im Scheiternsfall einer Stasi-Landesbeauftragten-Finanzierung nicht besser mit Bundesmitteln unterhalten sein sollte.

Zu einem Gespräch dazu empfing mich, wie gesagt, eines Tages der Staatssekretär aus dem Kanzleramt Anton Pfeifer – und man glaubt es kaum – wo – am großen Honeckertisch im Staatsratsgebäude. Ich hab vergessen, welche Funktion dieses hohe Haus nach der Wende hatte und auch welches Ergebnis dieses damalige Gespräch brachte. Geblieben ist aber ein Gefühl des mir entgegengebrachten Verständnisses.

Daneben hab ich nie meine Hoffnung aufgegeben, über die Berliner und Bonner Grenzen hinweg einen Sponsor zu finden, am besten einen ehemaligen politischen Häftling, der es in Amerika zu Vermögen gebracht und seine Vergangenheit nicht vergessen hat. Durch meinen

Sohn in Washington war ich einmal ganz nah an einer Stiftung mit hoffnungsvoller Aussicht, die sich leider durch den Tod des Vorsitzenden und mit der Ablehnung der versprochenen Zusage einer Spende durch dessen Tochter in Luft auflöste. Einen ähnlich bedauerlichen Ausgang nahm die Beziehung zu Zino Davidoff, dessen Schicksal eine Assoziation zu unserem Gedenken der kommunistischen Opfer bedeuten konnte, als es zu dem mühsam eingeleiteten und verabredeten Treffen auf der von ihm geförderten Trabrennbahn Hoppegarten nicht mehr hat kommen können und kein anderer sich unserer Bitte annehmen wollte oder konnte. Der große Unternehmer war verstorben.

In einem dritten Fall bin ich etwas weiter gekommen, wenn auch - vorwegnehmend – ebenfalls erfolglos. Die Autobiographie „Neun Leben sind nicht genug: mein Weg vom Stasi-Häftling zum Erfolgsunternehmer in Silicon Valley" gelesen, meinte ich, mit diesem Autor, Karl Heinz Johannsmeier, endlich den Richtigen gefunden zu haben, einen ehemaligen politischen Häftling, der durch medizintechnische Erfindungen reich geworden ist. Wie und wo ich ihn kennenlernte, weiß ich nicht mehr. Er hatte von sich reden gemacht durch die Absicht, ein Denkmal für die kommunistischen Opfer in Deutschland, am wirkungsvollsten natürlich in Berlin, errichten zu lassen. Er bot dazu eine eigene künstlerische Vorlage, auf der er auch bestand und deren Realisierung er aus seiner Haftentschädigung finanzieren wollte. Mein Mann als Mitarbeiter in der Gauck-Behörde und ich sollten ihm durch Kontaktvermittlungen sowie bei der Verbreitung einer von ihm verfaßten politischen Aufklärungsbroschüre über die Unrechts-DDR möglichst über die Bundeszentrale für politische Bildung an alle Schulen helfen. Wie begrenzt unsere Möglichkeiten sind, haben wir ihm natürlich gesagt, nachdem wir ihn in die Philharmonie und anschließend in die Gedenkbibliothek eingeladen hatten. Voller Stolz und in Erwartungshaltung präsentierten wir ihm unser „Heiligtum" (am jetzigen Standort) und schenkten ihm nach unserem spannenden Gespräch einige Bücher, an denen er interessiert war.

Was seine Denkmalsidee betraf, stieß er in der Berliner Politik auf taube Ohren, und auch in Jena, woher er stammte, kam es letztendlich aus mir unbekannten Gründen zu keinem Erfolg. Also kein Denkmal… bis heute nicht. Eine Schande, denkt man an die vielen im ehemaligen Ostblock errichteten Gedenkstätten, dokumentiert in Dr. Anna Kaminskys: „Orte des Erinnerns. Gedenkzeichen, Gedenkstätten und Museen zur Diktatur in SBZ und DDR" und „Museen und Gedenkstätten zur Erinnerung an die Opfer der kommunistischen Diktatur im Ostblock".

Da ich aber eine finanzielle Zuwendung von ihm erwartete, bat ich meinen Sohn in Washington nochmal um Hilfe. Und in der Tat begegnete er Karl Heinz Johannsmeier am Tag der Deutschen Einheit 2001 oder 2002 in Silicon Vallay. Obwohl dieser ihn zunächst von oben herab, dann aber in Augenhöhe wegen Kais Auftritts neben dem Senator, behandelte, lehnte er, verärgert über seinen Mißerfolg mit dem Denkmal in Jena, eine Spende für die Bibliothek ab. Na ja, es sollte nicht sein.

Wo war ich in der Chronologie stehengeblieben?

Welche großartigen Referenten wir zu unseren 14-tägigen Veranstaltungen in all den Jahren gewinnen konnten, sagen unser großes Rezensionswerk „Aufklärung ohne Grenzen", das wir zum 25-jährigen Geburtstag der Gedenkbibliothek 2015 auf dem bereits erwähnten Festakt im Roten Rathaus präsentierten, außerdem die chronologische Auflistung aller Vorträge in den 30 Jahren im Anhang aus.

Der Geschäftsführer Klaus-Reiner Latk und der Vorsitzende der Hilfsaktion Märtyrerkirche sprachen am 25. März 1996 über die weltweite Christenverfolgung „Gedenket der Gebundenen" in der Gedenkbibliothek in den Hackeschen Höfen über die heutige Christenverfolgung durch kommunistische Regime in einer außerordentlich beeindruckenden Vortragsweise, die fast einer Predigt glich. Unvergesslich! Von Stund an intensivierten wir unsere Beziehungen und unterstützten uns gegenseitig. Sie präsentierten bei uns ihre Ausstellungstafeln, und wir bekamen monatlich, wie gesagt, eine großzügige Unterstützung, die uns über Wasser hielt neben der Mietbefreiung und meiner Ehrenamtlichkeit. Mit der Streichung der Fördermittel und damit auch meines Gehalts hatten die politischen Gegner wohl gemeint, mich zum Aufgeben zwingen zu können. Ja, man war sogar so weit gegangen, daß nach einer „zu erzwingenden" Satzungsänderung (der Geschäftsführer gehört nicht dem Vorstand an) oder meinem Vorstandsrücktritt die Mittel durch den Landesbeauftragten weiter geflossen wären.

Details führten zu weit und scheinen überhaupt nicht nachvollziehbar. Es war alles schlimm, aber *„Optimismus baut Brücken über dem Abgrund"*.

Und *„wo Gefahr ist, wächst das Rettende auch"*.

Lutz Rackow im Gespräch mit Ada Belidis Mutter und Tochter neben Bernd Fischer und Dr. Nicole Glocke nach dem Weihnachtskonzert mit der Künstlerin

Die nächste Rettung bestand eines Tages in dem bereits erwähnten Besucher Herrn Rackow, dem ich ausführlich unser politisches Anliegen erzählte. Nicht ohne Hoffnung ließ mich Herr Lutz Rackow zurück, der als unangepaßter kritischer Wirtschaftsjournalist in der DDR nun im Auftrag der Bosch-Stiftung unterstützungswürdige Unternehmungen, Projekte und Initiativen in den neuen Bundesländern suchte, was ihn per Zufall eben in unsere Bibliothek führte. Begeistert von meinem Engagement und entsetzt über die Repressalien bemühte er sich, uns zu helfen. Und mit welchem Erfolg!

Am 1. Dezember 1998 steht in meinem Kalender: *"Dr. Walter (Bosch-Stiftung) hat für 1999 80.000 DM bewilligt!"*, was er im Telefongespräch mit dem wörtlich notierten Satz kommentierte: *"Ich umarme Sie durchs Telefon!"*.

Wieviel Verhandlungen auch dieser unwahrscheinlichen Entscheidung vorausgegangen waren, läßt sich so wenig verständlich machen wie all die anderen mit der kulturpolitischen Verantwortlichkeit Berlins – von Stiftungen über den Kulturfonds Prof. Dr. Dietger Pfortes bis zum Regierenden Bürgermeister Eberhard Diepgen, die Abgeordnetenhauspräsidenten Prof. Dr. Herwig Haase und Reinhard Führer (Notiz am 20.1.1999: *"Sie sind ein Sonntagskind bei allen Widrigkeiten, die Sie erleiden müssen."* (Wer sagte das?), über den Staatsminister für Kultur Dr. Michael Naumann, bei dem sich Frau Helga Hegewisch-Lasky für uns verwandte, Dr. Andreas Apelt (in meinem Kalender festgehaltener Satz: *"Wann immer ich kann, werde ich Sie unterstützen, auf dem eingeschlagenen Weg weiterzugehen."*), Joachim Zeller, Frank Henkel (er versprach, immer zurückzurufen, wenn ich ihn mal nicht erreiche), Kultursenator Peter Radunski, über CDU-Abgeordnete im Abgeordnetenhaus, wo immer wieder Volker Liepelts Name auftauchte, der mich eines Tages zu einem fast 1-stündigen Gespräch in seinem CDU-Fraktionsbüro empfing und erreichen wollte, eine institutionelle Förderung für 2000 zu erwirken.

Doch Herrn Gutzeits Ablehnung lag wie ein schwerer Stein auf uns, den am 16. November Günter Nooke in Form von zwei gestundeten

Mieten wegrollte. Auch später sollte ich ihm nochmal zu allergrößtem Dank verpflichtet sein. Hat doch sein Mitarbeiter mich fachlich so gut beim Abfassen des Projektantrags (die institutionelle Förderung war leider auf dem Altar der Gutmenschen geopfert worden!) unterstützt mit ganz neu zu formulierenden Anforderungen gegenüber früher, denen wir bis heute damit noch gerecht werden können.

Besuch des CDU-Fraktionsvorsitzenden Burkard Dregger
und des ehemaligen Innensenators Frank Henkel
mit dem geschenkten Rezensionsband „Aufklärung ohne Grenzen" im Frühjahr 2020

Professor Dr. Ernst Cramer – Melvin Lasky

Eine dritte Begegnung mit Professor Cramer wäre mir unvergeßlich geblieben, hätte ich nicht im Krankenhaus gelegen, als er seinen 90. Geburtstag im Springerhochhaus beging. Ich durfte meinen Sohn Roy mit einem Geschenk, wofür er sich später schriftlich herzlich bedankte, an meiner Stelle schicken. Das Geschenk war ein besonderes Kleinod einer Lessing-Minibuch-Ausgabe als vielleicht schicksalshafte Vorwegnahme auf unsere heutige Ausstellung zu Toleranz und Freiheit im Lessinghaus. Es zeichnete für mich diesen großen Bildungsbürger Ernst Cramer aus, daß er auf alle meine Einladungen zu besonderen Veranstaltungen und Glückwünsche zu bestimmten Anlässen immer antwortete. Den Kontakt hab ich übrigens Melvin Lasky zu verdanken, dem Herausgeber des „Monat", von dem Professor Baring *„als einer wichtigen kulturpolitischen und literarischen Fundgrube sprach, als einem geistigen Fundament durch seinen grandiosen Reichtum, auf dem die Bundesrepublik nach dem Krieg aufbaute, die Linke es aber, wie anders, als Kampfblatt der Kalten Krieger diffamierte."* Wir sind in der Bibliothek im Besitz des kompletten Schatzes von der 1. Nummer angefangen. Dr. Michael Naumann zum „Monat": „Nie zuvor war es einer Zeitschrift in Deutschland in gleichem Maße gelungen, ideologische Verblendungen ... zu demontieren." Auf dem 1. Nachkriegsschriftstellerkongreß 1947 trat Melvin Lasky, in Deutschland damals als Kriegsberichterstatter tätig, vertretungsweise auf und ging später als von Ulbricht betitelter Kalter Krieger in die Geschichte ein.

Melvin Lasky (†), seine Frau und der Rücken von Dr. Schulz (†)

Ob die Realitäten irgendwann einmal eine Korrektur der linken Deutungshoheit erzwingen?

Als ich Lasky eines Tages begeistert von der Lektüre seines Werkes „Utopie und Revolution" berichtete, sagte er schmunzelnd, daß ich wohl der einzige Leser sei. Leichtere Kost war sein aktuelles Büchlein „Wortmeldung zu einer Revolution. Der Zusammenbruch der kommunistischen Herrschaft in Ostdeutschland".

Wie kann mir an dieser Stelle nicht die von Melvin Lasky initiierte und organisierte Großveranstaltung 1993 einfallen unter dem hoffnungsvollen Titel „Das Ende des Kalten Krieges" im Haus der Deutsch-Sowjetischen Freundschaft (DSF) mit brillanter Podiumsbesetzung, v.a. Wolfgang Leonhard, Peter Merseburger, Joachim Gauck, Günter Schabowski. Ich erinnere mich insofern ganz genau, weil sich mein Sohn Kai persönlich um Wolfgang Leonhard in punkto Hotelunterbringung kümmerte als damals studentischer Helfer für Herrn Lasky neben Marko Martin, der am 2. März 2000, also viele Jahre später bei uns in der Bibliothek sein Buch „Ein Fenster zur Welt - Der Monat. Beiträge aus vier Jahrzehnten" im Podiumsgespräch mit Melvin Lasky vorstellte. Nein, beim Schreiben erinnere ich mich, Herrn Laskys wurde würdigend gedacht, er muß verhindert gewesen sein, und an seiner Stelle saßen die beiden Historiker Professor Harald Zimmermann und Professor Eberhard Jäckel vor uns. Das holte ich aus dem Gedächtnis.

Melvin Lasky und seiner Frau waren mein Mann und ich privat zu großem Dank verpflichtet, als sie uns nach dem Klinikaufenthalt meines Mannes infolge seiner Suizidgefährdung 1994 einen 14-tägigen Erholungsaufenthalt in ihrem Casa in Celerina schenkten und uns später zu ihrer privaten Sylvesterfeier einluden, auf der Joachim Gauck meinen Mann begrüßte: *„Was denn, verfolgen mich meine Mitarbeiter bis ins Private?"*

(Einen ähnlichen Satz sagte er meinem Sohn in Washington in der Deutschen Botschaft anläßlich eines Tages der Deutschen Einheit. Kai arbeitete damals für das Wirtschaftsministerium Sachsens in Washington, wo er noch heute lebt, sodaß ich meine Enkel leider kaum kenne.)

Ich erwähnte das Haus der Deutsch-Sowjetischen Freundschaft, das Melvin Lasky nicht unbedacht als Ort zur Verständigung und für den Aufbruch in eine neue Zeit nach dem Fall des Eisernen Vorhangs auswählte. Für mich hatte die DSF, wie das Palais am Festungsgraben im Kastanienwäldchen hinter der Schinkelschen Neuen Wache kurz genannt wurde, in der zu Goethe - Zellers Zeiten die Berliner Singakademie untergebracht war, eine ganz besondere Bedeutung.

Mein Guru in den 80er Jahren in der DDR

Als Slawistikstudent besuchte ich oft die russischsprachige Bibliothek im Haus der DSF, wo ich mir in den 80er Jahren die regelmäßig gehaltenen Vorträge von meinem „Guru" anhörte. Der Sowjetliteraturwissenschaftler und Übersetzer Dr. Ralf Schröder sprach dort über die literarischen Vordenker der späteren Perestroika und dabei nicht verschweigend die Verbrechen unter Stalin. Er war für mich d e r Aufklärer über die Schauprozesse und die Abrechnung Chrustschows mit dem Personenkult.

Ich pilgerte jahrelang zu seinen Vorträgen wie ein Verdurstender zu einer Oase, tankte mich auf und hielt so die 80er Jahre aus in Erwartung des Rentenalters, um mit meinem Mann dann das Land verlassen zu können, weil ein dilettantischer Abhauversuch vor vielen Jahren mißglückt war, anders als meinem Bruder, dem seine Flucht am 18.10.1964 gelang, weshalb ich zwar nicht gehindert wurde zu studieren, aber das letzte Studienjahr nicht wie meine Kommilitonen entweder in Moskau oder Warschau verbringen durfte, sondern dafür ein Jahr lang mit mir allein eine Ein-Mann-Gruppe an der Humboldt-Uni war. „RF belastet", hat mir noch einige andere Karriereknicks eingebracht. RF steht für Republikflucht. Also wollten mein Mann und ich zumindest dann als Rentner in die Freiheit.

„Der Wunsch nach Freiheit ist die Folge von Unterdrückung. Die Freiheit ist die Folge von Befreiung". Wo Brecht Recht hat, hat er Recht.

Und so wurden wir bzw. taten es selbst, befreit von der Unfreiheit durch den epochalen Aufbruch ´89, die immer droht, wenn das Volk nicht aufpaßt. Wer in der Demokratie schläft, kann in der Diktatur aufwachen. .....

Die Unfreiheit, nicht alles lesen zu dürfen, mußte mich zwangsläufig auf die Idee kommen lassen - nun in der Freiheit - verbotene Bücher, über die Dr. Schröder sprach, zu sammeln. Für diese geistige Hinführung bin ich ihm bis heute dankbar. So war es nur logisch und für mich eine große Ehre, daß er die Bibliothek praktisch einweihte mit dem ersten Vortrag am **10. Januar 1991** mit so vielen Gästen, daß buchstäblich kein Apfel zu Boden gefallen wär.

Welche Euphorie übermannt mich noch heute beim Schreiben über diese Euphorie! Auf einem seiner letzten Auftritte am Ende der DDR, zu der wir, ich glaub zu zweit, die einzigen Gäste bei sonst berstenden Räumen waren, spielte sich doch der Widerstand nun im Aufbruchsherbst auf der Straße und nicht im Vortragsraum ab, lernte ich in diesem anderen Gast einen Westberliner Slawistikstudenten kennen, dem ich von meinem Guru vorschwärmte. Heute arbeitet Dr. Gerhard Gnauck als Ständiger Korrespondent der „Welt" in Warschau, wo wir später einmal privat bei meiner langjährigen Freundin, Germanistin und Übersetzerin spannende Erinnerungen austauschten. Ein weiteres Treffen gab es auf der Frankfurter Buchmesse nach Veröffentlichung seines Buches „Wolke und Weide. Marcel Reich-Ranickis polnische Jahre", das er bald darauf auch bei uns in der Bibliothek vorstellte mit den gern verschwiegenen Passagen, die ins Thema der Bibliothek passen. Zudem bestehen freundschaftliche Beziehungen zu seinem Vater, Herrn Dr. Reinhard Gnauck über die Internationale Gesellschaft für Frieden und Menschenrechte in Frankfurt, die seit Jahren institutionelles Fördermitglied unseres Vereins ist.

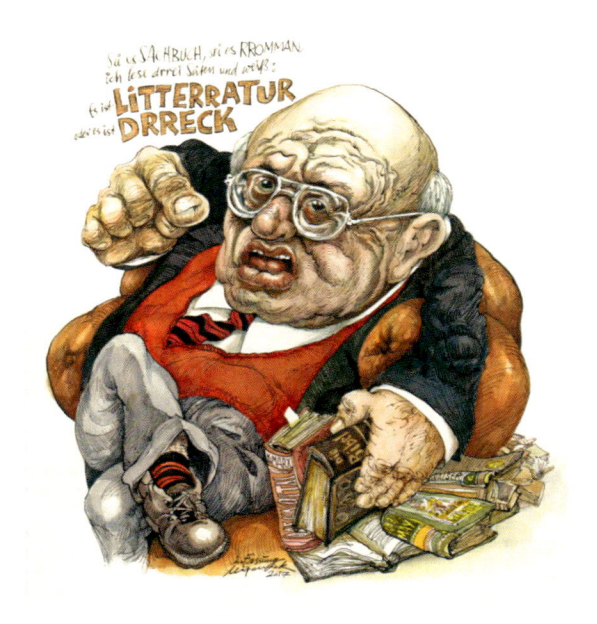

Der Literaturpapst, karikiert von Peter Muzeniek
(Grafiker und Illustrator u.a. im „Eulenspiel" seit 1980)

Nochmal zur Bibliothek in den Hackeschen Höfen:

Diese 2 Jahre waren trotz aller finanziellen Einschränkungen kreativ, was die Veranstaltungen und die vielen Leser/Besucher betraf. Mein Mann unterstützte mich an den Veranstaltungsabenden, und mein Sohn Roy half mir bei allen Computerproblemen. Er hatte ja bereits Jahre zuvor das Bibliotheksprogramm geschrieben, was wir nicht hätten kaufen, vor allem nicht bezahlen können. Alle Bücher waren inzwischen computermäßig erfaßt, auch die Ausleihe erfolgte nicht über Karteikarten. Wenn ich nicht an die noch laufende Klage, an einstweilige Verfügungen wegen Verleumdung, Prüfung und Begründung des rechts- und sachwidrigen Verwaltungsakts, an noch nachwirkende

Kündigungsformalitäten hinsichtlich Herrn Kuo und Frau Gissler dachte, gab es mit dem Besitzer des Gebäudes oder seinem Mitarbeiter kreative Gespräche zu Plänen der künftigen Gestaltung des ganzen abrißwürdigen Komplexes in den Hackeschen Höfen einschließlich unserer Bibliothek. Ich war gespannt und neugierig auf das kleine zweietagige „Etwas" auf einem künftigen eleganten Innenhof, der heute als die Schickimicki-Rosenhöfe (ohne unsere Bibliothek) die Touristen anzieht.

Die zwei vertraglich gebundenen mietfreien Jahre waren um, ohne daß baulich etwas geschah, bis eines Spätabends ein Anruf von der Polizei kam: *„Kommen Sie bitte gleich in die Bibliothek, ein Wasserschaden …."*

„Raus" und Wasseranschlag

Meinem Mann und mir bot sich ein Bild zum Weinen. Eine Passantin hatte dampfendes Wasser unter der Eingangstür auf die Straße fließen sehen und die Polizei informiert, die die Seitentür aufgebrochen hat und sich im Dunkeln kaum orientieren konnte, da das dampfende Wasser durch die Decke eine Waschküche aus dem 1. Raum gemacht hat. Wie tat ich den Polizisten leid! Mit Taschenlampen ausleuchtend sahen wir die Ursache, woher das Wasser kam: aus den Deckenleuchten, folgenschwer über dem Schreibtischplatz mit der ganzen Computertechnik, mit wichtigen Unterlagen und beiden Gästebüchern.

Neben all dem wurden die dort stehenden Nachschlagewerke und noch viele andere beschädigt, von denen ein Buch mit dem symbolischen Titel „Das Ende der Illusion: Der Kommunismus im 20. Jahrhundert" von Francois Furet aus dieser Anschlagsnacht, und von einem Anschlag ging die Polizei aus, heute in der Bibliothek als traurige Mahnung steht, daß Bücher nicht nur verbrannt, sondern auch ertränkt werden können.

Ich sollte mir in dieser Nacht noch eine Täterkartei bei der Polizei anschauen, in der ich eine Person erkannte. Dieser junge Mann war Gast der beschriebenen Veranstaltung der HMK, auf der mein Mann ihn fotografiert hatte, weil er so gar nicht in die Atmosphäre des Vortrags über die verfolgten Christen paßte – aus Zufall oder Intuition? Später stellte sich heraus, daß es dieser Stefan Berger war, der auf einer großen Veranstaltung der Freien Universität, wie mir berichtet wurde, laut geschrieen haben soll, nach den verbalen Attacken gegen die Gedenkbibliothek müßten nun endlich Taten folgen. In dieser Zeit - also vor dem

Wasseranschlag - war ich auf einem Kongreß in Zürich, als mich mein Mann anrief und mir sagte, daß er auf dem Bibliotheksschild – **Raus** – draufgeschmiert entdeckte und wegwischte, aber nach dem wiederholten – Raus – die Polizei informierte.

Natürlich war nichts erfolgt. Aber nun nach dem Wasseranschlag mit seinen „Vorankündigungen" und einem Tatwerkzeug, mit dem der Fußboden des leerstehenden, aber versiegelten Raums über der Bibliothek aufgehebelt wurde, um mittels des dort hinterlassenen angeschlossenen Wasserschlauchs und durch Zerstörung der Heizungskörperventile die Bibliothek unter Wasser zu setzen, hätte man eine Strafverfolgung erwartet, die aber verlief wohl im Sande wie zuvor der Brandanschlag bei Herrn Faust und der auf unserem Grundstück mit dem bei der Berliner Morgenpost eingegangenem Bekennerschreiben: „In antifaschistischer Aktion legen wir einen Sprengsatz unter das Auto von Ursula Popiolek." Na ja … Wen wundert das schon, hat sich zu heute etwas verändert?

Der Schaden betraf aber nicht nur unsere Bücher und das Inventar, sondern auch Fußböden, Decken und Wände waren so durchnäßt, daß die Eigentümerverwaltung aufwändige Trocknungsgeräte installieren mußte, wodurch wir nicht mehr bleiben konnten. Das Unbegreifliche dieser schier unbegreiflichen Situation war aber, daß niemand dieser Hauseigentümerverantwortlichen ab Stunde für mich zu sprechen war. Niemand! Es folgte nur noch die Kündigung der Räume – nach der verabredeten 2-jährigen Mietbefreiung. Von einem versprochenen neuen Domizil im hinteren Teil des Geländes war buchstäblich mit niemandem mehr zu reden. Ich war hilflos und verzweifelt. Nach all den politischen und juristischen Kämpfen nun ein existenzieller Schlag. Wohin mit der Bibliothek? Zwei, drei Vortragsveranstaltungen konnten wir dankenswerterweise in der Versöhnungsgemeinde der Gedenkstätte Berliner Mauer durchführen. Am 4. März 1999 z.B. sprach Dr. Ehrhard Neubert über „Politische Verbrechen in der DDR", am 24. Juni 1999 Professor Alexander Schuller zum Thema „Verbrechen und Versprechen. Zur Dialektik der Hoffnung". Ich erinnere mich noch an diese höchst sensiblen Vorträge wie auch an die häufigen von Dr. Ulrich Woronowicz zu „Sozialismus als Heilslehre".

Wieder sei an Hölderlin erinnert: „*Wo Gefahr ist, wächst das Rettende auch*", wenn auch der erste Spaziergang durch die verspielten Rosenhöfe mit Glitzer und Klamotten statt auch mit Büchern irgendwie schmerzte. Und nicht weniger wehmütig ist mir zumute, wenn ich mit Freunden bei Berlinbesuchen über den Hausvogteiplatz spaziere. Unsere winzige ehemalige Galeriebibliothek ist jetzt durch eine Bankfiliale ersetzt. Na ja im Wandel und Verändern liegt eben das Beständige.

Mit dem Vorschlag eines Besuchers beginnt das nächste Kapitel der Gedenkbibliothek. Auf der Zeitschiene sind wir jetzt im **Frühjahr 1998** vor einem erneuten Auszug diesmal aus der gewässerten Bibliothek.

UMZUG INS NIKOLAIVIERTEL

Eines Tages wurde mein Mann von einem Besucher angesprochen, ob wir nicht Räume suchten, und schlug mir dann ein „Geschäft" vor. Gemeinsam schauten wir uns im Nikolaiviertel ein Kunstgewerbegeschäft mit mehreren Räumen an, die untergemietet werden könnten. Ein großes Objekt einschließlich des sogenannten Lessinghauses und mehrerer Kellerräume. Verlockend schien die Idee, sich die Räume und damit auch die Miete zu teilen.

Bekamen wir in den Hackeschen Höfen die Räume vor dem Einzug renoviert übergeben, mußten wir nun, aber dankenswerterweise und großzügig unterstützt von der Wohnungsbaugesellschaft Berlin-Mitte (WBM), vieles selber machen, um unsere tollen Pläne umzusetzen, wobei wir uns wieder wie schon so oft auf ehrenamtliche Helfer verlassen konnten. Ich war ja noch immer ein „Einmannladen".

Die 3. Bibliothek, nun irgendwie „eingekuschelt" in einem kulturhistorischen Kleinod - dem Nikolaiviertel - nach der Gaststätten-Einkaufsgegend in den touristisch beliebten und überlaufenen Hackeschen Höfen auf der Rosenthaler Straße und der zuvor in der Nähe der Kultureleganz des Gendarmenmarktes, des - wie man sagen hört – schönsten Platzes Europas, brachte mich eben beim Schreiben auf etwas Disproportionales: die Größe der Bibliothek nahm zu mit der Abnahme der Größe ihrer Umgebung. Eigenartig.

Was nach dem ersten Besuch des künftigen Untermieters, Herrn Klaus Hoffmann, dann folgte – über die nächsten Jahre – ist eine Extrageschichte mit einem aufregenden Auf und Ab, die den Rahmen sprengen würde.

„BERLINER KUNSTHANDWERK" Außenansicht vor dem Einzug der Bibliothek

An deren Wiege stand das Risiko bei den Mietabschlüssen mit der Wohnungsgesellschaft Mitte, denn weder Herr Hoffmann noch ich hatten Geld. Ich lebte noch immer zwischen Erwartung und Hoffnung, nervte alle verantwortlichen Politiker, v.a. der CDU, von den Linken war ja eh keine Hilfe zu erwarten, bis hin zum Abgeordnetenhauspräsidenten und Regierenden Bürgermeister (unsere Klage lief ja noch immer, weshalb sich niemand positionieren wollte). Was tun? Ich suchte und nutzte jede Gelegenheit, jemanden mit Entscheidungsbefugnis „zu erwischen", so daß mich so mancher lieber gehend als kommend sah. Eh ich ein Gespräch mit der Abgeordnetenhauspräsidentin Dr. Hanna-Renate Laurien erwähne, möchte ich auf eine großartige Veranstaltung im Bundestag am 15./16. Oktober 1993 unter ihrer Schirmherrschaft eingehen. Sie wurde genannt **„Aufbruch Berlin"** und drängt heute nach 27 Jahren ein trauriges Nachfragen auf:

Frau Dr.Laurien zitiere ich nach meinen damaligen Aufzeichnungen: *„Der Mensch mit einer anderen Meinung ist in der Diktatur der Feind, in der Demokratie der politische Gegner."* An anderer Stelle sagte sie laut meiner Mitschrift: *„Das Gespräch der Unterschiedlichen ist zu füh-*

ren, keine Einseitigkeit in Fachgesprächen. Freiheit ist nicht Beliebigkeit. Abzuwägen ist stets zwischen Ziel und Aufwand." Sie erzählte über ihre Erinnerungen an den Sommer ´45 als Studentin an der Humboldt-Universität, über die Frühzeit des Bündnisses der Demokraten mit einer einzigen und freien Wahl, dann über die Gründung der Freien Universität und mit großer Begeisterung über die Aufbruchsstimmung nach dem Krieg, womit sie damals vier Jahre nach dem glücklichen Mauerfall mit ähnlicher Begeisterung zum Aufbruch Berlin aufrief, der nun heute nach einem Aufbruch Deutschland schreit. Ich durfte am Rande dieser Veranstaltung einen Büchertisch mit Berlin – Literatur im Reichstag gestalten. Später hielt Frau Dr. Laurien zum Thema „Der Bürger als Souverän" bei uns am Hausvogteiplatz einen Vortrag, d.h. wieder im Ausweichquartier des Tschechischen Kulturzentrums angesichts zu vieler Gäste.

Zurück ins Abgeordnetenhaus: Ich wollte mich nach dem Stand der Finanzierungsentscheidung erkundigen und hör noch, wie Frau Dr. Laurien sagte, die CDU sei derart gespalten, daß sie nicht wüßte, sich zu positionieren. Und wieder hing es mit Bärbel Bohley zusammen. Denn Dr. Lehmann-Brauns, bis zur Kampagne sogar Mitglied und Unterstützer der Gedenkbibliothek, war inzwischen der Anwalt von ihr in ihrer Klage gegen Gysi und hat sich entsprechend uns gegenüber ablehnend verhalten, als ich seinen juristischen Rat brauchte. Als Kulturpolitischer Sprecher der CDU hatte er natürlich einen großen Einfluß im Abgeordnetenhaus, wobei es aber, wie gesagt, auch die Gegenseite gab, deren moralischer Unterstützung ich sicher war.

Zwischen Euphorie und Ängsten

Die Zeit drängte, Herr Hoffmann und ich unterschrieben bei der WBM einen 10-Jahres-Mietvertrag sogar mit Verlängerungsoption. Mein Mann erklärte mich für verrückt und hatte berechtigte Angst. Unser Untermieter des Lessinghauses setzte einen aus 7 Personen gegründeten Verein zur Förderung bezahlten Wohnraums ein und versprach, als Gewerbemieter durch die Beiträge eines schnell wachsenden Vereins die Miete zahlen zu können, na, und ich setzte auf Versprechen. Finanziell hangelten wir uns dank der großzügigen Unterstützung der **Bosch-Stiftung und der Hilfsaktion Märtyrerkirche (HMK)** durch. Es ging ja „nur" um die Miete, aber die war hoch! Hätte es diese beiden Schicksalsretter nicht gegeben, nicht auszudenken! Zudem trug uns unsere Euphorie beim Um- und Ausbauen der Räume. Und davon brauchten wir ein gerüttelt Maß angesichts dieses Großprojekts, bei dem uns aber dankenswerterweise die WBM stets großzügig und verständnisvoll beistand, ganz zu schweigen von tollen Handwerkern, zu denen sich Freundschaften bis heute ergaben. Auch zu einigen tüchtigen Helfern beim vorangegangenen nun schon zweiten Umzug. Wer kann sich einen Bibliotheksumzug samt Büchern und Regalen vorstellen? Ohne professionelle Firma und ohne Geld! Ich hatte zuvor präzise Grundrisse der Räume und Markierungen der Regale vorgenommen, bevor es ans Einpacken in wiederum gekennzeichnete Umzugskartons ging, so daß sich die einzelnen Sachgebiete im guten Überblick der Räume leicht erkennen ließen. Unser Entree empfängt also heute den Leser mit der erzählenden Literatur, eingeteilt in deutschsprachige Autoren und in Übersetzungen ins Deutsche, zumeist aus dem Russischen, und dem Herzstück dieser Abteilung: den Haft- und Lagererinnerungen. In den anschließenden Räumen brachten wir auch in logischer und chronologischer Abfolge die Sachliteratur unter. Ein Grundriß neben der Eingangstür bietet einen schnellen Überblick.

Am liebsten möchte ich alle aufzählen, die uns damals halfen: an erster Stelle wie immer meinen Mann und meinen „Berliner Sohn". Mit Dieter Pumierski seh ich sie vor allem Regale aufbauen und aufstocken, Dirk Jungnickel seh ich auf der Leiter beim Malern der Decke, Gudrun und Klaus Fenten sowie Michaela Pumierski halfen, wo und wann immer Hilfe nötig war, Helga Stutenbecker lernte ich beim Bücher Einpacken kennen, Georg Fehst gehörte wie Michael Kharritonow zeitweise zum helfenden Inventar. Sogar ein privates Taxiunternehmen half uns unentgeltlich mit einigen Fuhren.

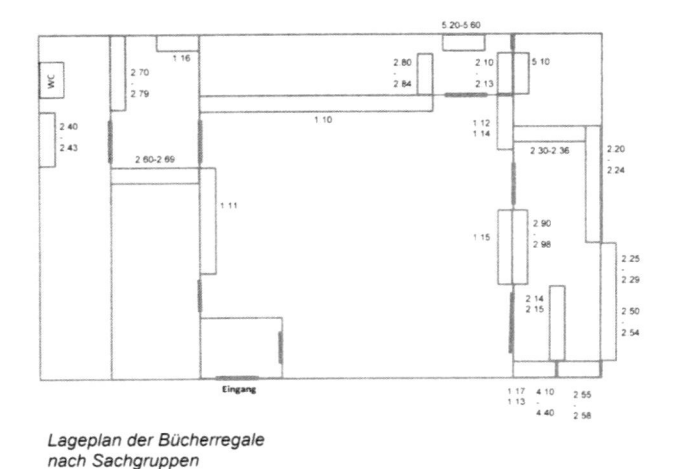

Lageplan der Bücherregale nach Sachgruppen

1 Belletristik
   Romane, Erzählungen, Essays, Erinnerungen,
   Erlebnis- & Reiseberichte, Gespräche, Interviews,
   Reportagen, Lyrik, Drama, Darstellende Kunst,
   Anthologie, Häftlingsliteratur, Biographien &
   Porträts, Literatur- & Kunstbetrachtungen
2 Sachliteratur
   2.10 Deutsche Geschichte (bis 1945)
   2.20 SBZ/DDR
   2.30 Westliche BZ, BRD
   2.40 Berlin
   2.50 Deutschland nach 1990
   2.60 Sowjetunion
   2.70 Osteuropa
   2.80 Übrige Staaten (China, Korea, Vietnam, Kuba)
3 Zeitschriften/Zeitungen
   3.10 Tageszeitungen
   3.20 Zeitschriften, Serien
4 Nachschlagewerke
   4.10 Allgemein
   4.20 Bibliographien
   4.30 Personalbibliographien
   4.40 Ausstellungen, Kataloge
5 Bild- und Tonträger
   5.10 VM auf Tonbandkassette
   5.20 VM auf VHS-Kassette
   5.30 VM auf DVD
   5.40 Bilddok. + Filme auf VHS-Kassette
   5.50 Bilddok. + Filme auf DVD
   5.60 Tondok. Auf Audio-CD

Dank an Freunde und ehrenamtliche Helfer

Von Schöbes bekamen wir einige Kleinmöbel und Gardinen geschenkt, die heute noch über dem Sofa hängen. Ach ja, dieses Sofa samt Sesseln und Tisch stammen von der damaligen Verlobten von Roy, die heute in Washington lebt und sich auch noch mit dem Schreiben der Mitgliedskarteikarten aus der Anfangszeit verewigt hat. Harald Deutschmann war unser Computertechniker neben Roy als Programmierer (Foto).

Aber die richtigen Bauarbeiten: Wanddurchbrüche, Türeinbauten, Sanitär-, Elektro- und Fußbödenverlegearbeiten ... lagen in Profihänden unter Bogdans Regie. Auch ihnen allen sei hiermit mein allergrößter Dank „verewigt".

Zur Eröffnung der Bibliothek war das eine Mietobjekt in zwei Hälften geteilt. Jeder Verein hatte seinen eigenen Eingang und begann nun mit seiner eigentlichen Arbeit. So blieb es eine ganze Weile, bis es nicht mehr so blieb, was aber nach einem jahrelangen Zerwürfnis letztlich zu einem Friedensvertrag zwischen Herrn Hoffmann und der Bibliothek und uns nach einer redlichen Trennung wieder zusammen führte. Ob Herr Hoffmann in seinen Memoiren diese irre Zeit beschreiben wird? Ich werde es irgendwann wissen.

Die beiden Untermieter Klaus Hoffmann und Sieghard Pohl (rechts)

Klaus Hoffmann

Eröffnungsfeier im Nikolaiviertel mit Familie und Freunden, Dr. Buchner mit Hut

Dr. Buchner spielte eigene Kompositionen am Klavier in Wertschätzung der Solidarnosc. Vor seiner Musikreferententätigkeit im Polnischen Kulturzentrum nahm er vor der Wende so manches Risiko auf sich, Druckmaschinen im Auftrag von polnischen Dissidenten zu ostdeutschen Oppositionellen zu schaffen.

Noch in den letzten Renovierungsarbeiten, schrieb ich bereits, überwältigte uns das ganz große Benefizkonzert am **19. Juni 1999** mit Jochen Kowalski, womit ich an dieser Stelle nochmal auf die Finanzen zu sprechen komme. Die Spenden einiger prominenter Gäste aus Politik und Kultur waren leider bescheiden, auch die Gabe einer anwesenden Millionärin hätte anders aussehen können. Dafür rettete uns ein großes Geldgeschenk einer Kowalski-Verehrerin, Luzie Hillel, die ich bereits dankend erwähnte, so daß wir bis zur ersten Überweisung der nach dem gerichtlichen Gütetermin „ausgehandelten" Projektförderung und mit der weiteren Unterstützung der HMK über die Runden kamen. Die ganze Situation war ein Drahtseilakt mit der Gefahr des freien Falls, verhindert allerdings durch Ruhe und Verläßlichkeit, Vertrauen und

Gutwill, politischen Gleichklang und Zuversicht im Vorstand wie unter den Vereinsmitgliedern. **Wir gesundeten!**

Der Bibliotheksalltag mit Computerarbeiten wieder durch freiwillige Helfer wie Roy, Harald und Babette, die hochschwanger bis kurz vor der Entbindung noch Bücher am Computer eingab.... Inzwischen ist Tommi ein junger Mann, und meine Familie ist leider schon lange nicht mehr involviert. Neben dem Systematisieren und Verbarcoden sollten die Bücher auch verschlagwortet werden, womit sich Michael Kharritonow, schon lange gewissermaßen zur Bibliothek gehörend, eine ganze Weile beschäftigte. Wer macht das heute?

Fürs Bitten um Bücherspenden boten sich natürlich die Buchmessen in Frankfurt an, wo ich mit vorbereiteten Wunschlisten und Flyern entsprechende Verlage ansprach und in den meisten Fällen Verständnis fand. Einmal waren es so viele neue geschenkte Bücher, daß ich mit einer kleinen Präsentation in der Bibliothek angeben konnte. Zusammengerechnet sparten wir ca. 3.000 Euro, die ich „erbettelt" hatte. Ich glaube, das funktioniert heute kaum noch.

Praktikanten, über die Herr Dahnert seit Jahren verfügen kann, waren zu meiner Zeit, also bis 2004, selten. Ehrenamtliche oder mal aus speziellen Projektmitteln durch die Bundesstiftung bezahlte Helfer haben einen großen Beitrag geleistet, war doch die Bibliothek räumlich um das 10fache größer geworden, die Zahl der Bücher immens gestiegen, dafür aber statt zwei fester Stellen nur noch eine bezahlte Stelle und statt der institutionellen Förderung nun (auch das noch nach der Gerichtsentscheidung mit Hindernissen) nur eine jährlich zu beantragende Projektförderung in viel geringerem Umfang. Das sollte uns aber nicht entmutigen.

Das Rettende war immer wieder der unbedingte **Durchhaltewillen von uns Hardlinern:**

„Damit das Mögliche entsteht, muß immer wieder das Unmögliche versucht werden", ermutigt Hermann Hesse.

Wenn ich nicht Rolf Leonhard über all die politisch wie finanziell komplizierten Jahre als getreuen Schatzmeister und Profibuchhalter an meiner Seite gehabt hätte, auch wenn er oft vor Verzweiflung die Hände über dem Kopf zusammenschlug – in gleicher Angst vor meiner Waghalsigkeit wie mein Mann – hätte ich es schwerlich geschafft. Auch ohne Dr. Steudel, nein, wär es nicht gegangen. Sein grenzenloses Vertrauen und Durchstehvermögen gaben mir immer Mut, weiter zu kämpfen. Nachdem er durch Dirk Jungnickel als Stellvertreter abgelöst wurde, blieb er doch über Jahre als Kassenprüfer im Verein, unterstützt durch den ebenso treuen Mitstreiter Herrn Reinhard Klaus, der sich verdienstvollerweise um die Gedenkstätte Sachsenhausen und deren Wahrnehmung in der Öffentlichkeit kümmert – ganz im Sinne der unermüdlichen Gisela Gneist.

Hoher Besuch: Gerhard Löwenthal (†) neben Gisela Gneist (†)

Das Lessinghaus

Seit über einem Jahr können wir mit etwas Besonderem in der Gedenkbibliothek Staat machen, weshalb ich ein wenig ausholen und Anschluß finden muß, was das Lessinghaus betrifft.

Dieses schmale erkergeschmückte sogenannte Lessinghaus, in dem Lessing zwischen 1772 und 1775 in Stube und Küche wohnte, ging nach dem Auf und einem nicht näher zu beschreibenden Ab mit dem damaligen Untermieter Herrn Klaus Hoffmann nach Jahren endgültig in den Mietvertrag der Bibliothek über. So konnte ich nun meinen lange schon gehegten Traum, eine Ausstellung zu Lessing und seinen Gedanken zur Erziehung des Menschengeschlechts, realisieren, was ich in Beziehung zur gefährlichen Ideologie des Kommunismus setzen wollte. Aber ohne Finanzen?

Frau Gloria (†) und Herr Dr. Bernd Mossner (†) mit freudiger Nachricht

GEDENKBIBLIOTHEK
zu Ehren der Opfer des Kommunismus

DAUERAUSSTELLUNGEN
IM LESSING-HAUS
der Gedenkbibliothek

FREIHEIT UND TOLERANZ

UTOPIE UND TERROR

FREIHEIT UND TOLERANZ

UTOPIE UND TERROR

Ich nahm Kontakt auf zum Lessingmuseum in Kamenz, traf dort auf Verständnis und bekam einige Tafeln zu Leben und Werk Lessings aus ihrem Fundus. Nach dem plötzlichen Tod des damaligen Direktors und trotz einiger Unterstützer wie dem Bürgermeister von Kamenz ist das Projekt leider an für uns unerfüllbaren Forderungen und Auflagen durch die Nachfolgerin „gestorben". Also mußten wir nach einer anderen eigenen Lösung suchen, aus diesem historischen Kleinod etwas Anziehendes zu machen.

Nach einem Vortrag der Salzburger Rachmanowa-Kennerin und Psychologin Frau Dr. Ilse Stahr am 15. April 2008 „Lieber leben in der Fremde als sterben in der Heimat", die mir Frau Gloria Mossner, eine noch ausführlich zu ehrende Förderin, vermittelt hatte, bekam ich tags darauf im privaten Gespräch mit ihr bei mir zuhause die erleuchtende Idee: die leider heute in Deutschland unbekannte **Alja Rachmanowa** neben dem bekannten **Alexander Solschenizyn** als Schriftsteller-Phänomene unter dem Motto: UTOPIE UND TERROR in einer Ausstellung im Lessinghaus zu präsentieren. Mit dieser Idee begeisterten wir Frau Mossner, die uns dann ihrerseits neben finanzieller Unterstützung ihr gesammeltes Material zu Alja Rachmanowa übereignete. Aber auch Siegmar Faust konnte ich für dieses Projekt gewinnen, der Solschenizyn „übernahm", Frau Dr. Stahr die A. R. und ich schriftliche Zeugnisse aus frühen Publikationen zur kommunistischen Utopie und ihrem Ausgang im Terror.

In Siegmars Wohnung rauchten unsere Köpfe über Bücherschätzen, die zum Teil durch ihr Erscheinungsdatum authentisch die Kehrseite der heilsversprechenden Ideologie beleuchteten. Wir sammelten Informationen und Aussagen von und zu Solschenizyn und früheren Zeitzeugen-Opfern.

Der Solschenizyn-Raum im 1.Stock des Lessinghauses gehörte demnach Siegmar Faust zwecks Gestaltung, die 2 Räume im 2. Stock Frau Dr. Stahr mit Informationen zu Leben und Werk Alja Rachmanowas, und ich bestückte das Treppenhaus mit Tafeln, die von dem Grafiker und Künstler Diethelm Worner, einem Verwandten des befreundeten Ehepaares Klein aus Darmstadt, gestaltete Ausstellung komplettierten.

Das Gesamtkunstwerk als Krone der Bibliothek feierten wir im **Juli 2009** mit Vorträgen von Frau Mossner, Frau Dr. Stahr, Herrn Faust und mir. Nur Bücherregale mit Bücherrücken, meinte ich, sind nicht anschaulich genug, wenn man auch junge Menschen für Zeitgeschichte interessieren möchte. Ich hatte immer etwas Gegenständliches im Kopf wie zeitweise mal ein Gulag-Modell. Nun konnten wir aber etwas Dauerhaftes anbieten, wenn es sich auch nur um eine kleine Ausstellung handelte. Größer ist das Haus eben nicht. So eng und bescheiden waren die Wohnverhältnisse hier im Nikolaiviertel vor über 200 Jahren.

Weil sich die Tafeln im Treppenhaus nicht bequem lesen ließen und die Ausstellung überhaupt viel Text zeigte, entschlossen wir uns noch zu einem Katalog, der einen Fotorundgang plus Texte bietet. Finanziell sind wir den beiden Rachmanowa-Verehrerinnen dankbar, denn wir beanspruchten keine öffentlichen Mittel.

Wer war Alja Rachmanowa?

Ja, in der Tat hat die Bibliothek an Räumen und Büchern zugelegt, aber auch am Wirkungskreis und an ihren Funktionen. Eines Tages besuchte mich eine Familie aus Zürich, die sich gegenseitig zu dritt vor Freude überboten, endlich die vom Wasseranschlag heimgesuchte Gedenkbibliothek, von dem sie in den „Zeitfragen" gelesen hatten, gefunden zu haben. Dem antikommunistischen Auftrag der Bibliothek galt ihre ganze Bewunderung. Und ich erfuhr bald warum. Wir überschlugen uns zu viert in diesem Gespräch durch unser aller Mitteilungsbedürfnis. Frau Gloria Mossner war eine große Bewunderin einer russischen in Österreich und in der Schweiz gelebt habenden Schriftstellerin, zu der mir ihre Liebe zu ihr durch sie ab Stunde eingeimpft worden war. Ihr Mann, Dr. Bernd Mossner, und ihr erwachsener künstlerisch und erfinderisch tätiger Sohn überschlugen sich in Komplimenten für die Rachmanowa-Verehrerin geradezu bewundernswert, wie die beiden die Ehefrau und Mama beneidenswert achteten für das, was sie alles unternahm, um diese große Aufklärerin bekannt zu machen, diese Alja Rachmanowa, der heute ein Denkmal in unserer Bibliothek gesetzt ist. Übrigens der Rechtsanwalt Dr. Bernd Mossner ist ein Nachfahre des großen Walter Rathenau, was natürlich auch oft in unseren künftigen persönlichen Begegnungen wie z.B. hin und wieder zum Frühstück im Hilton am Gendarmenmarkt, wo sie bei ihren Berlinbesuchen wohnten, Thema war. Dem Ehepaar Mossner hab ich mit der Bibliothek viel zu verdanken. Sie unterstützten großzügig die 1. Ausstellung in den Räumen des Lessinghauses zum Leben und Werk Alja Rachmanowas, basierend auf dem Teilnachlaß der anderen - bereits erwähnten - Verehrerin und Biographin des Buches „Das Leben der Milchfrau von Ottakring" Dr. Ilse Stahr aus Salzburg.

Die Gespräche mit Frau Gloria Mossner bei Kaffee und Kuchen in der Sofaecke unserer Bibliothek sowie beim Mittagessen im von ihr bevorzugten „Paddenwirt" nebenan sind mir in lieber und lebendiger Erinnerung. Und sie hatte viel zu erzählen über ihre Familien oft mit Bezug zu bekannten Persönlichkeiten. So ging es einmal um den engen Kontakt zu Michael Mann mit Frido, den ich gerade mit seiner Lesung in Friedrichshagen erlebt hatte, um die Pianistinnen-Mütter des Ehepaars Mossner und immer wieder um Alja Rachmanowa, die gewissermaßen das wunderbare „Ergebnis" unserer liebevollen Bekanntschaft in Form einer noch ausführlich zu beschreibenden Ausstellung ist. Eine russische Schriftstellerin, die in Deutschland seit Ende der 30er Jahre nach vorherigem großen Bekanntheitsgrad durch Auftretungsverbot und Hinauswurf aus der Reichsschriftkammer in Vergessenheit geraten war, um ihr nun in unserer Gedenkbibliothek zu Ehren der Opfer des Kommunismus als Aufklärerin des Bolschewismus wieder eine Stimme zu geben.

Nur in Wien und in der Schweiz, wo sie mit ihrem Mann, dem aus Österreich stammenden und im 1. Weltkrieg in der Sowjetunion festgehaltenen Wissenschaftler Dr. Arnulf von Hoyer seit der Ausweisung 1927 lebte, ist sie bekannt durch ihre vielen Monographien und in Wien vor allem durch ihren Roman „Milchfrau von Ottakring", der die mittellose schwere Zeit des jungen Ehepaars nach ihrer Ankunft mit ihrem kleinen Jurka in Wien beschreibt.

GEDENKEN?
               WESSEN DENN?

- 1931 Studenten, Liebe, Tscheka und Tod
- 1932 Ehen im roten Sturm
- 1933 Milchfrau in Ottakring
- 1933 Geheimnisse um Götzen und Tataren
- 1934 Die Fabrik des neuen Menschen
- 1937 Tragödie einer Liebe
- 1938 Jurka, Tagebuch einer Mutter
- 1940 Wera Federowna
- 1946 Einer von vielen
- 1947 Das Leben eines großen Sünders
- 1950 Sonja Kowalewski
- 1951 Jurka erlebt Wien
- 1952 Die Liebe eines Lebens
- 1954 **Die falsche Zarin**
- 1957 Im Schatten des Zarenhofes
- 1961 Ein kurzer Tag
- 1963 Tiere begleiten mein Leben
- 1964 Die Verbannten
- 1972 Tschaikowskij

J.S.

WAS MACHST DU MIT SO VIELEN RACHMANOWA - BÜCHERN?

ICH WERFE EIN LICHT AUF SIE!

Aufgrund von Kontakten ins Bundeskanzlerbüro schickte ich diesen Wien beschreibenden Roman neben der Biographie Alja Rachmanowas auch Informationen über unsere Bibliothek samt Ausstellung an den Bundeskanzler Herrn Sebastian Kurz, was mit großem Dank beantwortet wurde.

Für uns als antikommunistische Bibliothek geht es aber vor allem um den Aufklärungsroman „Die Fabrik des neuen Menschen".

Auch dieses wie alle anderen 19 Bücher hat ihr Mann ins Deutsche übersetzt, beginnend mit den in 3 Bänden erschienenen „Russischen Tagebüchern": 1. Band: „Studenten, Liebe, Tscheka und Tod", 2. Band: „Ehen im Roten Sturm" und 3. Band: „Milchfrau von Ottakring".

Aus Angst vor dem KGB hat das Ehepaar alle russischen Manuskripte, die Alja Rachmanowa heimlich unter die wissenschaftlichen Arbeiten ihres Mannes bei der Aussiedlung als tedradi geschmuggelt hatte, nach dem Übersetzen vernichtet. Welch ein Phänomen in der Literaturgeschichte, daß es kein Werk dieser russischen Schriftstellerin in Russisch gibt, daß kein Russe dieses aufklärende Zeitzeugendokument über die Bürgerkriege mit Terror und Gewalt der Bolschewiken und deren Zwang, Macht über die Köpfe der Menschen zu bekommen, je hat lesen können. Faszinierend, wie sie als junge Psychologin schon zu Beginn der 20er Jahre diese Utopie mit ihren menschenverachtenden Folgen durchschaut hat. Zusammengefaßt im Roman „Fabrik des neuen Menschen" sah ich darin ein Schlüsselwerk für unsere politische Bibliothek und die bereits angeführte Ausstellung, in der sich - ein weiteres Phänomen – die erste und einzige Rückübersetzung dieses Buches befindet.

Rückübersetzung aus dem Deutschen ins Russische

Wie kam es dazu?

Frau Mossner erzählte mir des öfteren, was sie alles unternommen hatte, und darüber geben ihre uns vererbten Aktenordner mit regem Schriftwechsel Auskunft, um eine Rückübersetzung der „Russischen Tagebücher" zu erwirken. Vergebens. So überlegte ich mit ihr, was zu tun wär. Glaubt man nun an Zufall oder Schicksal? Eines Tages bekam ich ein Angebot besonderer Art von einem ehemaligen politischen Häftling der frühen SBZ-Zeit (mit 9 Jahren Zuchthaus!). Herr Adermann wollte der Gedenkbibliothek, die ihm durch einige Besuche aus Westfalen bekannt war und die ihm politische Heimat bedeutete, eine größere Spende zukommen lassen und lud mich zu einem Gespräch in sein Seniorenheim hier in Berlin ein. Neben einer Geldspende wollte er mir für die Bibliothek seine Aufzeichnungen vor allem zur Haft anvertrauen. Als ich die Summe hörte, bot ich ihm an, sein Manuskript zu bearbeiten und drucken zu lassen. Danach würde immer noch eine Summe übrigbleiben, für die ich ihm einen Verwendungsvorschlag unterbreitete. Wie großartig, wenn wir die „Fabrik des neuen Menschen" rückübersetzen lassen würden. Ich faszinierte ihn sowohl mit dem Inhalt des Romans wie mit meiner Übersetzungsabsicht. Ich wußte, wen ich fragen könnte. Irina Bitter, eine junge mit mir befreundete Slawistin, war wie ich begeistert von dieser Aufgabe. Zwei parallel laufende Projekte drängten zeitlich und nahmen uns voll in Anspruch, war doch Herr Adermann nicht mehr gesund und jung genug, lange auf die Ergebnisse zu warten. Es war kein leichtes Unterfangen, aus den oft unchronologischen Aufzeichnungsteilen ein Ganzes zu machen, dem ich den Titel gab, den der Autor auch passend fand: „Fußballplatz – Kriegsschauplatz – Pritschenplatz". Herr Detlef Stein, der den Druck übernommen hatte, nannte ihm das Erscheinungsdatum. An einem Donnerstag vor Weihnachten wollte er ihm die Bücher bringen, damit sie Herr Adermann noch von seinem Neffen signieren lassen könnte vor dem Verschicken. Sein Krankheitszustand hatte sich im Laufe der letzten Zeit ziemlich verschlechtert. Da die Druckerei 3 Tage früher lieferte, brachte Herr Stein die Bücherpakete früher als verabredet zu ihm. Der alte Herr ließ sie signieren und starb an dem verabredeten Tag. Schicksal? Der Endgültige hatte gewartet, bis Herr Adermann sein Lebenswerk in der Hand hielt.

Ein Häftlingsschicksal wie es zahllose dokumentiert in unseren Regalen gibt. Ein Unrechtsregime mit seiner menschenverachtenden Ideologie hat darin seine Spuren für immer hinterlassen. Mit unserer kleinen Gedenkbibliothek gedenken wir der Opfer und Widerständler dieses Systems.

Das ewige **Stirb und Werde**: der Mensch starb, sein Werk wurde …. Und daneben wurde noch ein zweites: die erste und einzige Rückübersetzung dieses bis heute gültigen Aufklärungswerkes, womit sich Frau Irina Bitter zumindest bei uns in der Bibliothek verewigt hat. Für uns hat es mehr einen Symbolwert, wichtiger wäre die Verbreitung in Rußland, aber das übersteigt unsere Kräfte.

Weshalb wir Alja Rachmanowa mit ihrem Leben und Werk in unserer Ausstellung neben Alexander Solschenizyn präsentieren hat zwei Gründe: zum einen ist Solschenizyn natürlich der bekanntere, der Anziehungspunkt. Zum anderen ist historisch verbürgt, daß sich beide 1974 in Zürich nach Solschenizyns Ausbürgerung begegnet wären, wenn Alja Rachmanowa nicht noch bis in die 70er Jahre hinein Angst vor den KGB-Häschern gehabt hätte. Beide waren zutiefst religiös und von dem unabdingbaren MUSS getrieben: aufzuklären über das Verbrechen am Individuum wie an der Gesellschaft durch Kontrolle des Denkens und Indoktrinierens bis hin zur Gewalt über die Köpfe der produzierten neuen Menschen mit dem bolschewistischen Machbarkeitswahn, der sich heute vielleicht durch Gleichmachungswahn ersetzen läßt. Spricht man heute nicht gar von einer neuen Welt?

Die „Fabrik des neuen Menschen" steht neben dem „Archipel Gulag".

Diesem deutschsprachigen Buch stellen wir nicht nur sein russisches Pendant an die Seite, sondern noch eine **Szenische Lesung**, die ich aus dem 400-Seiten-Roman zusammenstellte und als ganz besonderes Überraschungs-Dankeschön an das Ehepaar Mossner von 10 Vorlesenden auf unserer Kellerbühne aufführen ließ. Als ich für die einzelnen Hauptfiguren mir in Frage kommende Freunde aussuchte und sie fragte, bekam ich von allen eine freudige Zustimmung.

Und nur nach einer Probe begeisterte die zweieinhalb stündige Vorführung auch alle anderen geladenen Gäste neben den Beschenkten. Ich meine, sie eignete sich auch für Schauspielstudenten, nicht nur des Konzepts wegen, sondern auch wegen der noch bis auf den heutigen Tag gültigen Aussagen unter historisch-politischem wie psychologischem Gesichtspunkt. Diese Bürgerkriegsbeschreibung ist zugleich eine Mahnung für die noch heute von der kommunistischen Idee Träumenden. Über die Zerstörung aller bürgerlichen und christlichen Werte, alles Geistlichen und Geistigen politisch wie psychologisch aufzuklären sowie das Faszinosum einer „gerechten klassenlosen Gesellschaft" zu entzaubern - das war das Credo dieser zutiefst gläubigen mahnenden Russin.

Eine großartige Lesung mit Thomas Dahnert, Heiner Sylvester, Irina Bitter, Siegmar Faust, Carmen Bärwaldt, Ilsabe Müller, Martin Walter, Ulrike Rose, Katharina Wormsbecher

"Hardliner" Siegmar Faust

Wenn ich von Hardlinern spreche, steht an erster Stelle Siegmar Faust fast von Anbeginn an, nur mit Unterbrechungen durch seine Tätigkeit in Dresden bzw. sein Studium in Würzburg.

Wie ein roter Faden durch die erste Lebenshälfte der Bibliothek zieht sich der Name desjenigen, mit dem ich so manche Schlacht geschlagen und gewonnen habe, der der Gedenkbibliothek durch sein Schicksal einen Stempel aufgedrückt hat. Ob in Vorstandsfunktion oder als ABMer, als Organisierer der bereits erwähnten Rotschocktouren, als Vortragsredner, als streitbarer Gesprächspartner und einfach als Freund – in jeder Rolle spielte Siegmar Faust in der Bibliothek eine wichtige Rolle.

So manchen außergewöhnlichen Gast brachte er in die Gedenkbibliothek, so auch eines Tages Günter Schabowski, der vor ihm symbolisch als vor allen Opfern niederkniete. Das war schon bewegend. „Sonnenfinsternis" von Arthur Koestler, sagte er uns, sei sein Schlüsselerlebnis gewesen. Sie beide, der eine mit dem Blick als Gestalter von oben auf die DDR-Geschichte mit dem real existierenden Sozialismus und der andere von unten aus der Perspektive dessen, der die Geschichte erleiden mußte.

„Na Hans Eberhard?" fragt sein Knastbruder Siegmar Faust (rechts)

Und ich möchte den, der sie über 400 Tage in Kellereinzelhaft überlebt hat, hier in dieser Geschichte mit einem Gedicht „verewigen", weil es mich beim ersten Mal Hören so sehr berührte und ich es nie vergaß.

>UNSERE TÄGLICHE NOT GIB UNS HEUTE
>„Sie ließen ein Brot auf dem Tisch
>halb verbrannt, halb weiß,
>mit angebrochener, offener Kruste."
>(Gabriele Mistral)

>„O nein
>sie lassen mich nicht verhungern
>sie decken mir den tisch
>sie honorieren meine gebete

sie beantworten meine ansprüche mit brot
sie beweisen ihre über – macht
sie stopfen mein loses maul

ich aber bin satt
habs restlos satt in dieser klebrigen zeit
ich verachte diesen heiligen teig der
täglichen zwänge und lügen

o herr
friß dein alltägliches brot allein
ich möchte es nicht teilen mit denen
die mich mit brot schikanieren

o brot
ich ergebe mich nicht
weder dir noch deinen bäckern
dich laß ich vertrocknen
mich laß ich verhungern

du herzloses brot
jetzt schweigst du mich an
so hart
so steinerweichend
daß ich nicht länger sterben mag."

Heute in der 2. Lebenshälfte dieses unseres gemeinsamen Zuhauses unter der Organisationshoheit des jetzigen Bibliotheksleiters sitzen Siegmar Faust und ich im Publikum – zwar in der 1. Reihe – und verfolgen die Vorträge als interessierte Gäste oder manchmal Ideengeber. Bemühungen um kluge Umsetzung unseres bildungspolitischen wie des sozialen Auftrages im Geiste des vielbeschworenen antitotalitären Konsenses sind Grundlage und Leitfaden für uns alle im Vorstand wie im Verein schlechthin bei verständnisvollem Miteinander.

Viele Ideen und Projekte haben wir im Einklang realisiert auch mit Gerhard Ehlert, einem mehrmals gewählten Vorstandsmitglied, der mir stets das Gefühl gab, hinter meinen Entscheidungen zu stehen im Wissen, daß ich als Gründer und Geschäftsführer immer zum Guten und Besten der Bibliothek handeln würde anders als es Wolfgang Templin mal im Stacheldraht veröffentlichen ließ, daß ich der Bibliothek schaden würde und deshalb unbedingt zu „entfernen" sei.

Nie wieder seit den damaligen Störungen und Diffamierungen durch die bereits erwähnten drei Bürgerrechtler herrschte Unfrieden. Jeder bringt seit Vereinsfrieden konstruktiv seine Vorschläge auf Mitgliederversammlungen oder Vorstandswahlen ein, personelle wie sachbezogene. Und so konnte wirklich in den letzten Jahren viel zu Bestaunendes erreicht werden. Dazu später ausführlich.

Weiterhin Frieden im Vorstand

Nur noch zur Vervollständigung ein Blick auf die heutige Zusammensetzung des Vorstands: an meiner Seite als Vorsitzende Geschäftsführerin stehen Ulrike Rose, verantwortlich u.a. für die Veranstaltungsrezensionen, und Friedhelm Reis, der als unser Vertreter in der Öffentlichkeit durch seine Präsentationen seines Buches zur Geschichte Berlins viel Publikum erreicht. Meinen großen Dank an unseren langjährigen Schatzmeister Stefan Drechsel, der mich aller finanziellen Überlegungen und Entscheidungen, die er vor allem gemeinsam mit dem Bibliotheksleiter Herrn Dahnert trifft, entbindet, möchte ich hiermit öffentlich machen.

Frau Fanna Kolarova - als Vorgängerin von Frau Ulrike Rose – gab ihren Vorstandsposten auf, nachdem sie auf einer Viertelstelle in der Bibliothek für Grafik- und Archivarbeiten verantwortlich ist. Die andere Hälfte der halben Stelle, die ich vor einigen Jahren mit viel Mühe und Bittstellerei beim Landesbeauftragten erkämpft hatte, ist durch

Herrn Martin Walter besetzt. Beiden sind ihre Aufgaben und Aktivitäten wie auf den Leib geschnitten. Herr Walter pflegt das Zeitungsartikelarchiv, das ich von Anfang an für nötig erachtete, womit ich heute im Wikipedia-Zeitalter nicht immer auf Verständnis stoße, aber trotzdem… Es gibt auch gute Gründe für diese themengebundene Sammlung.

Noch einen umfangreichen Archivschatz besitzen wir mit den unzähligen Fernsehmitschnitten von einer ehemaligen Sachsenhausenerin aus den frühen Jahren der Bibliothek, die seit einiger Zeit von Frau Kolarova digitalisiert werden, und mit den alten Tonbandaufzeichnungen sowie mit unseren heutigen Videoaufzeichnungen der Vorträge durch Frau Margarita Stein.

Reinhard Klaus, Fanna Kolarova, Dr. Heinz Steudel, U. P., Stefan Drechsel

Ulrike Rose auf einer feierlichen Vortragsveranstaltung

Der Chef des Hauses mit Fanna Kolarova und einer Praktikantin aus New York

Eh ich noch etwas zur Ausstellungsgeschichte sage, muß ich zu meinem **Schicksalsjahr 2003** zurückkehren, in dem mein einleitendes Kurzmärchen endete.

Mein Mann ging im November 2003 von uns, und ich zog mich zurück in Trauer und ins Alleingelassensein. Damit wollte ich die Geschichte der Gedenkbibliothek eigentlich beenden und ihr zweites Leben zu beschreiben dem überlassen, der sich nun seither täglich um sie kümmert.

Beim Schreiben merkte ich aber, wie unmöglich das ist, weil die beiden Lebenshälften zu eng miteinander verknüpft sind und sich schwerlich nur chronologisch einteilen lassen.

War es eine Schicksalsfügung, daß Herr Schacht und Sigmar Faust ihren Freund zu mir schickten? Wir lernten uns kennen und schätzen, Herr Dahnert und ich, beantragten eine halbjährige ABM-Stelle, die aber im Anschluß die Gewähr einer Festanstellung verlangte, was nun von mir erforderte, diese aufzugeben und in Frührente zu gehen.

Das Bibliotheksduo U. P. und Thomas Dahnert

Natürlich war das ein ernster Entschluß, sein halbwüchsiges Kind in andere Obhut zu geben, aber ich blieb ja immer erreichbar und schaute und schau mit Anerkennung dem Heranwachsen und Erwachsenwerden zu.

Gemeinsam feierten wir inzwischen den 20. und den 25. Geburtstag der Gedenkbibliothek.

UNSERE HEUTIGE AUSSTELLUNG

Eh ich versuche, die Aufklärungsabsicht unserer beiden Dauerausstellungen **UTOPIE und TERROR / FREIHEIT und TOLERANZ** als ein Gesamtwerk zu verdeutlichen, möchte ich noch ein paar Worte zur Vorgeschichte sagen, gewissermaßen als Nachgeschichte der von mir beschriebenen Ausstellung zu Rachmanowa und Solschenizyn im Lessinghaus.

Vor Weihnachten 2019 tüftelten Herr Stein und ich an einer möglichen Variante, doch noch dem Lessinghaus mit Lessing gerecht zu werden, denn die Zwischenlösung mit der Präsentation der Ringparabel und den Tafeln zu Leben und Werk Lessings und Mendelssohns in einem der Bibliotheksräume mit dem auch dort untergebrachten Tresen als Abendkasse für unser Kellertheater, auf das ich noch zu sprechen komme, und das eigentliche Bibliotheksthema im Lessinghaus war unlogisch und ließ uns nicht in Ruhe.

Wir mußten irgendwie das Problem lösen: die **Lessingausstellung** ins **Lessinghaus** und die **Solschenizyn/Rachmanowa-Ausstellung** in den entsprechenden **Raum der Gedenkbibliothek**!

Ein Durchgangsraum aber mit 4 Türen und 2 Fenstern bot knappen Platz für all die Tafeln aus drei kleinen Räumen und einem ganzen Treppenhaus – wie sollte das gehen? Ich konnte nicht mehr schlafen, bis mir eine ideale Lösung einfiel, aus Bücherregalen eine Art Pyramide zu bauen und mitten in den Raum zu stellen. Um nichts zu kaufen, eh ohne Geld, nahmen wir zwei vorhandene, die erst ausgeräumt werden mußten (aber wohin mit den Büchern?) Regale, stellten sie umgedreht schräg gegeneinander, befestigten sie und verhüllten sie mit vorhandenem roten Stoff, auf den wir die leichten Tafeln aus dem Treppenhaus mit der Dokumentation des Terrors anbrachten, beginnend unter Lenins Konterfei bis zu Demonstrationen von Stalins Säuberungen.

Darüber unter der Decke erschrecken große Fototafeln mit Gewaltbildern der Tscheka. An den beiden Längswänden kann sich der Besucher jeweils über **Alja Rachmanowa** auf der einen und **Alexander Solschenizyn** auf der anderen Seite informieren. Die Hingucker sind Großaufnahmen vor zwei Türen und Fensterbilder mit beider Porträts. Durch unsere schwarze Ledersitzgarnitur, die meine fleißigen Helfer Laila und Luca mit ihren Freunden während ihres Vorweihnachtseinsatzes von oben aus dem Lessinghaus schleppten, und durch Glasvitrinen mit Werken beider Autoren bekam der Raum ein Gesicht und bietet allen vorhanden gewesenen Informationstafeln und Bildern überschaubaren Platz. Daß ich mich beim Beschreiben der euphorischen Stimmung, die Herrn Stein und mich anfeuerte, wieder euphorisch fühle, kann nur verstehen, der uns über all die Jahre begleitete oder der sich jetzt beim Lesen von der Euphorie anstecken läßt.

Da das **Lessinghaus** mit seinen 3 kleinen Räumen und dem Treppenhaus von meinen fleißigen Helfern leer geräumt war, konnte es nun seiner eigentlichen Bestimmung nach eingerichtet werden. Unsere durch Frau Kolarova und ihrem „Grafiker-Sohn" ansprechend gestaltete **Ringparabel** schmückt eine Wand entlang der Treppe, wozu weiter nach oben als Fortsetzung der Lessingschen Glaubensgegenüberstellung Chaim Nolls Glaubensanalysen zum Nachdenken anregen sollen.

> *„... Als Europäer stehen wir im Bann von Lessings berühmter Ring-Parabel, welche die drei monotheistischen Konzepte Judentum, Christentum und Islam drei einander zum Verwechseln ähnlichen Ringen vergleicht und in dieser Metapher die tiefen Gegensätze und Widersprüche zwischen ihnen zu relativieren sucht. Da sie alle drei einander zum Verwechseln ähnlich sind, so die Logik der Ring-Parabel, könne es sich bei den in ihrem Namen ausgefochtenen Konflikten und Kriegen nur um Mißverständnisse handeln, die durch geistigen Austausch, Aufklärung und Toleranz zu überwinden sind...."*

Aber das ist nur ein Auszug seiner Analyse an der repräsentativen Wand.

Daneben in Bann ziehend: ein wunderbares großes Bild **Ulrich Schachts** in seinem schwedischen Zuhause-Wald und den Sätzen von ihm :

> *„Quelle der Freiheit. Gott entläßt mich, ausgestattet mit dem Spiel-Raum meines Lebens, in die Freiheit seines Seins. Der Freiheits-Sinn meines Lebens liegt also nicht vor, er steht hinter mir. Ich kann ihn nicht erreichen wie ein selbstgestecktes Ziel; aber ich kann von ihm ausgehen wie von einem immer währenden Grund."*

Den ersten Raum schmücken eine von Vera Lengsfeld, unserem Ehrenmitglied, gestiftete Lessingbüste zwischen den beiden Fenstern mit je durchsichtigen Porträts von **Lessing und Mendelssohn** und rechts und links an den Wänden große Übersichtstafeln zu ihrer beider Leben und Werk. Ein Schreibtisch und ein Sofa geben dem Raum ein gewisses Flair. An dieser Stelle gilt mein besonderer Dank einem relativ neuen Vereinsmitglied, Herrn Michael von Hauff (Foto), der durch seine Großzügigkeit auf immer Spuren in der Ausstellung hinterlassen hat.

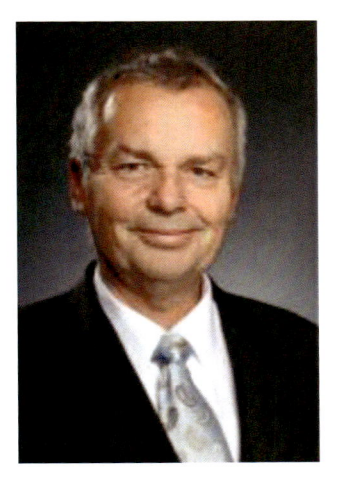

Die oberen beiden Räume übernahm Herr Stein in ihrer inhaltlichen und gegenständlichen Gestaltung zur – etwas eingeschränkt – **Berliner Aufklärung,** die durch schöne Antiquitäten eine anheimelnde Atmosphäre schaffen. Damit ist das Lessinghaus jetzt ein vorzeigbares Kleinod geworden und möge - wenn die Zeit von Corona längst Vergangenheit sein wird, von Berlintouristen und Literaturinteressierten besucht werden. Es lohnt!

Nun noch ein Wort zu dem, was unsere beiden Ausstellungen in ihrer **Gegenüberstellung** bzw. durch ihre Gegenüberstellung so einmalig machen und was ich von Anfang an beabsichtigte in:

FREIHEIT UND TOLERANZ: die Aufklärungsgedanken Lessings im philosophischen Gespräch mit dem Vorbild Moses Mendelssohn für seinen Nathan zur Erziehung des Menschengeschlechts mit Liebe und Demut abzubilden:

> *„... und sie wird kommen ... die Zeit der Vollendung, da der Mensch... das Gute tun wird, weil es das Gute ist..."*

> *„Nicht die Wahrheit, in der irgendein Mensch ist oder zu sein vermeint, sondern die aufrichtige Mühe, die er angewandt hat, hinter die Wahrheit zu kommen, macht den Wert des Menschen. Denn nicht durch den Besitz, sondern durch die Nachforschung der Wahrheit erweitern sich seine Kräfte, worin allein seine immer wachsende Vollkommenheit besteht. Der Besitz macht ruhig, träge, stolz. Wenn Gott in seiner Rechten alle Wahrheit und in seiner Linken den einzigen immer regen Trieb nach Wahrheit, obschon mit dem Zusatze, mich immer und ewig zu irren, verschlossen hielt, und spräche zu mir: Wähle!, ich fiele ihm mit Demut in seine Linke und sagte: Vater, gib! Die reine Wahrheit ist ja doch nur für dich allein!"*

Und in **UTOPIE UND TERROR** im Bibliotheksraum versuchen wir neben dem Wahrheits- den Machbarkeitswahn des Menschen „ohne Hilfe von oben" als die „Fabrik des neuen Menschen durch Terror und Gewalt" darzustellen.

„Die Ideologie! Sie ist es, die der bösen Tat die gesuchte Rechtfertigung und dem Bösewicht die nötige zähe Härte gibt", sagt Solschenizyn.

Auf einige Aussagen von Utopisten folgen Zeugnisse von Gewalt in Wort und Bildern. *„Jeder, der Gewalt zu seiner Methode gemacht hat, muß zwangsläufig die Lüge zu seinem Prinzip erwählen."* Aus seinem Hauptwerk „Archipel Gulag".

Alja Rachmanowas für unsere Gedenkbibliothek wichtigstes Buch ist „Die Fabrik des neuen Menschen", aus dem vieles Mahnung ist für die in der Demokratie Schlafenden, weil sie in der Diktatur aufwachen könnten.

Tafel aus der Ausstellung

„Das Leben fängt dort an, wo das Suchen nach der Wahrheit beginnt, und es hört dort auf, wo das Suchen nach der Wahrheit endet." Wie zeitlos diese einfache Aussage dieser frühen Aufklärerin über die menschenverachtende täuschende Ideologie des Kommunismus!

Noch zu einigen praktischen Hindernissen, die wir bei der Umsetzung der Ausstellungsidee überwinden mußten und woran sie zu scheitern drohte.

Unser Ausstellungsflyer:

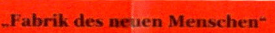

Im jetzigen Solschenizyn/Rachmanowa-Raum stand, wie gesagt, neben Bücherregalen der Tresen für die Abendkasse des Kellertheaters, das ich noch beschreiben werde, und er war natürlich auch das Entree für die Theatergäste, die sich nun im kleinen Eingang ins Lessinghaus drängeln müssen, was fast zum Bruch mit den Theaterleuten geführt hätte. Aber mit Vernunft und guten Argumenten geht auch das. Dieses Eingangsräumchen im schmalen historisch anmutenden Lesssinghaus sieht gut aus und ist zugleich die Bücherstube, in der Herr Stein die Publikationen seiner drei Verlage zum Thema Berlin und Aufklärung einerseits und zur Kommunismusaufklärung in Osteuropa andererseits anbietet.

Außerdem ist es auch Herrn Walters Arbeitsplatz neben seinem im Archivraum, wo unsere unzähligen Ordner mit Zeitungsartikeln zu ausgewählten Themen, vor allem mit Rezensionen von unserer Thematik entsprechenden Büchern untergebracht sind. An den Anwesenheitstagen von Frau Kolarova ist es ihr Platz, um Besuchern die Ausstellung zu präsentieren. Zur jährlichen Historiale und zu anderen besonderen Anlässen betreut Herr Stein seine Bücherstube selbst.

Mit dieser Ausstellung haben wir etwas Einmaliges und Originelles anzubieten. Lessing im Lessinghaus – das ist mehr als besonders, nichts Vergleichbares bietet Berlin, daneben antikommunistische Zeugnisse in unserer antikommunistischen Gedenkbibliothek!

Rundgang durch das Lessinghaus mit Margarita Stein

Mitarbeiterin des ANTHEA VERLAGES

Wir hoffen, mit dieser Ausstellung dem Nikolaiviertel eine kulturelle und politisch-philosophische Note zu geben und allen Berlinbesuchern Aufklärungs-Geschichte in doppelter Hinsicht zu bieten.

Wer die Bibliothek nicht kennt, mag verwirrt sein von all den Funktionen, die wir außerhalb einer Bibliothek erfüllen.

Bücherstube der ANTHEA VERLAGSGRUPPE

Vanessa Stein

Aufgang zur 1. Etage – Die Ringparabel

ULRICH SCHACHT
[9. März 1951 - 16. September 2018]

Quelle der Freiheit

Gott entlässt mich, ausgestattet mit dem Spiel-Raum meines Lebens, in die Freiheit seines Seins.

Der Freiheits-Sinn meines Lebens liegt also nicht vor, er steht hinter mir.

Ich kann ihn nicht erreichen wie ein selbstgestecktes Ziel;

aber ich kann von ihm ausgehen wie von

einem immerwährenden Grund.

Lessing-Mendelssohn-Salon

Aufgang zur 2. Etage

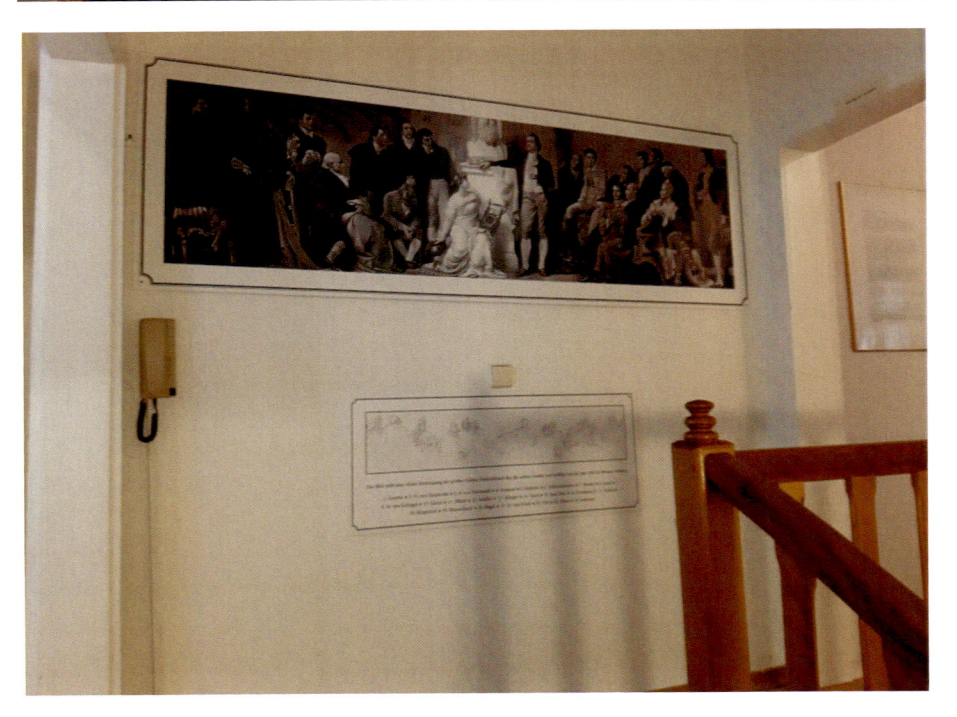

Nicolai-Salon

Berliner Salon um 1800

Kellertheater im Nikolaiviertel

Ja, ja bei uns wird auch noch richtig Theater gespielt mit Klavier und gesungenen Ohrwürmern zu „Zille sein Milljöh" an allen Freitags- und Samstagsabenden seit 16 Jahren.

Und das begann so: eine zierliche weißhaarige Dame besuchte eines Tages die Bibliothek mit einem außergewöhnlichen Anliegen. Sie suchte einen Raum, der sich für eine kleine Dreier –Theatergruppe im Nikolaiviertel eignen könnte. Schnell ließ ich mich von ihrer Idee, den Plänen und der Zilleaufführung, zu der mich diese sympathische Frau Weißert an einem späteren Abend im Rathaus Charlottenburg einlud, begeistern. Um ein ähnliches Zilleprogramm sollte es dann bei uns gehen, zu dem die Musik der bekannte Berliner Komponist Klaus Wüsthoff und Bernd Köllinger die Texte geschrieben hat für diese tolle literarisch-musikalische Hommage an Heinrich Zille, die im Juni 2004 zum ersten Mal gespielt wurde.

Bald lernte ich auch die Schauspieler/Sänger, Pianisten sowie den damals über 80-jährigen junggebliebenen Komponisten kennen, der mit Begeisterung und forschem Eifer das Kellertheater ins Rollen brachte. Werbung und nochmal Werbung neben den organisatorisch-rechtlichen Angelegenheiten und der Ausgestaltung unseres Kellervortragsraums zu einem Theater mit kleiner Bühne, die aber so flach sein mußte, daß sich die Großen unter den Darstellern nicht die Köpfe stoßen. Mit Frau Heidrun Preusser hatte die kleine Truppe den richtigen Motor!

Die Berliner Morgenpost schrieb am 3. September 2004:

> „Zille gehörte schon immer zu Berlin wie die Berliner Gören und die (manchmal) doch sehr schlichte Eleganz seiner Bewohner. Und auch wenn Zille nun schon 75 Jahre tot ist, kann man sich beim Betrachten seiner Zeichnungen des

Theater
im Nikolaiviertel

L I E D E R R E V U E

Zille sein Milljöh

Die Produktion aus dem Theater des Westens
zu Gast in der

Gedenkbibliothek im Nikolaiviertel

Nikolaikirchplatz 5-7 (an der Nikolaikirche)

**Ein musikalisch-
szenischer
Spaziergang durch
Zilles Berlin**

Buch, Liedertexte und
Inszenierung:
Bernd Köllinger

Musik
Klaus Wüsthoff

mit
Heidrun Preußer Diseuse
Andreas Goebel Orgel
Susanne Mannheim Klavier
Christoph Wagner Klavier

VORVERKAUF
Berliner Theater- und
Konzertkassen
Nikolaiviertel, Spreeufer 6
030 – 241 27 87
Galeria Kaufhof am Alex
030 – 247 43 327
Galeria am Ostbahnhof
030 – 29662 436

**Ticket-Hotline
030 – 241 46 35**
info@rbtk-berlin.de

Beginn: jeweils 19.30 Uhr
Ende ca. 21.10 Uhr
eine Pause

Abendkasse ab 18.30 Uhr
Kartenpreis 15 € (incl. VVG)

S O M M E R S P I E L P L A N   2 0 0 4
J U N I Sa. 5. | Fr. 11. | Sa. 12. | Fr. 18. | Sa. 19. | Fr. 25 | Sa. 26
J U L I Fr. 2. | Sa. 3. | Fr. 9. | Sa. 10. | Fr. 16. | Sa. 17. | Fr. 23. | Sa. 24 | Fr. 30. | Sa. 31.
A U G U S T Fr. 6. | Sa. 7. | Fr. 13. | Sa. 14. | Fr. 20. | Sa. 21. | Fr. 27. | Sa. 28.

Berliner Morgenpost
3. September 2004
Berliner Live

Zille sein Milljöh

Zille gehörte schon immer zu Berlin wie die Hundehaufen, die Berliner Gören und die (manchmal) doch sehr schlichte Eleganz seiner Bewohner. Und auch wenn Zille nun schon 75 Jahre tot ist, kann man sich beim Betrachten seiner Zeichnungen des Eindrucks nicht erwehren, dass er im Moment gerade im Imbiss um die Ecke sitzt und uns beobachtet.

Das feine Theater im Nikolaiviertel präsentiert aufgrund des großen Erfolges seine Liederreve „Zille sein Milljöh" nun auch im September. Und was dort vor kleinem Publikum (ca. 60 Plätze) geboten wird, ist wunderbar arrangiert (Musik: Klaus Wüsthoff, Texte: Bernd Köllinger) und mit unglaublich viel Liebe präsentiert. Die zwei Darsteller (Heidrun Preußer und Andreas Goebel) sind die Urtypen der Zilleschen Zeichnungen. Heidrun Preußer spielt die Diseuse, Köchin und Rotzgöre mit Kraft und Stimme, dass es in den Ohren dröhnt. Und Andreas Goebel als Orje, Zuhälter und Lebemann, rollt dazu mit den Augen, dass einem Angst und Bange wird. Diese Revue kommt mit wenigen Requisiten aus, so kann der Zuschauer sich ganz auf die Plaudereien über Zilles Zeit (musikalisch begleitet von Susanne Mannheim) konzentrieren. Und das ist auch gut so, denn die beiden sind sozusagen „Janz Berlin".

Fazit: Berliner Volkstheater im wirklichen Sinne. Was wir wieder einmal gelernt haben, ist, dass Berlin halt schon immer die spannendste Stadt der Welt war und dass es gutes Revuetheater auch in kleinen Räumen geben kann...

Und noch einmal Zille: „Und det allet wejen Zille" (Lieder und Szenen), morgen 20.30 Uhr, Restaurant Heinrich (Zilles ehemaliges Wohnhaus), Sophie-Charlotten-Str. 88, Charlottenburg, Tel.: 321 65 17, 8,--/6,-- Euro. KS
Theater im Nikolaiviertel, Nikolaikirchplatz 5-7, Tel.: 241 45 35, 19:30 Uhr, 15,-- Euro

---

Chronik der Aufführungen „Zille sein Milljöh"

Texte und Inszenierung: Bernd Köllinger
Musik: Klaus Wüsthoff
mit Heidrun Preußer
Doris Löschin – Diseusen

Stephan Schill/Andreas Goebel
Matthias Friedrich/Christian Toberentz/Detlef Nier/Jürgen Verch/
Jörg-Peter Malke/Rainer Schubert
singende Schauspieler
am Klavier: Christoph Wagner
Susanne Mannheim/Christine Reumschüssel/Matthias Klünder/Frank Asmis

1999	Berlin-Story, Unter den Linden, Berlin (UA)	2001	Bezirksamt Neukölln von Berlin
1999	Hoffest des Regierenden Bürgermeisters zum Empfang der „Bonner" im Roten Rathaus von Berlin	2002	Hotel Adlon, Berlin
		2002	Hotel Maritim, Berlin
2000	Rathaus Zehlendorf, Bürgersaal	2002	Hotel Mercure, Berlin
2000	Theater des Westens auf der Unterbühne (Berlin)	2002	Internationale Musiktage in Falkensee
2001	Theater des Westens auf der Unterbühne (Berlin)	2002	Residenz Augustinum, Kleinmachnow
2000	Lange Nacht der Museen, Berlin	2002	Residenz Tertianum, Berlin
2000	Internationales Begegnungszentrum Berlin	2002	Heinrich Zille-Museum, Berlin
2001	im Lakeside-Hotel in Strausberg	seit 2004	Theater im Nikolaiviertel, Berlin

Eindrucks nicht erwehren, daß er im Moment gerade im Imbiss um die Ecke sitzt und uns beobachtet. Das feine Theater im Nikolaiviertel präsentiert aufgrund des großen Erfolgs seine Liederrevue „Zille sein Milljöh" nun auch im September. Und was dort vor kleinem Publikum (ca. 60 Plätze) geboten wird, ist wunderbar arrangiert und mit unglaublich viel Liebe präsentiert. Die zwei Darsteller (Heidrun Preusser und Andreas Goebel) sind die Urtypen der Zilleschen Zeichnungen. Heidrun Preusser spielt die Diseuse, Köchin und Rotzgöre mit Kraft und Stimme, daß es in den Ohren dröhnt. Andreas Goebel als Orje, Zuhälter und Lebemann rollt dazu mit den Augen, daß einem Angst und Bange wird. Diese Revue kommt mit wenigen Requisiten aus, so kann sich der Zuschauer ganz auf die Plaudereien über Zilles Zeit (musikalisch begleitet von Susanne Mannheim) konzentrieren. Und das ist auch gut so, denn die beiden sind sozusagen „Janz Berlin". Fazit: Berliner Volkstheater im wirklichen Sinne. Was wir wieder einmal gelernt haben, ist, daß Berlin halt schon immer die spannendste Stadt der Welt war und daß es gutes Revuetheater auch in kleinen Räumen geben kann ..."

In der Ehrung anläßlich des 90. Geburtstages des Komponisten Klaus Wüsthoff wird von ihm als von einem Phänomen gesprochen. Ein viertes Phänomen in der Bibliothek also, zu dem Professor Karl Heinz Wahren schreibt: „*...Daß es in der Tat so ist, zeigt nicht nur seine außerordentliche musikalische Bandbreite, sondern auch seine allgemeine und speziell literarische Vielseitigkeit, aber vor allem seine persönliche Lebendigkeit, die offenbar von einem ununterbrochenen Energiestrom genährt wird und unerschöpflich zu sein scheint....*"

Und das läßt sich bis heute von diesem Multitalent sagen - heute 4 Jahre vor seinem 100. Geburtstag.

Ich erinnere mich, wie sicher auch Herr Dahnert, noch gut an die stundenlangen Proben unten im Keller, daß wir selbst schon manchen Refrain hätten mitträllern können.

Das tragische Jahr 2003

Leider kann das Frau Haeseler nicht mehr, das Mitträllern, die unter dem klavierbegleiteten Singen fleißig und immer wie unter Akkord Bücher in den Computer eingab. Das tat sie jeden Montag ehrenamtlich wohl 2 Jahre lang. Durch ihre depressive Neigung hatte sie in meinem Mann einen sie Verstehenden gefunden und ihn im tragischen Sommer 2003 auch in der Klinik besucht. Sie brachte regelmäßig für meinen Mann einen Apfel mit, ich schmunzelte immer, erst später sollte ich verstehen, daß sie wohl beide ihr baldiges Weggehen ahnten... Frau Haeseler und mein Mann starben im gleichen Jahr 2003.

Noch einen traurigen Verlust erlitten wir 2003 mit dem Tod von Georg Fehst, der ein paar Jahre lang regelmäßig zum Helfen und Diskutieren in die Bibliothek kam. Er starb im Frühjahr, und Herr Dr. Woronowicz hielt eine ihn sehr ehrende Trauerrede vor seinen Kindern, die den Eindruck machten, ihren Vater in seiner Gedankenwelt, er schrieb unter anderem tiefsinnige Gedichte, gar nicht verstanden zu haben. Umso verständnisvoller waren die Worte unseres Superintendenten, der uns stets viel zum Nachdenken gegeben hat.

An dieser Stelle kann ich nicht umhin, des herzlichen Beileidsschreibens von Herrn Dr. Hubertus Knabe zu erinnern, das mir tief im Gedächtnis haftet. Wie gut taten mir seine meinen Mann ehrenden Worte.

Klaus Hoffmann, Gerhard Ehlert, Georg Fehst (†) als Debattierclub

Der Bibliothek brachte er Achtung entgegen durch seine Vorträge, die ihn aber vor allem als Gedenkstättenleiter in Hohenschönhausen als bewundernswerten und mutigen Diktaturaufklärer in die Geschichte eingehen werden lassen.

Ja, über dem Jahr 2003 zogen sich für mich schwere schwarze Wolken zusammen, im Frühjahr noch unerkannt, denn meinen 60. Geburtstag im April hat Herr Dr. Steudel in der Bibliothek zu einem großen Tag mit lieben Überraschungsgästen werden lassen. (Meine private Geburtstagsfeier sollte im September stattfinden, was aber der depressive Zustand meines Mannes nicht zuließ). Ich war überwältigt, wer alles zum Gratulieren in die Bibliothek kam. Sie aufzuzählen führte viel zu weit und klänge angebend, aber auf einen besonderen Gast, d.h. damaligen Praktikanten, möchte ich kurz hinweisen.

Dr. Hubertus Knabe mit seinem begnadeten „Pianistensohn"

Es war ein junger sympathischer Bibliothekar aus Salamanca, der eines Tages zu mir gekommen war und mit Charme und in großer Verzweiflung bat, ihm einen Praktikumsplatz zu bieten. Ich sah keine Möglichkeit, ihm finanziell zu helfen, unsere Mittel reichten ja kaum für Miete und meine eine Stelle. Ich war so betrübt wie er, daß ich ihn nach unserem langen Gespräch, er sprach ausgezeichnet deutsch, so hoffnungslos gehen lassen mußte. Eigentlich finde ich immer eine Lösung. Es schmerzte mich. Aber er hatte nicht aufgegeben und im Arbeitsamt eine bezahlte Praktikumsstelle bei uns für ein halbes Jahr erwirkt. Freudestrahlend zeigte er mir eines Tages seine Unterlagen und wurde ein beliebter und engagierter Mitarbeiter. Seine leider nicht deutsch sprechenden Eltern kamen ihn besuchen, konnten in der Bibliothek übernachten, wir haben ja noch ein Gästezimmer im Keller, und waren auch unsere privaten Gäste.

Systemkritik und RF

Am 29.2.2014 hatten Fanna Kolarova und ich einen Auftritt in Brüssel, damit sie ihre **Ausstellung „Bulgarien 1944 – 1989. Verbotene Wahrheit"** und ich meine Konzeption der Gedenkbibliothek im Europäischen Parlament vorstellen konnten, was Herr Joachim Zeller aufgrund unseres langjährigen Kennens als Slawisten und der gleichen Verehrung für den schon beschriebenen Sowjetliteraturwissenschaftler bewirkte. Über einen CDU-Ortsverband und als Bürgermeister von Berlin-Mitte hatten wir immer wieder Verbindung, was mir so manchen Kontakt zu einem politischen Entscheidungsträger einbrachte. In den 80er Jahren verband uns die gleiche Ablehnung des DDR-Sozialismus, fußte sie doch auf den gleichen Systemkritikern, vor allem bei den Polonisten, von denen einer unbedingt zu erwähnen ist. Dr. Klaus Marten, den ich als Dozenten während meines Studiums leider nicht hatte, was sich später ganz sicher besser auf meine Sprachkenntnisse ausgewirkt hätte, lernte ich schätzen erst im Polnischen Kulturzentrum und bei einigen Sprachübungen für Intensivkursanten. Er, Klaus Marten, hielt mit seiner oft ironischen Kritik an den politischen Verhältnissen und mit seiner Sympathie für Solidarnosc nie hinterm Berg und war stolz auf sein Verdienst, daß sich nach Abschluß seiner Kurse die Zahl der Antragsteller mit den weißen Schleifen an den Autos erhöhte. Er war zu gut als Sprachlehrer, weshalb man sich seiner nicht entledigen konnte. Ich hätte nach meiner Zeit bei Intertext gern „bei den Polen" gearbeitet, wehte doch dort im Polnischen Kulturzentrum immer ein Hauch von Westwind. Aber mit meinem Bruder als **RF** war ich von Seiten der Kaderabteilung der ausländischen Dienstleistungsbetriebe, wozu die Kulturzentren auch gehörten, nicht tauglich, weil ich mich von ihm zu trennen nicht verpflichten wollte. Er ist doch mein Bruder. Zudem hätte ich sogar auch für meinen Mann bürgen müssen, daß er sich von seiner Mutter und seinen Geschwistern im Westen trennt. Jahre zuvor erlitt ich einen ähnlichen Karriereknick, als ich nach dem Studium einen

Posten in der Polnischen Botschaft vom Hoch- und Fachschulministerium angeboten bekommen hatte, aber abgelehnt wurde aus dem gleichen Grund wegen der Republikflucht eines nahen Angehörigen. (Hatte man das im Vorfeld nicht ermittelt, oder wollte man mich testen, ob ich die Wahrheit sage?)

Der bereits erwähnte zweite Slawist mit großem Einfluß auf Herrn Zeller und mich war eben Dr. Ralf Schröder, der mir die 80er Jahre in der DDR zu überleben ermöglichte, weshalb ich ihn auch gern als Geburtshelfer meiner Verbotene-Bücher-Sammlungs-Idee würdigen möchte. Er hatte 1956 seine Tauwetterhoffnung neben anderen bekannten Regimekritikern, wie Harich und Janka, in sein Spezialseminar an der Leipziger Uni einfließen lassen, was ihm 7 Jahre Bautzen einbrachte. Was die Stasi dort aus diesem Menschen machte, erfuhren seine Bewunderer erst viele, viele Jahre später, erst nach Mauerfall mit Stasiaktenöffnung. Und ich wunderte mich bei Treffen mit Erich Loest, wenn ich von Ralf Schröder schwärmte, warum er eine Einladung zur Lesung in die Bibliothek jedesmal ablehnte, bis ich den Grund erfuhr, später bestätigt auch von dem bekanntesten Russischübersetzer in der DDR Thomas Reschke.

Nichtsdestotrotz möchte ich meine persönlich erlebte kommentierte Führung durch die Sowjetliteratur durch diesen charismatischen Aufklärer über den Stalinismus nicht missen. Was hatte dagegen das Studium zu bieten?

Ich glaub, ein Jahr nach meinem ersten Brüsselbesuch, als ich meine Enkelin in Herrn Zellers Büro als Praktikantin vorstellte, sie absolvierte ein solches nach ihrem Abitur, nutzte ich die Gelegenheit und suchte Alfonso Casannera als Bibliothekar im Europa-Parlament. Er war inzwischen mit der schönen Kubanerin, die er mir mal in der Bibliothek vorgestellt hatte, verheiratet und auch ein junger Papa. Wie haben wir uns gefreut, uns wiederzusehen. Viel hatte jeder zu erzählen. Da er auch meinen Mann gut kannte, war sein Tod das traurigste Thema.

Der größte Blumenstrauß

Zu meinem 60. Geburtstag zurückkehrend: Alfonso war nämlich „Mundschenk" mit „Kellnererfahrung" in seiner Arbeitslosenzeit.

Alfonso Casannera

Einen Gast möchte ich besonders erwähnen, den ehemaligen Bürgermeister von Berlin-Mitte vor Joachim Zeller, der, schon schwer krank, von seinem Sohn gebracht wurde, aber es sich nicht nehmen lassen wollte zu kommen. Er hatte mir ganz originell Jahre zuvor einen 1 qm großen Scheck über 5.000 DM schenken wollen, den er gerade von jemandem bekam, und mit dem ich durch Berlin, ihn vor mir hertragend, gelaufen wär. Leider stoppte seine Sekretärin das lustige Unternehmen und ließ die Summe ordentlich als Spende überweisen.

Harald Strunz (†) gratuliert, im Hintergrund Luzie Hillel

Die Gäste: Stefanie Brown, Ilsabe Müller, Lutz Rackow, Dirk Jungnickel

Es kamen zu meiner großen Freude viele Gäste über den ganzen Tag verteilt, wobei ich aber nur eine „Delegation" erwähnen möchte: Herrn Gutzeit plus Stellvertreter und Buchhalterin mit dem allergrößten Blumenstrauß, den ich je bekommen hab. Er sollte wohl die Vergangenheit zudecken. ... Und er tat es! Seitdem ist der Weg in die Behörde des Landesbeauftragten, die heute von seinem Nachfolger geleitet wird, nicht mehr steinig, was ganz sicher Herr Dahnert seit Jahren besser beurteilen kann als ich. Denn, wie gesagt, mit dem Jahr 2004 und Herrn Dahnert als Bibliotheksleiter beginnt die 2. Lebenshälfte der Bibliothek, womit das Eingangsmärchen als Einleitung zu meiner Geschichte endete.

Verdeckt ist Martin Gutzeit neben seinen Mitarbeitern Frau Hahn und Dr. Falco Werkentin

Der Staffelstab wartet auf Übergabe

An dieser Stelle könnte ich den Staffelstab, die Tastatur zum Weiterschreiben, eigentlich übergeben, aber ich hab doch noch einige Erinnerungen an die Zeit kurz davor und an lieb gewonnene Menschen samt interessanter Begegnungen vor 2003, wie: Wir waren als Ehepaare seit einiger Zeit mit Schakats von Hawai befreundet, die den Sommer immer in Berlin verlebten und auf die Gedenkbibliothek durch den Workutaner, den Arzt und General Professor Horst Hennig, aufmerksam gemacht worden waren. (Heute bekomme ich die Nachricht vom Tod des 94-jährigen verdienstvollen Kämpfers um das ehrende Gedenken an die Opfer der Verbrecher in Workuta.)

Herr Schakat als 17.Juni- Opfer hat jahrelang in Bautzen gelitten und bei uns natürlich Gleichgesinnte gefunden. Ich erinnere mich an seinen 1. Besuch mit seiner Frau so genau, weil meine spätere spaßige Anrede mit „Hallo Marilyn" daher rührte, daß ich Frau Schakat mit den Worten begrüßte „Sie sehen ja aus wie Marilyn Monroe", worauf sie: „Sagen Sie das nochmal laut, damit es mein Mann hört." Wir wurden gute Freunde. Eines Nachmittags im Juli 2002 saßen wir zu viert bei uns zuhause auf der Terrasse, als der Postbote einen Brief brachte, einen Umschlag mit den Kopien der Stasiakte unseres Sohnes in Washington. So erfuhren wir, was wer über ihn während seines Studiums in Rostock berichtet hat. Diesen Operativen Vorgang nahm mein Mann bei seinen Vorträgen in der inzwischen Birthler-Behörde mitunter als Anschauungsmaterial und befragte damit seine jungen Zuhörer:

„Was würdet Ihr dazu sagen, wenn über Euern Studienabschluß hinter Euerm Rücken längst vor den Prüfungen ein Durchfallen entschieden wurde?"

Für Kai hat der Mauerfall Schicksal gespielt. Seinen Lebensweg konnte er in Freiheit und beflügelt weiter gehen bis nach Amerika, aber das gehört in die privaten Memoiren.

5 Knasttüren

Nach dem Besuch eines ganz außergewöhnlichen Gastes eines Tages in Begleitung einer Mitarbeiterin der Gedenkstätte Marienfelde, es war kein Geringerer als der Sohn des berühmten amerikanischen Piloten Powers, Francis Gary Powers, der auch einen Vortrag bei uns hielt, nahm mein Sohn Kontakt zum Cald War Museum in Washington auf, dessen Initiator neben Powers ein ehemaliger politischer Häftling der frühen Stasizeit war. Werner Juretzko, befreundet mit Powers, ich glaube aus Chicago, lernte ich bei uns in der Bibliothek kennen, und später stellte er mir auch seine Frau vor. Für ihn und das Washingtoner Museum besorgte Roy, der damals in Rüdersdorf wohnte, eine Knasttür aus dem ehemaligen Gefängnis, die wir nach Amerika schippern ließen. Die 2. der fünf organisierten Türen ging an die Gauck-Behörde, die 3. ans DDR-Museum nach Pforzheim zu Herrn Klaus Knabe, und die 4. hat unser polnischer Handwerker-Freund Bogdan in der Bibliothek unter der Treppe eingebaut, um eine winzige Zelle zu imitieren in Erinnerung an einen schrecklichen Bericht eines jungen Mädchens. Die spätere zum Freundeskreis der Bibliothek gehörende Frau Jann war in einem kleinen Schuppen von Russen gleich nach dem Krieg gefangen gehalten worden, eh sie nach Sachsenhausen gebracht wurde. Ein schreckliches Schicksal. Ihre Freundin, der gedroht wurde, wenn sie sich nicht zu Spitzeldiensten verpflichten würde, drohe Erschießung, unterschrieb aus Angst und wurde trotzdem erschossen.

Wohin die 5. Tür verfrachtet wurde, hab ich vergessen. Vielleicht in die Bernauer Straße?

Politische Wegbegleiter

Mit zu den allerersten Sachbüchern, die wir geschenkt bekamen, gehörten zwei Titel von **Dr. Karl Wilhelm Fricke**: „Politik und Justiz in der DDR" und „Politischer Strafvollzug" (gemeinsam mit Gerhard Finn).

Über all die Jahre hat er seine schützende Hand über uns gehalten. Ein Satz aus dem „Parlament" vom 22.1.93 steht für ihn:

„Die sozialistische Gesetzlichkeit machte die DDR nicht zum Rechtsstaat, sondern allenfalls zum Gesetzesstaat, in dem Unrecht legalisiert war". Gesetzliches Unrecht also - ohne Kommentar.

Dr. Karl-Wilhelm Fricke

Wir bezogen jahrelang das „Parlament" kostenlos wie auch das „Deutschland-Archiv", veranlaßt durch die ehemalige Chefredakteurin Ilse Spittmann, die frühere Sekretärin von Wolfgang Leonhard. Das „Deutschland-Archiv" wie auch der Vorgänger, das SBZ-Archiv, gehören zu unseren Zeitschriftenschätzen. Nach Frau Spittmanns Ausscheiden aus der Redaktion hätten wir die Zeitschrift kostenpflichtig beziehen können, was wir uns aber nicht leisten konnten.

Ein wichtiger Wegbegleiter war auch Herr **Horst Schüler**, der Vorsitzende der UOKG nach Herrn **Gerhard Finn** und Befürworter unseres Mitgliedsantrages, als man uns dort nach der Rufmordkampagne nicht aufnehmen wollte, was dann aber revidiert wurde. Ich nahm im Laufe der Jahre an zahlreichen Treffen mitunter auch aktiv teil, was mir heute aber nicht mehr möglich ist. Ob wir als Förderverein austreten werden ist noch offen. Aus der Beziehung zu Frau **Annerose Matz-Donath** als Autorin des Standardwerkes über die SMT-verurteilten Frauen „Die Spur der Roten Sphinx" mit mehreren Lesungen in der Bibliothek wurde über die vielen Jahre eine ganz herzliche Freundschaft zwischen uns zwei Ehepaaren, bis ich meinen Mann und später sie ihren Mann verlor. Heute reduziert sich unser Kontakt auf Telefonate und Briefe in ihr Seniorenheim in Bonn. Sie ist inzwischen hochbetagt und leidet bis heute unter gesundheitlichen Folgen ihrer 12-jährigen Haft in Hoheneck nach Anschuldigung „staatsfeindlicher Hetze" als Journalistin in Leipzig. Sie war auch in der schweren Zeit der Diffamierungen in der Pietzner-Angelegenheit verständnisvoll an unserer Seite. Schade, daß sie schon damals nicht mehr als leitende Redakteurin bei der Deutschen Welle in Köln gearbeitet hat. Vielleicht hätte sie uns damit helfen können. Ihre Freundschaft hat mich über manches Hindernis getragen.

Frau Annerose Matz-Donath und ihr Ehemann Hans-Martin Matz (†) zu Besuch aus Köln

Ein weiterer Getreuer ist **Professor Dr. Konrad Löw**. In unregelmäßigen Abständen begeisterte er unsere Besucher mit seinen Erkenntnissen und seinen - durch keinen „Marxkenner" widerlegten - Argumenten nicht nur zum „Kapital". Wer wär ihm auch gewachsen?! Seine Standardwerke gehören zum Fundament einer antikommunistischen Spezialbibliothek. Das wichtigste „Der Mythos Marx und seine Macher".

Erst im vergangenen Jahr sprach der jung gebliebene, immer gut gestimmte Herr Professor Löw über das Godesberger Programm, was so manchem Juso gutgetan hätte, aber die kennen uns nicht mal. Mit ihm organisierten wir vor einigen Jahren eine größere Veranstaltung im Roten Rathaus gemeinsam mit einem der beiden Historiker, die die Wehrmachtsausstellung von Hannes Heer und Herrn Dr. Reemtsma scharf kritisierten und vieles darin der Lüge überführten. Der eine, der polnische Professor Bogdan Musial hat mit seinen Buchvorstellungen einige Male in der Bibliothek die Hörer fasziniert.

Mit Prof. Dr. Konrad Löw

Mein Schreiben folgt weiter dem Schneeballprinzip.

Es gab Veranstaltungen, die die Wände des Kellers „sprengten", aber auch dann blieb die Gästezahl unter 100, ansonsten hätte im Vorhinein die Feuerwehr informiert werden müssen. Ich erinnere mich noch ganz lebhaft an die aufregende Tunnelbaugeschichte von Herrn **Joachim Neumann** an einem Hochsommerabend, der den überfüllten Kellerraum in eine Sauna verwandelt hatte, in die von außen durch ein kleines Kellerfenster von den Kellerstufen noch Begierige hineinschauten und –horchten. Daneben gab es noch andere Abende, an denen Tunnelbauer und Fluchthelfer ihre Geschichten erzählten. Eine spektakuläre Ballonflucht von Lutz Freudenberg faszinierte unsere Besucher auf der letzten Veranstaltung, bevor die Bibliothek zwangsverordnet – coronabedingt – ihre Pforten schloß und hoffentlich, nachdem ich mit meiner Geschichtsschreibung fertig bin, mit der Buchvorstellung „Rot war nicht nur die Liebe" von Frau Ursula Schöbe wieder geöffnet wird.

Zwei Vorträge ließen sich gut gegenüberstellen:

Bettina Röhl, Tochter von Ulrike Meinhof und Klaus-Rainer Röhl, nahm uns an Hand ihres Buches „So macht Kommunismus Spaß" mit in eine Zeit und Atmosphäre der 68er Rebellen, Utopisten und Verführten.

Und Professor **Klaus Hornung** suchte in seinem vorgestellten Buch „Warum fasziniert der Kommunismus?" eine Antwort für heute zu finden. Er kam gern zu uns, verband uns doch von Anbeginn das gleiche Thema. Aber seine Reise aus Reutlingen führte ihn auch immer in den „Paddenwirt" nebenan, weil es ihm dort so gut schmeckte, sagte er jedesmal. Das nur am Rande.

Historiker wie Jörg Friedrich („Der Brand: Deutschland im Bombenkrieg 1940-1945" und „Yalu: an den Ufern des dritten Weltkriegs"), Dr. Dmitrij Chmelnickij („Die rote Walze: Wie Stalin den Westen überrollen wollte"), Professor Jörg Baberowski („Der rote Terror: die Geschichte des Stalinismus").

Prof. Dr. Klaus Hornung (†)

Politiker wie der Polnische Botschafter in Deutschland Prof. Dr. habil. Andrzej Przyłebski, Erika Steinbach, Marianne Birthler.

Juristen wie Prof. Dr. jur. Arnulf Baring, Ingo von Münch („Frau komm! Die Massenvergewaltigungen deutscher Frauen und Mädchen 1944/45").

Schriftsteller und Publizisten wie Dr. Burkhart Veigel („Wege durch die Mauer – Fluchthilfe und Stasi zwischen Ost und West") und Stifter des kürzlich ins Leben gerufenen Karl-Wilhelm Fricke – Förderpreises, Prof. Regine Igel ("Terrorismus-Lügen - Wie die Stasi im Untergrund agierte"), Manfred Haferburg („Wohn-Haft" und „Blackoutgefahr in Deutschland") und Heribert Schwan („Mein 9. November 1989").

Und daneben immer wieder namenlose Zeitzeugen, deren Opfer- und Widerstandsschicksale nicht im Licht der Öffentlichkeit stehen.

Sie alle haben ihre Spuren hinterlassen als Bücher, als Fotos, als Tonbandaufzeichnungen in den ersten Jahren bis hin zu den heutigen Videoaufzeichnungen durch Frau Stein sowie auch als Rezensionen fast aller gehaltenen Vorträge – nunmehr seit Jahren geschrieben von Frau Ulrike Rose, der heutigen Stellvertreterin im Vorstand, und ihrem Mann, Herrn Martin Walter, als Archivar. Am Rande, aber für mich ganz wichtig: Frau Rose holt mich zu jeder Dienstagsveranstaltung mit dem Auto ab, so daß wir die Zeit neben unseren häufigen Telefonaten für alles Aktuelle in der Bibliothek zu besprechen nutzen können. Auf der Rückfahrt geht es, wenn Schotti (Rainer Schottländer) hinter uns neben Herrn Walter sitzt und der Vortrag anregend genug war, was selten nicht der Fall ist, so hitzig zu, daß ich immer Sorge um die Fahrerin hab. Ich möchte sie nicht missen unsere Politdebatten im Auto. Sie erinnern mich oft an frühere mit Freunden auf unseren Fahrten nach Zürich.

Gudrun Fenten erscheint mir dabei gewissermaßen als Vorgängerin der heutigen Vertrauten und Gesprächspartnerin Ulrike Rose, was die Bibliothek als auch das Private anlangt.

Verlässliche Freunde und Gleichgesinnte, gerade in Zeiten mit schmerzhaften Rissen durch die Gesellschaft bis in engste Familienbande hinein, sind die tragenden Säulen, ohne die man so manchmal schwankte.

Ich würde an dieser Stelle am liebsten den ganz aktuellen Protest-Vortrag „Angst frißt Demokratie" von **Professor Maaz** mit seiner inständigen Bitte an alle verunsicherten und isolierten Menschen abdrucken lassen, denn Angst macht krank, den Einzelnen wie eine ganze Gesellschaft.

Mich faszinierte dieser großartige Psychoanalytiker seit seinem ersten Nachwendewerk „Gefühlsstau", aus dem wir einen Satz auf unserem allerersten Flyer verbreiteten:

Der real existierende Sozialismus war ein Staatssystem, das zu einem umfassenden Verlust an inneren und äußeren Freiheiten, an Erfahrung, an Toleranz, an Weltgewandtheit und Kultur geführt hat, was allein schon als Verbrechen an den Menschenrechten zu werten ist. Die charakterlich kranke und kriminelle Politbürokratie, die uns mit anmaßenden Entscheidungen zu einem Leben voller Einschränkungen gezwungen hat, verdient den gerechten Zorn eines ganzen Volkes.

Aus: Hans-Joachim Maaz,
Gefühlsstau. Ein Psychogramm der DDR
Argon Verlag GmbH, Berlin 1990

Grafik: Bärbel Bohley

Verbotene Bücher zur Politik und Zeitgeschichte zu sammeln, war im November 1989 die Idee von Ursula Popiolek. Mit moralischer und finanzieller Unterstützung des Neuen Forum sowie unterschiedlicher Institutionen, Bibliotheken, Stiftungen, Verlagen und Privatpersonen entstand in kurzer Zeit die Gedenkbibliothek zu Ehren der Opfer des Stalinismus. Ihr zur Seite gründete sich am 6.11.90 ein Förderverein, der die Bibliothek in ihrer Doppelfunktion als Aufklärungsstätte über die Machtmechanismen eines totalitären Systems sowie als Ort der Begegnung Betroffener unterstützt. Die Gedenkbibliothek hat im Rahmen der Satzung des Fördervereins u.a. folgende Aufgaben:

Erarbeitung einer Bibliographie zur Politik und Zeitgeschichte, zu Ursachen und Folgen des Stalinismus,

Beschaffung von Belletristik und Sachliteratur zu diesem Thema,

Organisation von literarisch-politischen Veranstaltungen und von Lesungen und Gesprächen mit Betroffenen.

Die Mitglieder sind sich einig darin, Gedanken an Haß und Rache zurückzuweisen, einzig und allein zur Wahrheitssuche beizutragen und nach Kräften Voraussetzungen zu schaffen, um in Zukunft neue menschenverachtende Systeme und Theorien verhindern zu helfen.

Der Förderverein steht der breiten Bürgerbewegung nahe und ist parteipolitisch unabhängig.

Regelmäßig finden literarische, kulturpolitische oder zeitgeschichtliche Veranstaltungen statt. Betroffene tragen hier aus persönlichen Aufzeichnungen vor. Schriftsteller, Künstler und Wissenschaftler, die sich gegen die inhumanen Verhältnisse in der DDR zur Wehr setzten und oft einen hohen Preis wie Inhaftierung, Berufsverbot oder Ausbürgerung zu zahlen hatten, lesen und diskutieren.

Die Gedenkbibliothek ist eine benutzerfreundliche Freihandbibliothek, deren Bestände auch ausgeliehen werden. Die interessante Innenarchitektur der Bibliothek mit einer schönen Galerie und kleinen Lese- und Arbeitsplätzen schafft eine besondere Atmosphäre und trägt zum regen Gedankenaustausch bei.

Ab Januar 1992 wird der Förderverein als Träger der Gedenkbibliothek aus Haushaltsmitteln des Senats für kulturelle Angelegenheiten institutionell gefördert, nachdem er vorübergehend aus Projektmitteln des Senats unterstützt wurde.

Aufmerksam machen möchte ich an dieser Stelle auf sein aktuelles Buch „Das gespaltene Land".

Große konservative Denker der bürgerlichen Mitte – Historiker, Politiker, Schriftsteller, Juristen, Journalisten – sind rar gerade heute in dieser ganz und gar unbegreiflichen gesellschaftlichen, sozialen und medialen vor 30 Jahren nie und nimmer vorstellbaren Situation. Und dabei dachten wir ´89, einen Unrechtsstaat „beerdigt" zu haben, wie das die Distel in ihrer 1. Vorstellung in der Neuzeit tat.

> „Der Grund, warum Menschen zum Schweigen gebracht werden, ist nicht, weil sie lügen, sondern weil sie die Wahrheit reden. Wenn Menschen lügen, können ihre eigenen Worte gegen sie angewandt werden. Doch wenn sie die Wahrheit sagen, gibt es kein anderes Gegenmittel als die Gewalt." Theodor Fontane

Ulrich Schacht fehlt! Und das schmerzt alle, die sich zu seinen Freunden, persönlichen wie politischen, zählen durften. Es schmerzt so sehr, daß wir ihn in der neuen Ausstellung mit seiner ihm eigenen Klugheit,

Welt- und Weitsicht „verewigt" haben. Herr Dahnert hat die Trauer und Freude jeden Tag, ins Lessinghaus hinaufsteigend und ihn in seinem Wald stehen sehend, in Erinnerung und Andacht verharrend. Ich seh ihn nur dienstags, wenn ich zur Veranstaltung in der Bibliothek bin. Nicht nur uns, seinen Freunden, hat er viel gegeben, sondern auch all denen, die lesen und verstehen, was er zu sagen hatte. Daß er nicht in der medialen Öffentlichkeit präsent war, spricht für ihn und gegen diesen heutigen politisch korrekten Zeitgeist, der gegen den gesunden Menschenverstand leider wirkt und deshalb überwunden werden muß. Ulrich Schacht fehlt als Aufklärer, als kluger weitsichtiger historischer und politischer, philosophischer, theologischer Analytiker, als empathischer Lyriker, als der Schöpfer der „Hymne an die Liebe"- seines letzten Romans „Notre Dame".

Aufgetreten in der Bibliothek ist er neben Vorträgen mit Lesungen u.a. aus: „Hohenecker Protokolle", „Vereister Sommer. Auf der Suche nach meinem russischen Vater", der tiefsinnigen Novelle „Grimsey", „Wenn Gott Geschichte macht! 1989 contra 1789", „Für eine Berliner Republik – Streitschriften, Reden, Essays nach 1989" (Hrsg. Ulrich Schacht, Heimo Schwilk).

Es fehlt in dieser unbegreiflichen Zeit auch ein **Gerhard Löwenthal**, der sich einmischen würde wie er das tat in einer anderen Unrechtszeit mit seiner Sendung „Hilferufe von drüben". Er gehörte auch zu denen, die aus dem Anliegen unserer Gedenkbibliothek nicht wegzudenken sind. Mit ihm, Hermann Kreutzer und Dr. Walter Schöbe veranstalteten wir einmal eine Podiumsdiskussion im größeren Rahmen.

Der Schneeball rollt nun mit diesem Satz zu **Schöbes**. Beide, seine Frau und er gehören zum „geistigen Inventar" unserer kommunistischen Opfer gedenkenden Begegnungsstätte. Zu 37 Jahren! Haft wurden 4 Personen verurteilt. Frau Ursula Schöbe zu 7 Jahren, Herr Dr. Walter Schöbe zu 11 Jahren und beide jugendlichen Söhne zu je über ein Jahr. Davon erlitten sie zusammengerechnet 18½ Jahre Zuchthaus.

Entlassungsschein

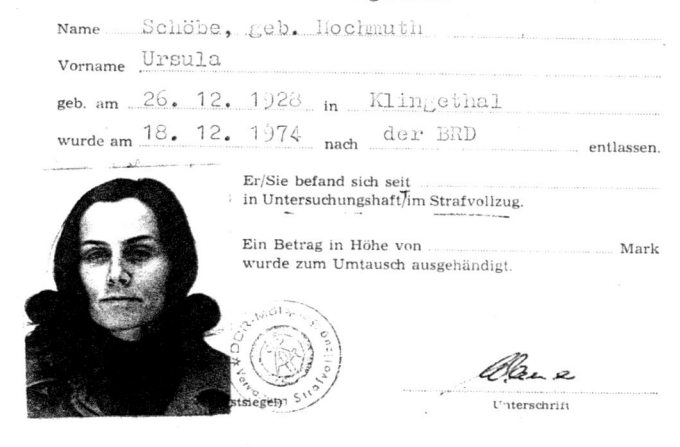

Name ...Schöbe, geb. Hochmuth...
Vorname ...Ursula...
geb. am ...26. 12. 1928... in ...Klingethal...
wurde am ...18. 12. 1974... nach ...der BRD... entlassen.

Er/Sie befand sich seit ....
in Untersuchungshaft/im Strafvollzug.

Ein Betrag in Höhe von .... Mark
wurde zum Umtausch ausgehändigt.

Unterschrift

<u>V e r f ü g u n g</u>

a) Urteil des Bezirksgerichts Halle vom
   24. Juni 1971 wegen Verstosses gegen §§ 213,
   100, 105 StGB/DDR zu 6 Jahren Freiheitsstrafe,

b) Urteil des Bezirksgerichts Halle vom
   21. Juni 1974 wegen Verstosses gegen §§ 100,
   213, 225 StGB/DDR zu 2 Jahren, 2 Monaten
   Freiheitsstrafe.

DIE SÖHNE Thomas Schöbe, 16 J. sofort verhaftet 1 J, 3 Monate
Hendrik Schöbe, 4 Jahre später verhaftet, 1 J, 6 Mon.
als er 18 J. alt war, wegen Ausreise mit aus!

Die FAMILIE SCHÖBE erhielt also für ihren Kampf
gegen massive Menschenrechtsverletzungen des SED-Staates
insgesamt 37,7 Jahre Haft

Entlassungsschein

Name ......Dr. Schöbe.....................

Vorname ......Walter.....................

geb. am ...18. 3. 1929... in ...Halle...........

wurde am ..18. 12. 1974.. nach ...der BRD............. entlassen.

Er/Sie befand sich seit ....
in Untersuchungshaft/im Strafvollzug.

Ein Betrag in Höhe von .... Mark
wurde zum Umtausch ausgehändigt.

(Dienstsiegel)   Unterschrift

Verfügung

Die Vollstreckung folgender gegen den Antragsteller in der DDR ergangener Urteile ist unzulässig:

a) Urteil des Bezirksgerichts Leipzig vom
   1. Oktober 1953 wegen Verstosses gegen
   Art. 6 Abs. 2 der Verfassung der DDR und
   die Kontrollratsdirektive 38 Abschnitt 2
   Art. III A III zu 15 Jahren Zuchthaus,

b) Urteil des Bezirksgerichts Halle vom
   24. Juni 1971 wegen Verstosses gegen §§ 213,
   100, 105 StGB/DDR zu 7 1/2 Jahren Freiheitsstrafe,

c) Urteil des Bezirksgerichts Halle vom
   21. Juni 1974 wegen Verstosses gegen
   §§ 100, 213, 178, 180 StGB/DDR zu 4 Jahren
   Freiheitsstrafe.

Und warum? Nur, um dieses Land zu verlassen, um in den freien Teil Deutschlands zu kommen!

Frau Schöbe hat das Schicksal ihrer Familie in ihrem gerade erschienenen Buch „Rot war nicht nur die Liebe" beschrieben. Wegen Corona konnte es auf der Leipziger Buchmesse im März durch Herrn Stein und seinen Verlag nicht vorgestellt werden. Aus dem gleichen Grund fiel die Lesung bei uns in der Bibliothek aus.

Auswahl ihrer in der Haft entstandenen Collagen aus Nichts mit Nichts, im Eingangsbereich der Bibliothek zu bestaunen

Das Leben ist kein Wunschkonzert, es ist eher ein verordnetes, bei dem der Dirigent oft unsichtbar bleibt, politisch gesehen oder mit den Augen unseres verehrten **Dr. Woronowicz** gemäß seines geflügelten Wortes *„es geht nicht mit oben ohne"*.

Thomas Dahnert

Vom Retter in der Not zum heutigen Bibliothekschef.

Ein paar Worte zu ihm für die, die ihn so wie auf dem Foto als den Referenten-Vorstellenden kennen: Er wurde 1958 in Dresden geboren und wuchs dort mit drei Geschwistern auf, von denen seine Schwester Anne Niendorf zu 6 Jahren Zuchthaus wegen staatsfeindlicher Aktivitäten im Zusammenhang mit einer Protestaktion gegen die Sprengung der Leipziger Universitätskirche 1968 verurteilt wurde.

Nach der 10klassigen Polytechnischen Oberschule, einer technischen Lehre und einem Fernstudium an der Ingenieurschule in Meißen gelang ihm nach einer genehmigten Besuchsreise zu einem erfundenen Onkel in Hamburg, eigentlich natürlich zu seiner freigekauften Schwester, ein Neubeginn in der Freiheit. Er studierte Politische Soziologie an der Hamburger Uni (mit Diplom) und war berufstätig bis er diesem im Eingangsmärchen erwähnten Ruf nach Berlin folgte.

Martin Bubers legendärer Satz *„Alles wirkliche Leben ist Begegnung"* trifft immer wieder auf Bestätigung wie Thomas Dahnert auf Ulrich Schacht und Ulrich Schacht auf die Bibliothek - nicht nur mit seinem eigenen Knastschicksal, sondern auch mit dem seiner Mutter als Honeckerin, in deren schreckliche Leidensspuren viele Jahre später Herrn Dahnerts Schwester gestoßen wurde und die sie gemeinsam mit Ursula Schöbe ertragen mußte.

Herrn Dahnert gelingt es, die Gedenkbibliothek im Gründungsgedanken weiterzuführen, was das Veranstaltungsprogramm betrifft. Sieht man auf die Liste der Referenten, beibehält er ein ausgewogenes Maß an Sachvorträgen und Zeitzeugenberichten, Buchpräsentationen, Filmvorführungen und temporären Ausstellungen, an prominenten Referenten wie dem polnischen Botschafter oder Frau Professor Anne Applebaum, amerikanische Autorin eines Standardwerkes über den Gulag und Gattin des ehemaligen polnischen Außenministers.

Natürlich könnte ich die 2. Lebenshälfte der Gedenkbibliothek weder mit der gleichen Euphorie noch mit gleicher Sachkenntnis beschreiben wie ihre 1. Hälfte. So biete ich eher einige Schlaglichter, wie zum Beispiel auf die von Herrn Dahnert stets in **weihnachtlicher Atmosphäre** gestalteten Jahresabschlußveranstaltungen oft mit musikalischen Kostbarkeiten neben den kulinarischen, den beliebten Stollen und Punsch statt der sonst legendären Leberwurstbrötchen seit Bestehen der Bibliothek. Gern denken wir an die Künstler Ada Belidis, Gudrun Sidonie Otto, Laila Popiolek und Vanessa Stein, Heidrun Preusser, Stefan Krawczyk, Petra Pavel, Anton und Julia Thelemann, um nur einige zu nennen.

Etwas ganz Außergewöhnliches boten wir unseren Gästen einmal mit Ihrer Majestät der Königin Auguste Victoria, die uns ein Weihnachtsfest in der Königlichen Familie miterleben ließ, daß kein Zweifel aufkam, sie redete nicht von ihren Kindern und Verwandten am Weihnachtsbaum. Ich hatte sie im Sommer zuvor anläßlich der Historiale im Nikolaiviertel als Ihre Königliche Hoheit bei einer vom Butler gereichten Tasse Tee unterm Baldachin angefragt, ob sie auch in der Bibliothek und später zu meinem privaten jährlichen Frühlingsfest auftreten würde. Ja, sie erschien zu unser aller Begeisterung beide Male als Ihre Majestät.

Einen professionellen Schauspieler, den Kabarettisten Ludger K., lud ich vor einigen Jahren zu einem persönlichen Fest in die Bibliothek im Rahmen einer Ganztagesdarbietung ein, auf der u.a. Friedhelm Reis einen Videovortrag als Berlinkenner und Hobbyhistoriker hielt.

Collage von Friedel Weißert

Auch an diesem Tag begeisterten Siegmar Fausts Enkelkinder als musikalische Genies wie zu seinem 70. Geburtstag, den er als ehemaliger politischer Häftling nun als Freier und Mitgestalter der heutigen Gedenkstätte mit all seinen „Ehemaligen" und allen anderen Gratulanten im ehemaligen Knast in Cottbus feierte. Es war bewegend, ihn zu erleben, wie seine Enkeltochter in Freiheit Beethoven spielte - dort, wo man ihn Jahrzehnte zuvor in die Unfreiheit zwang, und seine Schwiegertochter vor seiner Kellerknasttür Gedichte von Rabindranath Tagore vortrug.

Genommene Freiheit und Kampf um Freiheit

Davon sind auch die **Projekte** von Frau Kolarova getragen, mit denen sie über Bulgarien schreibend den Blick über die DDR-Vergangenheitsaufarbeitung hinaus nach Bulgarien erweitert, um bei aller geografischen und kulturhistorischen Unterschiedlichkeit Diktaturgemeinsamkeiten herauszustellen und an ihnen die Verbrechen der kommunistisch/sozialistischen Regime zu entlarven. Durch Verständnis in der Bundesstiftung zur Aufarbeitung der SED-Diktatur und im besonderen Frau Dr. Kaminskys wurden ihre Projekte: „Bulgarien 1944 – 1989. Verbotene Wahrheit" und „Flucht aus der DDR über den Eisernen Vorhang Bulgariens. Wege – Methoden – Opfer" über die Bibliothek als institutioneller Antragssteller finanziell unterstützt, womit sie mit den Recherchen in bulgarischen und deutschen Stasiarchiven und daraus erfolgten Publikationen in Zusammenarbeit mit Herrn Dr. Stoyan Raichevsky eine Aufarbeitungslücke füllt, die eigentlich in die Verantwortung und zu den Pflichten einer staatlichen Einrichtung in Bulgarien gehörte. Beide Bücher und beide Ausstellungen, die vielerorts in Bulgarien mit Unterstützung der in Sofia wirkenden Konrad-Adenauer-Stiftung präsentiert wurden, aber auch in Berlin in Zusammenarbeit mit der Deutschen Gesellschaft, haben die Bibliothek dadurch bereichert, daß wir unseren bereits erwähnten Festakt zum 25-jährigen Bestehen der Gedenkbibliothek im Roten Rathaus schmücken konnten mit der Ausstellung über die Verbrechen der Roten Armee im Komplott mit den bulgarischen Kommunisten in Bulgarien. Außerdem wurde Frau Kolarova und mir Gelegenheit gegeben, die Ausstellung, wie gesagt, im Europaparlament in Brüssel zu präsentieren und sie später dem Präsidenten der Adenauer-Stiftung und Gründungsdirektor des Europäischen Hauses der Geschichte in Brüssel Professor Pöttering zum Geschenk zu machen.

Mit einer meterlangen zusammengeklebten Liste aller Vorträge, die in unserem heutigen Bibliothekseingang hängt, hab ich drei Mal Eindruck machen können mit einem schwungvollen Entrollen in Ermangelung von zu knapper Redezeit in der Nikolaikirche zum 20-jährigen Bestehen, im Europa-Parlament in Brüssel, im erwähnten Roten Rathaus und später auf einer Konferenz in Sofia.

Joachim Zeller, ehemaliges Mitglied des Europäischen Parlaments, links neben der „Vortragsrolle"

Eine dritte Gelegenheit im Rahmen von Frau Kolarovas Aufklärungsarbeit aufzutreten, um über unsere politischen Bildungsaktivitäten zu sprechen, wurde mir auf einer Konferenz im November 2018 in Sofia geboten, auf der man den Eindruck gewinnen konnte, daß so eine Institution wie die Bundesbehörde zur Aufarbeitung der SED-Diktatur in Deutschland durch zwei engagierte Privatpersonen ersetzt wird.

Beeindruckend nicht nur für die anwesenden Gäste der Konferenz, sondern auch für mich war Frau Dr. Anna Kaminskys sehr anschauliche Präsentation der Erinnerungsorte kommunistischer Gewalttaten im ehemaligen Ostblock.

Dr. Anna Kaminsky, Geschäftsführerin
der Bundesstiftung zur Aufarbeitung der SED-Diktatur
(Pressefoto)

Die Liste aller in den 30 Jahren gebotenen Veranstaltungen füge ich aus dem Grund als Anhang hinzu, weil unseren großen Rezensionsband „Aufklärung ohne Grenzen" nicht jeder kennt oder gar besitzt und zum anderen, weil nicht alle Vorträge - aus unterschiedlichen organisatorischen Gründen – rezensiert wurden. So fehlt zum Beispiel der spannende Vortrag Alexander Bauersfelds am 19. Oktober 2009 über seine erschütternden Beobachtungen und Erfahrungen während seines Nordkoreabesuchs im Auftrag von Amnesti international. Er ist übrigens der „Profiaufklärer" über einen Staat, der nach den Linken eine „kommode Diktatur" war. Vom Gegenteil, anschaulich geboten in der Wanderausstellung „Hinter Mauern und Stacheldraht" der UOKG, versucht er, mit seinen die Ausstellung begleitenden kenntnisreichen Vorträgen, seine Besucher zu überzeugen. Von einer Sternstunde sprach er, als er sich der interessierten Lehrer und Schüler am Landesgymnasium für Hochbegabte Sankt Afra in Meissen erinnerte.

Noch ein paar Highlights

Wer kann sich nicht an Carmen Rohrbachs unvorstellbare Flucht, nur im Neoprenanzug ohne Schlauchboot über 20 Stunden durch die Ostsee schwimmend, mit anschließender Haft im berüchtigten Frauengefängnis Hoheneck erinnern, erzählt in ihrem Buch „Solang ich atme". Vor dieser kleinen mutigen Frau standen die Männer beim Applaudieren auf, wie ich mich noch gut erinnere an diesen 2. April 2009. Sie erzählte, daß sie gerade in München ihren treuen Begleiter verkauft hat, ihr Kamel, das sie 2 Jahre durch den Jemen begleitete und beschützte. Nun bereitet sich diese bewundernswerte Etnographin auf ein „Jutenleben" in der Mongolei vor, sagte sie damals. Daß ihr die DDR zu eng war, haben alle verstanden.

Von medialem Interesse wären auch die Vorträge von Dr. Wieck über seine Botschaftstätigkeit zur spannenden Perestroika-Zeit in Moskau oder von Herrn Jörg Schönbohm über die einmalige historisch bedeutsame Aufgabe der Zusammenführung zweier Armeen, die sich noch vor kurzem feindlich gegenüber gestanden haben, in seinem Buch „Zwei Armeen und ein Vaterland".

Erika Steinbach sprach über ihre Ausstellung „Flucht und Vertreibung"

Erinnerungen haben ihre eigene Dynamik, sie machen sich selbständig und schaffen eine Welt, die nicht von Mensch zu Mensch übertragbar ist. Auch wenn sie subjektiv sind, können sie doch, durch Quellen fundiert, authentische Wahrheiten bieten, wie zum Beispiel, und es werden auch nur ein paar Beispiele sein, der bei uns präsentierten Filme und temporären Ausstellungen.

FILME, wie:

„Folget mir nach – die Zeugen Jehovas unter dem DDR-Regime" von Fritz Poppenberg (6.12.2005)

„Lenin-Drama eines Diktators" von Ulrich H. Kasten und Hans-Dieter Schütt (16.4.2013) und „Hitler und Stalin – Porträt einer Feindschaft" (23.8. 2016)

„Rausschmiss mit Folgen – Die DDR und die Biermann-Ausbürgerung" von Heiner Sylvester (11.11.2014)

„Der Weg aus der Ordnung – DDR – Untergrundfilm" (1983) von Jürgen K. Hultenreich, Bernd Wagner, Heiner Sylvester

„Waldbrüder. Die Partisanen aus dem Ille-Bunker" (3.3.2015) von Peter Grimm. „Die vergessenen Kinderheime in der DDR" (27.10.2015) und „Vertreibung 1961" (23.7.2019)

„Wir wollen freie Menschen sein. Volksaufstand 1953" von Freya Klier (27.5.2014)

„Moskau. Lubianka. Ein Platz mit Geschichte" von Kerstin Nickig (22.1.2019)

„Splitter im Kopf. Hafterfahrungen in der DDR " von Katrin Büschel und Dr. Karl-Heinz Bomberg (14.5.2019),

„Der Fall Wolfgang Schnur – ein unmögliches Leben" von Prof. Jürgen Haase (26.11.2019)

MUSIK/ LITERATURABENDE:

Bode-Quartett Berlin. Anna Barbara Kastelewitsch spielt Kurt Hauschilds „Streichquartett Nr. 8 - Jan Palach" (21.8.2018) und bietet einen Violin-Vortrag „Musik in sowjetischen Speziallagern" (5.2.2019)

Weihnachtliche Konzerte u.a. mit Ada Belidis, Gudrun Sidonie Otto, Petra Pavel und Stephan Krawczyk.

Nicole Haase „Dichterin in Diktatur und Exil – Marina Zwetajewa" (23.8.2011)

Blanche Kommerell „Lieben Sie das Leben! – ein literarisches Portrait des Dichters Boris Pasternak" (13.12.2016)

Steffi Memmert – Lunau, Angelika Fischer „Petersburg: eine literarische Zeitreise" (26.11.2013)

Ulrich Grasnick „Im Klang einer Geige geborgen ein Traum" (10.12.2013)

Uschi Otten sprach zweimal in der Gedenkbibliothek: einmal zu Bertolt Brecht und dem 17. Juni 1953 und das zweite Mal zu Carola Neher, wozu mir folgendes Gedicht von Brecht (1934) einfiel mit den Fragen vielleicht an sie:

> *„Freilich hab ich nur meine Fragen.*
> *Schreib mir, was du anhast!*
> *Ist es warm?*
> *Schreib mir, wie du*
> *liegst!*
> *Liegst du auch*
> *Weich?*
> *Schreib mir, wie du*
> *Aussiehst! Ists noch*
> *Gleich?*
> *Schreib mir, was dir*
> *Fehlt?*
> *Ist es mein Arm?*
> *Schreib mir, wies dir*
> *Geht! Verschont man*
> *Dich?*
> *Schreib mir, was sie*
> *Treiben? Reicht dein Mut?*
> *Schreib mir, woran*
> *Denkst du? Bin es ich?*
> *Freilich hab ich nur*
> *Meine Fragen!*
> *Und die Antwort hör ich,*
> *wie sie fällt!*
> *Wenn du müd bist, kann*
> *Ich dir nichts tragen.*

Hungerst du, hab ich dir
Nichts zum Essen.
Und so bin ich grad wie
Aus der Welt
Nicht mehr da,
als hätt ich dich vergessen."

Der Historiker Dr. Reinhard Müller nennt Brechts Verhalten „gesammeltes Schweigen".

An dieser Stelle sei an den elitären Vortrag von dem bekannten Lyriker Uwe Kolbe sowie an die „spritzigen Attacken" auf den „Theatergott" von Jochen Stern erinnert.

GEDENKVERANSTALTUNGEN

Gisela Gneist, nach der gerade in Sachsenhausen eine Straße benannt werden soll, wofür sich Reinhard Klaus bewundernswert engagiert.

Zum Tod von Ulrich Schacht: mit Peter Grimm, Stephan Krawczyk, Gabriel Berger, Jürgen K. Hultenreich, Heimo Schwilk, Sebastian Kleinschmidt und zum 1. Todestag am 16.9.2019 mit Gisela B. Adam

AUSSTELLUNGEN :

„Jugendopposition in der DDR"

„Das sowjetische Experiment" mit Vortrag von Ivan Kulnev

Weitere Ausstellungen von der Bundesstiftung zur Aufarbeitung der SED-Diktatur, z.B. die von und mit Dr. Ulrich Mählert „Der Kommunismus in seinem Zeitalter"

Einige besondere **Schlaglichter** auf Themen wie Referenten wollte ich setzen, um Interesse und Neugier zu wecken angesichts der Vielfalt und politischen Aktualität, ohne jeglichen Anspruch auf Wertungen und noch weniger auf Vollständigkeit.

3.2.1994 Henryk M. Broder „Erbarmen mit den Deutschen" (Ehrenmitgliedschaft angeboten, aber noch zu keiner Begegnung in der jetzigen Bibliothek gekommen). Mir widmete er sein Buch mit dem Scherz „… aber kein Erbarmen mit Ursula Popiolek"

17.9.1998 Dr. Hubertus Knabe „Feindobjekt Bundesrepublik" und 8.11.2001 „Der diskrete Charme der DDR"

Zu China und Nordkorea:

3.5.2011 Die chinesische Menschenrechtlerin Jingder, der Pressechef der Taipeh-Vertretung in Deutschland Wen-chiang Shen und Alexander W. Bauersfeld „Die vergessene Republik China" über eine demokratische Alternative zu Rot-China.

Aus höchst aktuellem Anlaß sei an dieser Stelle Herrn Bauersfeld als unermüdlichem Briefeschreiber in politisch aufklärerischer und oft anklagender Absicht und als Artikelverfasser im „Stacheldraht" als Anton Odenthal sowie als Schreiber Offener Briefe an offizielle Stellen bis ins Kanzleramt wie heute mit der Aufforderung zu wirksamen Sanktionen gegen die Kommunistische Partei Chinas wegen Verletzung der Menschen- und Freiheitsrechte in Tibet, Hongkong und Taiwan eine verdiente Anerkennung gezollt. Als ehemaliger Regimekritiker der sozialistischen DDR-Diktatur mit politischer Haft in Cottbus zog er jahrelang mit der UOKG-Ausstellung „Mauern – Gitter – Stacheldraht", in erster Fassung konzipiert von Gerhard Finn, aufklärend durchs Land und gehört wie all die anderen Hardliner fest zur Gedenkbibliothek.

Zur Teilung von Korea mit Bezug auf die Teilung Deutschlands sprachen Detlef Kühn (ehemaliger Präsident des Gesamtdeutschen Instituts) und Alexander W. Bauersfeld am 7.11.2002 nach seinem Besuch in Nordkorea im Auftrag von Amnesty International.

„.....Es wird noch ein langer Weg sein, bis diese brüchige Diktatur wirklich bricht, und bis dahin sollten wir den Menschen und nicht dem System helfen. Erst wenn die ewige „Juche-Flamme" für Kim IL Sung nicht mehr brennt, erst dann wird dieses Land erlöst, aus dem das Lachen verschwunden ist. ..."

Wir ließen vor einiger Zeit Vorträge von zwei kanadischen Wissenschaftlern halten über chinesische Lager und über das Verbrechen der Organentnahme in menschenunwürdigen Gefängnissen, vor allem „gefüllt" mit Dissidenten, mit Falungon-Anhängern, die, wie die Machthaber herausfanden, ihrer gesunden Lebensweise wegen „gejagt" werden und „gefragt" sind.

Über die Gründe für die vielen Selbstmorde im Tibet hat uns ein Tibetaner aufgeklärt in einem beeindruckenden Vortrag über sein gequältes Land und seine vernichtet werden sollende Kultur und Tradition.

Mit großer Liebe und Achtung für seine erste Heimat, für das demokratische, aber hoch gefährdete Taiwan erlebte ich den Repräsentanten der Vertretung Taiwan in Deutschland Professor Dr. Shieh in seiner einnehmenden charmanten Art als bewundernswerten Kenner der deutschen Sprache und Literatur, die neben der Liebe zu Berlin seine zweite Heimat sind. Nach der „Corona-Zwangsschließung" wird er in der Gedenkbibliothek sprechen.

Die mutige Aktivistin, Gerda Ehrlich, die seit Jahren jeden Freitag mit Plakaten vor der Nordkoreanischen Botschaft auf die Verbrechen in den Lagern aufmerksam macht, lud vor einiger Zeit zahlreiche junge Südkoreaner zu Gesprächen in die Bibliothek ein.

Weiteres zum Antikommunismus:

Boris Reitschuster mit zwei Buchvorstellungen „Wladimir Putin. Ein Machtmensch und sein System" (14.5.2015) und „Putins verdeckter Krieg" (17.5.2016)

Gabriel Berger „Allein gegen den Staat" (8.9.2004), „Umgeben von Haß und Mitgefühl. Die Autonomie polnischer Juden in Niederschlesien nach 1945" (7.3.2017) und „Allein gegen die DDR-Diktatur" (15.10.2019)

Dr. Theodor Seidel „Kriegsverbrechen in Sachsen" (10.7.2003) und über die erweiterte Ausgabe am 18.2.2018

Dr. Helmut Müller-Enbergs „Deutschland einig Spitzelland" (1.6.2010) und „Spione und Nachrichtenhändler. Geheimdienstkarrieren in Deutschland 1939 bis 89" (14.6.2011)

Dr. Andreas Apelt „Die Opposition in der DDR und die Deutsche Frage 1989/90" (20.4.2010)

Dr. Nikolaus Fest „Gehirnwäsche, Geschichtswäsche: die entsorgte Vergangenheit" (30.10 2019)

Günter Schabowski (†) „Die gescheiterte Ideologie" (24.5.2005)

Dr. Franz Kadell „Katyn – das zweifache Trauma der Polen" (26.7.2011)

Hinrich Rohbohm „Der verdeckte Kommunismus" (14.11.2017)

Familie Schädlich trat auf:
Hans-Joachim Schädlich mit „Kokoschkins Reise" (2.11.2010), Susanne Schädlich „Immer wieder Dezember" (15.9.2009), „Herr Hübner und die sibirische Nachtigall" (26.5.2015) und „Briefe ohne Unterschrift. Wie eine BBS-Sendung die DDR herausforderte." (18.4.2017)

Zum Thema Traumatisierung: Dr. Stefan Trobisch-Lütge „Das späte Gift" (2.9.2008) und gemeinsam mit Dr. Karl-Heinz Bomberg „Verborgene Wunden. Spätfolgen politischer Traumatisierungen in der DDR" (28.5.2015)

Gabriele Stock präsentierte die grausamen Foltermethoden, dokumentiert in: „Kunst im Gulag".

Carmen Bärwaldt zeigte am 29.5.2018 ihren außergewöhnlichen Film „Sonntagskind. Erinnerung an Charlotte von Mahlsdorf".

Das „Braunbuch der DDR" in seiner erweiterten Fassung, vorgestellt von Dr. Olaf Kappelt, mit erschütternden Informationen über ehemalige Nazis in Pankows Diensten, die in der Entspannungspolitikzeit der 70er Jahre nicht gefragt waren in der Bundesrepublik.

Nein, es würde nicht gelingen, alle Höhepunkte an Veranstaltungen aufzuzählen, hätten doch alle das Recht erwähnt zu werden, da wir ja nur von vornherein Höhepunkte planen.

Gelungen war uns leider nicht, Herta Müller mit ihrer „Atemschaukel" zu gewinnen, bevor sie den Nobelpreis verliehen bekam. Ich war von diesem Buch damals so fasziniert, daß ich mir nach dem Lesen ein paar Notizen über das Buch gemacht hatte und diese hier einfließen lassen möchte:

> *„-Eine Abstraktion allen durch das kommunistische System unschuldigen Menschen zugefügten Leids auf höchster künstlerisch-philosophisch-metaphysischer Ebene.*
>
> *-Eindringung in an Wahnsinn grenzende Überlebensphantasien des Erzählenden mit einer atemberaubenden originellen im Esoterischen angesiedelten methaphertächtigen großartigen Sprache.*
>
> *-Einblicke in grenzenlos Menschenverachtendes durch persönlich nicht er-, sondern überlebtes seelisches Leid wie kreatürliches Elend unschuldiger zum geschichtlichen Spielball kommunistischer Macht mit ihren willfährigen Kretins degradierter Menschen."*

In dieser Abstraktion erscheint mir das Buch als Endpunkt und Überhöhung der Gesamtheit aller persönlichen Lagerrückblicke – zeit- und raumlos. Dafür hörten wir aus dem Munde von Richard Wagner, ihrem Ex-Ehemann, Erschütterndes über die Verbrechen der Securitate in Rumänien.

Was haben die Opfer nicht schon alles erlebt! Mögen sie es auch im Gedächtnis aufbewahrt haben - eine Stunde Schlaf genügt, um es auszuschalten. Wie grauenhaft wäre es, wenn sie nur Seele wären, wie sinnvoll, daß es Körper gibt, die immer Gegenwart sind, die das gestrige Leiden ausscheiden wie alles, was unverdaulich ist. (Frei nach Manes Sperber)

Erna Wormsbecher und der Lyriker Ulrich Grasnick in meinem „Literatursalon"

Wem das unter den gequälten **Rußlanddeutschen** gelang, der konnte überleben, so Frau Dr. Ilona Walger, die eine so unglaubliche Begebenheit schilderte, daß man sie kaum wiederzugeben vermag. Aus den Deportationswaggons einfach hinausgeworfen, stand ihre Mutter mit zwei kleinen Kindern neben noch einigen anderen Elendsfiguren (die Männer schufteten in der Trudarmee) in Eiseskälte irgendwo in sibirischer Ödnis und wurde aus der Ferne von kaum sich zu nähern wagenden Sibiriaken beobachtet. Warum? Man hatte denen eingeredet, die Deutschen seien Teufel mit Hörnern, die sie nun mustern wollten. Wieviele schreckliche Geschichten allein zum Thema Deportation ließen sich hier anfügen. Sie füllten einen Extraband, und schwer fällt es mir, nur einige Schlaglichter zu setzen, weil jedes vorgestellte Schicksal es wert wär, erwähnt zu werden. Frau Erna Wormsbecher soll aber noch eine Stimme bekommen mit ihrem Buch „Stalin, Nähmaschine und ich":

> „... Am 28. August 1941 befahl Stalin, alle Deutschen in Rußland nach Sibirien... zu deportieren. Alles mußten sie zurücklassen... aber im letzten Moment ist Mama noch ins Haus zurückgekehrt, hat die Nähmaschine vom Fuß getrennt, in eine Decke eingewickelt und auf den Waggon gebracht. So wurde die Nähmaschine auch deportiert zusammen mit der Familie, zusammen mit allen Rußlanddeutschen... Meine Mama und die Nähmaschine waren immer zusammen..."

Ein persönlicher Einschub: Beim Lesen der Geschichten über die Nähmaschine denke ich gleichermaßen lieb an meine Mutti, die nach dem Krieg mit ihrer Nähmaschine unserer Familie mit das Überleben sicherte. Später hat sie uns alle benäht: ihre Kinder, Schwiegerkinder und Enkel. Als Erinnerung hab ich „Stalin, Nähmaschine und ich" meinen Geschwistern geschenkt. Frau Wormsbecher und mich verbindet seit Jahren tiefe gegenseitige Achtung und Achtsamkeit, ein in der heutigen sozialen und politischen Situation vernachlässigtes, auch nicht mehr generationsübergreifend weiterzugebendes und weitergegebenes Gut, das viele Familien nicht mehr verbindet bzw. gar nicht verbinden soll nach kommunistisch-sozialistischer Ideologie, in der das bürgerliche Menschenbild desavouiert wird wie in der **„Fabrik des neuen Menschen"** oder in der Erschaffung gleich einer **neuen Welt**.

Eine gute Tradition haben die jährlichen Besuche Schweizer Schüler und Studenten, denen Dr. Andreas Petersen nach einer kurzen Vorstellung der Bibliothek und seinem Vortrag einen Zeitzeugen präsentiert.

Viele dieser Vorträge wären würdig, in den Medien hin und wieder erwähnt zu werden, aber konstruktive Arbeit ist in manchen Journalistenaugen unattraktiver als Skandale, zum Teil auch noch selbst verursachte, wie wir das ja zur Genüge erleiden mußten. Obwohl die Tageszeitungen immer informiert wurden, haben sich Journalisten und oder verständlicherweise Lehrer kaum zu uns in die Vorträge verirrt. Man könnte ja was lernen - auch über den gebotenen politischen Geschichtstellerrand hinaus.

Das heißt, einmal schrieb der Tagesspiegel über einen historisch kenntnisreichen brillanten Vortrag von Herrn **Eberhard Diepgen**, den ich nach jahrelangen Bemühungen endlich nach seiner Amtszeit als Regierender Bürgermeister zu einem Besuch in die Bibliothek zu locken geschafft hatte. Aber was sagte der Artikel aus? Nichts. Schräg war er. Unter solch einem Schulaufsatz stände der Vermerk, am Thema vorbei, weshalb es sich auch nicht lohnte, daraus zu zitieren.

Was lehrte uns das mal wieder: **keine Presse ist die beste Presse**. Ein weiser Rat meines Sohnes aus der Rufmordkampagnenära.

Anders war es in unserer Frühzeit, als das Deutschland-Magazin fast jede Vortragsrezension abdruckte, die wir der Chefredakteurin Frau Hurnaus zuschickten, übrigens Tochter des bekannten CDU-Politikers Hans Klein, mit seiner legendären Fliege auf den Fotos neben Helmut Kohl und Michael Gorbatschow auf der Krim zu sehen. Übrigens war er es, der mir im Herkulessaal in München nach einem Festakt die Möglichkeit verschaffte, daß ich dem „Kanzler der Einheit" unsere Anti-PDS-Flugblätter zeigen und die Gedenkbibliothek kurz vorstellen durfte, zu ihm aufblickend mit den Worten, die ich nie vergessen werde:

„Vor Ihnen steht der glücklichste Berufstätige Deutschlands." Im Nachhinein muß ich schmunzeln über so einen kindlichen Auftritt, aber alles hat eben seine Zeit. Die hat mich damals so sein lassen. Heute verböte sich allein der Gedanke daran.

Frau Hurnaus zwischen Georg Fehst (†) und Kai Popiolek

In diese Zeit der Flugblätterverteilung fiel die Unterstützung durch Wolf Biermann, damals Mitglied unseres Fördervereins

Mein letzter Tätigkeitsbericht 2004

Am Ende meines Geschichtenschreibens muß ich angesichts der akribisch geführten Gästebücher mein Unvermögen erklären, auf die über 300 Veranstaltungen der zweiten Lebenshälfte der Gedenkbibliothek einzugehen. Darum möge e i n Tätigkeitsbericht, der alljährlich dem Landesbeauftragten zur weiteren Bewilligung der Projektmittel abgegeben werden muß, beispielgebend sein für die grundsätzlichen Aktivitäten unserer Bibliothek. Hier der aus dem Jahr 2004, mit dem ich mich als Bibliotheksleiterin verabschiedete:

„Eine Kopie unseres Gästebuchs mit dem Nachweis all der durchgeführten Veranstaltungen und den Eintragungen von Besuchern der Bibliothek über die Grenzen Berlins und sogar Deutschlands hinaus, wäre eigentlich der eindrücklichste Tätigkeitsbericht, aber sehr unhandlich. Ein Höhepunkt unserer Vereinsarbeit war zweifellos das Benefizkonzert mit Frau Ada Belidis am 10. November 2004 anläßlich der Ausstellungseröffnung.

WORKUTA - Geschichte eines Schweigelagers, die von dem Präsidenten des Volksbundes für Kriegsgräberfürsorge Herrn Reinhard Führer eröffnet wurde. Die Lesung von Professor Detlev Cramer sowie die Rezitation von Workutagedichten und die Uraufführung des Werks „Fragmente für Solo Sopran und Klavier" hinterließen für die Zuhörer in der Nikolaikirche einen bleibenden Eindruck. Der Initiator der Ausstellung und Vorsitzender der UOKG Herr Horst Schüler rundete die Veranstaltung mit einem Schlußwort ab.

Unsere Sommerakademie zum Thema „Christentum und Sozialismus" (Referent Dr. Ulrich Woronowicz) fand im August d.J. regen Zuspruch.

Das gilt ebenso für unsere Veranstaltungsreihe „Als die Welt den Atem anhielt" im November anläßlich des 15. Jahrestages des Mauerfalls.

Bekannte Autoren wie Joachim Walter, Siegmar Faust und Jürgen K. Hultenreich lasen aus ihren Werken.

Mit Gerda Lehmann und Helga Stutenbecker

Charlotte von Mahlsdorf (†) vor ihrem Vortrag am Eingang der Gedenkbibliothek mit Luzie Hillel und Holger Friedel in ausgelassener Stimmung, erlebten wir doch soeben den vorbeigehenden Markus Wolf in ignorierendem Hochmut

Auch im Jahr 2004 waren wir bemüht, in unseren anderen Veranstaltungen Buchpräsentationen zu unserem Thema, Erinnerungen von Betroffenen sowie wissenschaftliche Aufarbeitung gleichermaßen zu berücksichtigen.

Genannt seien hier Prof. Siegfried Jenkner, Hannover, Dr. Bodo Ritscher, Buchenwald, Professor Konrad Löw, Baierbrunn, sowie Dr. Wenzel, Berlin.

Die Autoren und Autorinnen Bernd Ulbrich („Diesseits und Jenseits"), Dr. Nicole Glocke/ Edina Stiller („Verratene Kinder"), Carmen Rohrbach („Solange ich atme"), Ulrich Schacht („Hohenecker Protokolle"), Ursula Fischer („Im eigenen Land verschollen"), Jochen Stern („Wendezeit"), Gabriel Berger („Allein gegen den Staat") stellten ihre Werke vor.

Günter Nooke im Gespräch mit Dr. Dieter Schulze anläßlich des 10-jährigen Jubiläums

Unbedingt erwähnenswert ist ein Referat von Hermann Kreutzer, der plastisch vor allem seine Erfahrungen mit der sowjetischen Besatzungsmacht zu schildern vermag.

Mit einem Weihnachtskonzert, gestaltet von der Sopranistin Gudrun Sidonie Otto, ließ unser Verein am 16. Dezember das Jahr ausklingen.

Eine ganz außerordentliche Erweiterung unserer Aktivitäten hier in den Räumen der Gedenkbibliothek sind die seit über einem halben Jahr regelmäßig freitags und samstags stattfindenden Zille-Aufführungen in unserem „Kellertheater", die unglaublich gut besucht wurden und werden und selbstver-

ständlich die Möglichkeit des Bekanntmachens mit der Thematik unserer Spezialbibliothek einschließen."

Der Militärhistoriker Peter Hild auf der Historiale

Ich ließ bei meinen Erzählungen wohl keinen Zweifel daran, daß wir mehr sind als n u r eine Bibliothek mit Büchern und Lesern. Unser Wirkungskreis erstreckt sich darüber hinaus sowie auch über unsere turnusmäßigen Vortragsabende. Gern treffen sich bei uns seit vielen Jahren die Mitglieder der Gesellschaft Historisches Berlin mit Frau Helga Stutenbecker, ehemalige politische Häftlinge mit Siegmar Faust, Schweizer Studenten und Schüler mit Herrn Dr. Andreas Petersen, Interessenten des Vereins Berliner Unterwelten mit Frau Heidemarie

Foedrowitz, Interessierte am Berliner Baugeschehen mit dem Architekten und Bauingenieur Dr. Schulz.

Daneben organisiert Herr Detlef Stein mit seiner Frau und Herrn Dr. Völkner zum einen Lesungen aus Neuerscheinungen seiner 3 Verlage und zum anderen Vorträge im kleineren Kreis über Lessing und seine Zeit, wozu wir uns künftig -jetzt mit unserer beschaulichen Lessingausstellung im Lessinghaus - vor allem Zuspruch von Berlintouristen versprechen.

Wer an den Vortragsangeboten der Gedenkbibliothek interessiert ist – als Gast, Hörer, regelmäßiger Besucher, Leser, Tourist oder gar Journalist, kann sich, in unseren inzwischen 12 Gästebüchern blätternd, beindrucken lassen vom Bekanntheitsgrad so mancher Referenten, von der Außergewöhnlichkeit beschriebener Schicksale in Buch- und Filmvorstellungen, von bildungspolitischen Aufklärungsbemühungen in Sachvorträgen und Ausstellungen, meistens von der Bundesstiftung zur Aufarbeitung der SED-Diktatur zu aktuellen Anlässen oder zu bestimmten Jahrestagen. Auskunft gibt auch unsere von Herrn Dahnert mit Unterstützung des Computerexperten Alexander Beifuß stets aktualisierte Internetseite www.gedenkbibliothek.de.

SCHLUSSGEDANKEN

Herr Dahnert hat 2004 den Staffelstab von mir übergeben bekommen, und aus dem halbwüchsigen Bibliothekswesen war nach schwerer Kindheit mit viel ihm angetanem Leid inzwischen eine erwachsene stattliche und anziehende Bildungseinrichtung geworden, die sich nun hoffentlich bald wieder nach der Corona-Quarantäne der Öffentlichkeit zeigen darf, oder, um mit dem Bild des Genres zu sprechen, ein gut lesbarer Roman geworden.

Mit einem versöhnlichen Gedanken an Jürgen Fuchs möchte ich d e n Autor zitieren, den er so sehr verehrte, daß er ihn ständig im Munde führte und über den er am 7.5.1992 zum Thema "Ermutigung als Widerstand" sprach.

Manes Sperber, österreichisch-französischer Schriftsteller und Psychologe stellte diese raum- und zeitlose Frage: *„Wie erzieht man Ja-Sager, und wie gibt man Ja-Sagern wieder den Mut zum Denken?"*

Nach dieser Frage möchte ich nun m e i n e abschließenden Fragen stellen:

WAS WÄRE GEWESEN, wenn....

es diese einzigartige und erstmalige kommunistischer Opfer und Widerständler gedenkende kleine *Spezialbibliothek* n i c h t gegeben hätte in der damals politischen Landschaft der zum einen ehrlich, ernst und gutgemeinten - neben der verharmlosenden und noch gefährlicher: der verfälschenden Betrachtung und Beurteilung der 2. Diktatur auf deutschem Boden, des Unrechtsstaats DDR sowie der sozialistisch-kommunistischen Ideologie insgesamt, oder wenn sie die Liquidierungsversuche nicht überlebt hätte?

WAS WÄRE GEWESEN, wenn ...

es diese in der DDR *verbotenen Bücher* zur Aufklärung über den Stalinismus und die in der Öffentlichkeit wenig wahrgenommenen zeitgeschichtlichen und politischen Forschungsarbeiten n i c h t in dieser Spezialbibliothek auszuleihen gegeben hätte?

WAS WÄRE GEWESEN, wenn ...

es diese *Begegnungsstätte* zwischen Zeitzeugen-Opfern und Zuhörenden n i c h t gegeben hätte?

WAS WÄRE GEWESEN, wenn ...

es diesen *Vortrags-Gesprächsort* mit seinen zeithistorischen, philosophischen und literarischen Themen n i c h t gegeben hätte?

Hat sich allein durch die Existenz als auch durch die Stringenz ihrer Aufklärungsbemühung gesellschafts- und bildungspolitisch etwas getan, gar verändert in beabsichtigter Richtung des Unrechtsaufdeckens?

Gibt es doch inzwischen seit Untergang der DDR Forschungs- und Bildungseinrichtungen, Lehrstühle und Bibliotheken mit allen nicht mehr verbotenen Büchern und allerorts,

auch gibt es Stiftungen und Vereinigungen mit Vortragsangeboten,

und es gibt Gedenkstätten a u c h für die Opfer kommunistischer Gewaltherrschaft.

ABER ... mögen unsere Leser, Hörer und Zeitzeugen darauf antworten.

WAS WÄRE ALSO GEWESEN, wenn...

ich mir diese besondere, kleine Gedenkbibliothek vor 30 Jahren nicht erdacht hätte – in dieser spannenden Aufbruchs- und Umbruchszeit mit ihren Weißen Flecken?

Bildeten wir uns damals nur ein, Wissens- und Gedenklücken schließen zu können, um zu helfen, Schweigen zu brechen? Und hofften wir, naiv und euphorisiert, mit demonstrierter angebotener Meinungs- und Diskutierfreiheit bis hin zu Opfer-Täter-Gesprächen, gar etwas verändern zu können? Wer erinnert sich nicht an die Zwiegespräche mit dem Superintendenten Dr. Schröter und mit den zum Reden bereiten Stasioffizieren wie Kurt Zeiseweis, wovon Siegmar Faust regelmäßig erzählte und auch Sigrid Paul, bekannt durch ihr tragisches Schicksal „Die Mauer mitten durchs Herz". Daneben sind sicher vielen der damals Beteiligten an den Opfer-Täter-Disputen im Checkpoint Charlie die Verstehens- und Versöhnungsbemühungen Dr. Rainer Hildebrandts, des damaligen Direktors, noch erinnerlich, des großen Idealisten und Mielkes personifizierter Haßgestalt mit seinem international bekannten und meistbesuchten Museum Berlins als dauerpräsentem Spiegel für die „Pankower" Menschenrechtsverbrecher.

Es war eine Zeit euphorischen Ausnahmezustands, den ich, gutgläubig und kenntnislos über die westdeutsche grüne Linke, verbunden mit den Sozialismusträumern von einem 3. Weg – die, nur kurz abgetaucht, ihren nur unterbrochenen Marsch durch die Institutionen nun mit beschleunigtem Tempo fortsetzten – für den künftig normalen Zustand hielt, was mich stark, aber zugleich verwundbar machte. Er führte mich samt Bibliothek aufs Glatteis, auf dem mich die damaligen beiden Vorstandsvorsitzenden Fuchs und Bohley, von mir bei Gründung der Bibliothek als bewunderte, integre und in der Presseöffentlichkeit stehende Bürgerrechtler geschätzt, nicht nur ausrutschen, nein, einbrechen ließen. Statt des gegenseitigen Festhaltens, hackten sie noch Löcher ins Eis, in denen zumindest ich als Geschäftsführer verschwinden sollte. Es wurde kalt in diesem Eisloch, und nicht nur mir. Doch nach Hilferufen zeigten sich Verständnis und Wohlwollen von vielen, deren Namen ich jetzt beim Schreiben dieser kleinen Chronik mit ihren hinterlassenen Spuren erinnerte, die das Eis schmelzen ließen und uns nach einigen komplizierten und gestörten Wahlversammlungen letztendlich als neugewählte Vorstandsmitglieder wieder an die Oberfläche gelangen ließen, gestählt, aber auch bedenkender, wie ich zu demonstrieren versuchte, ganz entscheidend durch ein gut gemeint belehrendes Gespräch mit dem großen Professor Dr. Ernst Cramer, dem Aufsichtsratsvorsitzenden der Axel Springer Stiftung und später durch seinen großartigen bereits erwähnten Vortrag „Erinnern als Last und Befreiung" im Tschechischen Kulturzentrum .

> *„Die Menschen, die ich dort kennenlernte, haben unter der SED-Herrschaft viel erleiden müssen. Sie repräsentieren diejenigen, die 1990 in der DDR den Weg zur deutschen Einheit suchten und entsprechend wählten. Viele ihrer Widersacher meinen noch heute, man hätte die Chance eines ´dritten Weges´ verpaßt, einer sozialistischen, aber nicht stalinistischen, also menschlichen DDR. Wer nicht so denkt, wird als Neonazi verschrien."* (Zitiert aus: Die Welt vom 22.1.96)

WAS WÄRE ALSO GEWESEN, wenn....

es dieses Zuhause für so manch einen Betroffenen mit seinen Erinnerungen als Last, die er bei uns abladen konnte, nicht gegeben hätte, bei uns in einem kleinen vertrauten Rahmen anstelle vor großem Publikum in öffentlichen Veranstaltungen …

Es bedurfte bei uns in der kleinen Gedenkbibliothek keines Muts, zu sprechen und eine Meinung außerhalb der politisch korrekten zu äußern. **Der antitotalitäre Konsens und nicht die antifaschistische Kampfansage ist unser Fundament.** Aber haben wir das in die Öffentlichkeit tragen können? Ohne Presse und Fernsehen? Wir hatten gemeint, gelernt zu haben, gegen jene Minderheit zu schwimmen, die sich in der veröffentlichten Meinung als Strom ausgab. (Aber im Erfühlen der momentanen Stimmung bin ich mir dieser Aussage, die ich vor 5 Jahren in meinem Vorwort des Rezensionsbandes „Aufklärung ohne Grenzen" schrieb, nicht mehr sicher) Dafür wurden wir oft von der schweigenden Mehrheit, vor allem den politischen Opfern und Widerständlern, insbesondere der frühen stalinistischen Verbrechenszeit, die aber heute von den Verharmlosern der SED-Diktatur sowie von den Beschwörern der guten Idee des nur schlecht gemachten Kommunismus/Sozialismus allzu gern, wie ich am Beispiel der Gedenkstätte Sachsenhausen durch Frau Gneist erwähnte, zu Opfern 2. Klasse degradiert werden, verstanden und unterstützt. Wenn sie auch wie vor dem Aufbruch ´89 nicht mehr schweigen und flüstern müssen, werden sie doch in der Öffentlichkeit kaum wahrgenommen. Und was wird aus ihrem Gedenken, wenn diese Generation nicht mehr mahnen kann? War der Einfluß unseres kleinen Gedenkortes nicht viel zu gering, gegen das Vergessen dieser sozialistischen Menschenverachtung anzusprechen und anzuschreiben sowie auch gegen deren Verharmlosung?

So kann ich aus heutiger Trendsicht nicht umhin, den mehrmals zitierten Satz vom sozialdemokratischen Kämpfer gegen die Unfreiheit im Denken und Handeln Hermann Kreutzer umzudrehen, was ihn im Grabe umdrehen ließ:

„*Wir haben so manche Schlacht verloren, aber den Krieg werden wir gewinnen*".

Ich befürchte trotz mancher gewonnenen Schlacht werden wir den Krieg verlieren. Oder haben ihn bereits verloren?

Ein bitteres Ende ... möge sich der Satz doch noch einmal drehen....

Die Hoffnung auf eine nochmalige Drehung gab mir dieser Tage bei meinen Schlussgedanken Angelika Barbe in Interviews nach ihrer polizeilichen Festnahme auf dem Alex, weil sich mit ihren Erinnerungen und denen von Vera Lengsfeld, zwei mutigen Streitern für Freiheit und Demokratie, an das Ende der SED-Diktatur auch der Anfang eines Aufbruchs in Mündigkeit abzeichnet.

WAS WÄRE ALSO GEWESEN, wenn...

die Bibliothek schon in einer ihrer Schlachten untergegangen wär..., wenn das Erinnern nicht Befreiung, sondern Last beim Blick ins Morgen wurde und wird? WEIL die SED als Auftrags- und Befehlsgeber der Staatssicherheit nach der Friedlichen Revolution nicht stigmatisiert wurde und heute als „Demokratische-Sozialismus-Partei" nun mit breiter politisch-medialer Unterstützung ihrerseits demokratische Opposition und Andersdenkende stigmatisieren kann.

Angelika Barbe in Chemnitz 2018 (Foto PP Redaktion)

Aber ein Volk läßt sich - wie unsere jüngste Geschichte zeigt - nur bis zu einem bestimmten Grad das Recht auf freies Denken, Reden, Schreiben, Versammeln nehmen lassen. Verbote bedeuten Stillstand, Gedankenaustausch Bewegung: durch These, Antithese und Synthese.

Meine Geschichtsbetrachtung der Bibliothek teilt sich nach Seneca auch in drei Zeiten ein: „…in die, welche ist, welche war, und welche sein wird. … Die wir leben werden, ist zweifelhaft."

Manes Sperber möge nachdenken helfen und in unser Morgen hineinfragen lassen mit s e i n e r

Legende vom verbrannten Dornbusch

> „... *Und so mehrten sich die Stimmen jener, die da sagten, daß die Tage der Finsternis zu lange gedauert hatten; zu lange hatte man darauf gewartet, daß das Versprechen des Glücks Wirklichkeit und die Verkündung des Lichts Wahrheit würde. Und sie sagten: ´Kommt, laßt uns unsere Wohnungen rund um den Dornbusch bauen, der seit Ewigkeit brennt. Die Tage der Finsternis und der Kälte werden dahin sein, für immer, denn immer wird der Dornbusch brennen und nie wird er verbrennen.´*
>
> *Also sprachen die Mutigsten unter ihnen, jene, in welchen die Zukunft lebte wie das Ungeborene im Leibe der Trächtigen, jene, die da nicht die Orakel fragten: ´Was wird sein?´, sondern allein den eignen Mut, die eigene Großmut: ´Was werden wir tun?´*
>
> *Und ob sie schon Hindernisse fanden und Feindschaft allerorten, so folgten ihnen doch viele auf dem steilen, steinigen Wege zum brennenden Dornbusch. Und sie richteten sich ein, in seinem Lichte zu leben.*
>
> *Da aber geschah es, daß seine Zweige zu verkohlen begannen, und sie fielen ab und wurden zu Asche. Selbst die Wurzel verbrannte und wurde zu Asche. Und wieder brach die Finsternis herein und die Kälte.*
>
> *Da erhoben sich Stimmen, die also sprachen: ´Sehet wie alle unsere Hoffnung getäuscht worden ist - ist da nicht Schuld? Prüfen wir, wessen Schuld es ist!´*
>
> *Da ließen die neuen Herren alle jene töten, die so sprachen, und sie sagten: Ein jeglicher, der da aufsteht und will es wahrhaben, daß der Dornbusch verbrannt ist, soll eines schändlichen Todes sterben. Denn nur dem Feinde leuchtet sein Licht nicht, nur er friert in seiner Wärme.´ So sprachen die neuen Herren auf dem Aschehügel; um sie war eine*

große Helle, sie kam vom Lichte der Fackeln in den Händen der neuen Sklaven.

Und wieder standen welche auf, in ihnen lebte die Zukunft wie das Ungeborene in der Trächtigen, die sagten: `Der Dornbusch ist verbrannt, weil es bei uns auf ´s neue Herren gibt und Sklaven, ob wir ihnen schon andere Namen geben. Weil es Lüge bei uns gibt und Niedertracht und Erniedrigung und Gier nach Macht. Kommt, laßt uns anderswo neu beginnen.´

Doch die neuen Herren befahlen den Sklaven, überall und zu jeder Stunde das Lob vom brennenden Dornbusch zu singen. In den Finsternissen hörte man sie singen: ´Heller als je vorher leuchtet uns das Licht.` Sie bebten vor Kälte, doch sie sangen: ´Uns wärmt des Dornbuschs ewiges Feuer.´

Die neuen Schergen der neuen Herren gingen aus, jene auszurotten, die die Wahrheit sagten, die Namen jener in Schande auszulöschen, die davon sprachen, aufs neue zu beginnen. Doch so viele sie ihrer auch töteten, sie konnten die Hoffnung nicht vernichten, die alt ist wie die Trauer und jung wie die Morgendämmerung.

Es gibt einen anderen Dornbusch, man muß ihn suchen - verkünden die geheimen Stimmen jener, denen die Schergen der alten und der neuen Herren auf den Fersen sind -- und finden wir ihn nicht, so werden wir ihn pflanzen.

Gesegnet seien, die so sprechen. Daß doch die steinigen Wege ihren Füßen nicht zu hart werden und ihr Mut nicht geringer als unser Jammer .`

So sprach der Fremde, ehe er uns wieder verließ. Wir versuchten, ihn schnell zu vergessen, ihn und den bitteren Geschmack seiner Hoffnung.

Wir waren müde des ewigen Anfangs.

Aus „Wie eine Träne im Ozean", der großen „Saga des Komintern", wie sie von dem Exkommunisten Arthur Koestler bezeichnet wurde, die politische Tragödie einer utopiegläubigen Generation, die bis heute aber immer wieder und weltweit für Nachkommen sorgt....Nicht zufällig stand er im Mittelpunkt unseres 3. Vortrages 1991 über die großen Renegaten, biographiert im Buch von Hermann Kuhn „**Bruch mit dem Kommunismus**".

Trotzdem: WAS BLEIBT?

GLAUBE HOFFNUNG LIEBE

Schwierige Straßen führen oft zu wunderschönen Zielen.

Der Geist der Wahrheit und der Geist der Freiheit –

dies sind die Stützen der Gesellschaft.

Friede ist nur durch Freiheit,

Freiheit nur durch Wahrheit möglich.

Karl Jaspers

EPILOG

Nach der 1. Lesung aus diesem Geschichtenbuch vor meinen vielen euphorieangesteckten Gästen am 3. Juli, anstelle des wegen Corona ausgefallenen traditionellen Frühlingsfestes im Mai, aber vor allem nach gegenseitigem Überschlagen im Erinnerungsaustausch zwischen Alexander W. Bauersfeld und mir beim Lesen und Vorlesen besonderer Episoden sowie im Gedenken an Große unter den Referenten wie Zeitzeugen fühl ich mich aufgefordert, noch einige Bemerkungen anzufügen.

Da diese kleine Chronik nicht nur ein Sachdokument ist, sondern auch ein von Emotionen getragenes Begegnungsbuch, konnte ich beim Vorlesen auf den einen oder anderen in die Bibliotheksgeschichte Involvierten erinnernd eingehen und ihn zur handelnden Person machen, wie die beiden Hochbetagten Stefanie Brown und Ursula Schöbe. Letztere, begleitet von ihrem Sohn Dr. Thomas Schöbe, deren Schicksal bei den Anwesenden Entsetzen über das der ganzen Familie angetane Leid auslöste, stellte ihr gerade im selben Verlag erschienenes Buch „Rot war nicht nur die Liebe" vor.

Die meisten meiner Gäste gehören nicht nur zur Bibliothekshörerschaft, sondern auch zu meinem privaten Literatursalon. Drei „Neulinge" in dieser privaten Runde waren Herr von Hauff in Begleitung seiner reizenden chinesischen Adoptivtochter, Herr Priesemuth, der gleich einen Fachvortrag über die Stasi hätte anfügen können, es auch im kleinen Kreis ja wohl tat, sowie Frau Katrin Büschel, die mit ihrem gedrehten „Corona-Film" interessierte Zuschauer fand, bevor der Grillabend durch spontan vorgetragene Politsatire von Alexander Bauersfeld, köstlich Lyrisches durch Carmen Bärwaldt und ein besonders ehrendes Gedicht von Manfred Eisenlohr neben meiner Deklamation des von mir so geliebten und wie auf heute zugeschnittenen „Jäger-Wanderer-Hund" Gedichtes von Dr. Steudel bereichert wurde. Dass Laila als Fels in der Brandung meine Familie vertrat, hat mich glücklich und dankbar gemacht, auch wenn es mich sehr schmerzte, daß Roy und Luca nicht dabei waren und auch meine Geschwister sich von den Zwangscoronamaßnahmen abhalten ließen.

„Hab nur den Mut, die Meinung frei zu sagen und ungestört!
Es wird den Zweifel in die Seele tragen dem, der es hört.
Und vor der Lust des Zweifels flieht der Wahn.
Du glaubst nicht, was ein Wort oft wirken kann."
Goethe.

DANK

So wie die Bibliothek oft eine Einmannstätte war, ist auch dieses Erinnerungsbuch ein in vier Monaten des Alleinseins „dank Corona" geschriebenes Einmannergebnis, was allein meinen Blick auf all das, was mit der Bibliothek und durch sie mit mir geschehen ist, zeigt.

Bedanken möchte ich mich aber an dieser Stelle bei Ulrike Rose, die mir durch ihr liebevolles Interesse bei gegenseitigem Vorlesen, bei Kapiteleinteilungen, aber vor allem beim „Einbauen" der vielen Fotos nicht nur unverzichtbar war, mehr noch, ich genoß unser beider Freude und Begeisterung in wohl 10 Computersitzungen.

Da dieses Buch kein mit öffentlichen Mitteln finanziertes Projekt ist, möchte ich mich für drei „Finanzspritzen" bei Frau Ursula Schöbe, Herrn Michael von Hauff und Familie Dieckmann von ganzem Herzen bedanken.

Auch dem Verleger Herrn Detlef Stein gebührt mein Dank, daß er diese „Buchwerdung" so schnell und interessiert möglich gemacht hat. Bei Frau Margarita Stein bedanke ich mich für ihre Videoaufzeichnung der ersten Lesepremiere in privater Runde sowie für den fotografischen Rundgang durch die Ausstellung im Buch.

Herr Dahnert und Herr Walter brachten ein „ganzes Auto voll" Gästebücher und Fotoalben zu mir nachhause und waren immer hilfsbereit, wenn es um noch und noch ein außergewöhnliches Foto, das gesucht und eingescannt werden mußte, ging, wobei mir auch Laila half. Die meisten Aufnahmen verdanke ich meinem Mann, der bis 2003 das Leben der Bibliothek mit dem Fotoapparat festgehalten hat.

NACHWORT

von PROF. Dr. jur. KONRAD LÖW

„Lasst uns trotzdem weiterkämpfen!"
(Alfred Grosser)

Wer sich nicht für berufen hält, ein Vorwort zu schreiben, wird sich nach einer entsprechenden Einladung rasch erkundigen, bis wann er seinen Text abzuliefern hätte, wartet doch „Dringliches" auf rasche Erledigung. Der Rohentwurf der „Geschichte der Gedenkbibliothek zu Ehen der Opfer des Kommunismus", als E-Mail-Anhang übermittelt, verführte mich zu einem flüchtigen Blick, der erst dann endete, als das Ganze, immerhin über 200 Seiten, gelesen war. Demnach offenbar eine sehr spannende Lektüre, zumal den Text Dutzende Fotos auflockern.

Worum geht es in dieser Geschichte? Um dreißig Jahre im Leben einer außergewöhnlichen Frau.

Die Geschichte Deutschlands umfasst einen Zeitraum von weit mehr als eintausend Jahren mit Tiefen und Katastrophen, aber auch mit überaus beglückenden Ereignissen und Fügungen. Eine solche Sternstunde markiert den Anfang dieser Chronik: die Wiedervereinigung der beiden Teile Deutschlands. Als Folge eines apokalyptischen Krieges war es 1945 geteilt in West und Ost. Die Teilung beschränkte sich nicht auf Deutschland, sie umfasste auch Europa und die ganze Welt. Viele glückliche Umstände wirkten zusammen, dass diese Teilung Ende der achtziger, Anfang der neunziger Jahre des zwanzigsten Jahrhunderts ihr Ende fand.

Der Ausgang des Krieges allein hätte die Teilung nicht bewirkt. Es waren grundlegend verschiedene Weltanschauungen, die in jedem der beiden Blöcke das Denken und Handeln bestimmen sollten: hier im Westen das Gedankengut der freiheitlichen rechtsstaatlichen Demokratie, im Osten der Marxismus-Leninismus, der Konformität mit allen Mitteln erzwungen hat, gemäß der Devise Friedrich Engel's: „Dem Revolutionär ist jedes Mittel recht, das zum Ziele führt, das gewaltsamste, aber auch das scheinbar zahmste." Dazu zählte das Wegsperren aller Veröffentlichungen, die der eigenen Ideologie widersprachen. Dank der friedlichen Revolution, die sich in den erwähnten Jahren vollzogen hatte, wurden die sogenannten Giftschränke mit den verderblichen Gedanken nun geöffnet und für jedermann zugänglich – in der Theorie. Doch damit waren sie noch nicht für jedermann greifbar. Da keimte in einer vom Index zunächst betroffenen Frau die Idee, gerade für die bislang verbotenen Bücher und ihre Autoren eine eigene Bibliothek aufzubauen und der Allgemeinheit anzubieten. Das war vor dreißig Jahren. Und der Name der Frau? Ursula Popiolek! Seit Jahren ist nun dieser Geistesblitz Wirklichkeit und für jedermann ein Angebot. Doch kaum zu erahnen, welche Schwierigkeiten der Verwirklichung in den Weg gestellt wurden, die mehrmals das Scheitern des Projekts schier unvermeidlich machten. Doch schier unglaubliche Durchsetzungskraft hat letztlich alle Hindernisse aus dem Weg geräumt. Und so steht die Bibliothek heute solider da als jemals zuvor. Davon handelt unsere Geschichte.

Aber sie bietet mehr. Sie macht uns bekannt mit vielen, die gegen den Kommunismus angekämpft haben unter Einsatz von Hab und Gut, von Beruf und Freiheit, Leuten wie Wolfgang Leonhard, Karl-Wilhelm Fricke, Hermann Kreutzer. Den Überlebenden bietet die Bibliothek die Möglichkeit zur Begegnung mit Gleichgesinnten und Andersdenkenden, für Lesungen aus eigenen Erfahrungsberichten und Nachforschungen. So wird ein trister Teil der deutschen Geschichte noch heute für die nachwachsende Generation, aber auch für die Westler, die das unverdiente Glück hatten, seit 1945 in Freiheit zu leben, persönlich erfahrbar und auch, was die namhafte jüdische Publizistin Gabriele Tergit, ein Hitler-Opfer, in ihren „Erinnerungen" zu Papier gebracht hat (S. 388): „zwischen SED-Diktatur und Hitlerdiktatur ist kein Unterschied". Die phänomenale Leistung, die in dieser Spezialbibliothek Gestalt angenommen hat, bereichert nicht nur Berlin, sondern ganz Deutschland und wird angemessen gewürdigt durch das Bundesverdienstkreuz, das der Bundespräsident am 10. Januar 2012 Ursula Popiolek verliehen hat. Er tat dies im Namen des deutschen Volkes, also auch in unser aller Namen: Dank und Anerkennung!

Da in München wohnhaft hatte ich nur selten Gelegenheit, das Angebot der Bibliothek zu genießen. Aber ich fühlte mich ihr tief .verbunden, und zwar von Anfang an. Das kam so: Neben mir wohnte in München, gleichsam Zimmer an Zimmer, seit 1945 ein Medizinstudent, namens Edmund Bründl. Er besuchte 1946 seine Eltern in Leipzig, also in der Sowjetisch Besetzten Zone (SBZ). Fünf Tage wollte er bleiben; zehn Jahre sollte es dauern, bis ich ihn wieder zu Gesicht bekam, ein menschliches Wrack, unfähig sein Studium wieder aufzunehmen. Die Sowjets wollten, als er sich in ihrem Machtbereich befand, dass er für sie spioniere. Er weigert sich. Sie verurteilten ihn zu zwanzig Jahren Freiheitsentzug. Nach zehn Jahren wurde der gebrochene Mann amnestiert. Immer wieder hatte ich mich nach ihm erkundigt. Zunächst galt er schlicht als verschollen und dann stets das Gleiche: warten, warten. So war der Unrechtsstaat SBZ/DDR, der sich zum Kommunismus als Staatsziel bekannte und die Sowjetunion den „Großen Bruder" nannte, mein hautnahes, tägliches Menetekel und die Gegner des Ostblocks wurden meine Freunde. So bin ich unverzüglich der Gesellschaft für Menschenrechte beigetreten, als ich auf sie stieß und ihren Schwerpunkt DDR wahrgenommen hatte. Sie spielt in unserer Geschichte eine nicht ganz unbedeutende Rolle.

1968 erhielt ich die Einladung, an der Hochschule für Politik (HfP) München Lehrveranstaltungen über „Das politische System der DDR" abzuhalten. Als Basis diente selbstverständlich die dortige Verfassung.

Schon in ihrem Artikel 1 stand ein Bekenntnis zur „marxistisch-leninistischen Partei" als der berufenen Führerin in die sozialistische Zukunft. Das machte die Beschäftigung mit Marx und Lenin unumgänglich. Die Erarbeitung der ideologischen Grundlagen musste rasch geschehen. Also griff ich Marx betreffend zur Sekundärliteratur und schenkte jenen Glauben, die ihm humanistische Motive unterstellen. Doch je öfter ich die Zeit fand, aus den Quellen zu schöpfen, also Marx und Engels im Original zu lesen, desto mehr verfinsterte sich ihr Bild in meinen Augen. So habe ich sie in einer Reihe von Büchern geschildert und meine zunächst auch für mich überraschenden Erkenntnisse meinen Studenten mitgeteilt. Damals war es in München an der HfP geradezu Mode, marxistisch-leninistische Listen zu wählen. Dementsprechend das Echo auf meinen Götzensturz – sollte man meinen. Doch die nicht immer friedlichen Studenten fanden keinen Ansatz zur Kritik und fragten: Was würden geschulte Marxisten antworten? Da kam 1981 von der Tschechoslowakischen Akademie der Wissenschaften eine Einladung zum Gedankenaustausch, die ich liebend gern annahm unter der Bedingung, dass ich meine Bücher als Beweismaterial mitnehmen dürfe. Doch dort angekommen, war von Diskussion nichtmehr die Rede. Man zeigte mir das Erbe der Monarchie. Auch mit den Studenten durfte ich nicht in Berührung kommen. Als ich meiner Enttäuschung Luft machte, wurde eine Konferenz einberufen, an der ca. zehn Akademiemitglieder teilnahmen. Sie offenbarte, dass auch dort die „Marxisten-Leninisten" recht wenig von ihren Idolen wissen. Im kaum kaschierten Streit endete die Begegnung. Nach vier Tagen wurde ich auf offener Straße verhaftet und so gewürdigt, ein klein Wenig das Schicksal jener zu teilen, die ich verehrte und verehre. Die Anschuldigung lautete: Ich hätte versucht, aus den Mitgliedern der Akademie Faschisten zu machen. Das sei mir nicht geglückt!

Schon nach drei Tagen kam ich wieder frei. Außenminister Genscher hatte interveniert. Drei Tage im tiefsten Keller und in totaler Ungewissheit die Zukunft betreffend ließen den Tag der Befreiung zum schönsten in meinem Leben werden. Von nun an wussten meine Studenten, wie im Sozialismus mit Andersdenkanden verfahren wird, sogar mit einem Staatsgast.

Am 9. und 10. November 1989 fand im Reichstagsgebäude eine Tagung der Gesellschaft für Deutschlandforschung statt, an der ich teilnahm. Am Abend des 9. verließ ich als einer der letzten das Gebäude und begab mich noch kurz an die Mauer, um diese zu Stein gewordene Fessel des Volkes auf mich einwirken zu lassen. Dann ab in mein Hotel, um mich auszuruhen. Am nächsten Morgen erfuhr ich, dass ich eine greifbar nahe Weltsensation verschlafen hatte: die Öffnung jener Mauer, die mir noch wenige Stunden vorher Schrecken eingejagt hatte. Wer erinnert sich nicht an Günter Schabowski, das Mitglied des Politbüros der SED, wie er mit zitternder Stimme vor den laufenden Kameras verkündete, dass die innerdeutsche Grenze nun offen sei.

Aus dem Saulus Schabowski wurde ein Paulus, der sich nicht scheute, die Gedenkbibliothek aufzusuchen. Auch davon berichtet unsere Geschichte. Vermittelt hat die Begegnung Siegmar Faust, eines der erbärmlichsten Opfer des SED-Regimes und somit einer der Zeugen, die die Bibliothek schmücken. Seit seinem Freikauf ist er mein Freund. Zwei scheinbar unversöhnliche Gegner, Faust und Schabowski, hatten sich gefunden und auf dem Boden der Freiheit ausgesöhnt. So kam Schabowski an jene Bücher heran, von denen er früher nur wusste, dass sie sich in einem der Giftschränke befinden. Nicht frei von Freude sei Schabowski zitiert: „Die Arbeiten von Konrad Löw über Marx und Marxismus leisteten mir so etwas wie Lebenshilfe, weil sie mich darin bestärkten, Klarheit über die Ursachen unseres Scheiterns zu gewinnen. Löws Schriften - es waren nicht die einzigen aus den Giftschränken des freien Geistes, … lieferten mir befreiende Röntgenaufnahmen der roten Säulenheiligen …"

Als die Einsichtnahme in die Aufzeichnungen des Staatssicherheitsdienstes ermöglicht wurde, habe auch ich einen Antrag gestellt. Werde ich mich dort finden? Umso größer die Überraschung: Über dreihundert

Blatt! Welch' ein wahnsinniger Aufwand! Er stellt mich neben die vielen, von denen in unserer Geschichte die Rede ist. Bemerkenswertes findet sich in meiner Akte nicht, jedoch Erfreuliches: „Er hat ein klares Weltbild." „Er ist bei den Studenten beliebt."

Unweit der Gedenkbibliothek ist das Rote Rathaus. Dort durfte ich auf Einladung der Gesellschaft für Deutschlandforschung im März 2004 über „Deutsche Identität in Verfassung und Geschichte" sprechen. Ursula Popiolek war auch zugegen, als ich unter Berufung auf eine Reihe jüdischer Zeitzeugen der NS-Ära zusammenfassend ausführte: „Wir dürfen nicht zögern, die Verbrechen des NS-Regimes als wichtigen Teil der deutschen Geschichte, der deutschen Identität zu bekennen. Aber wir sollten jenen entgegentreten, die allgemein von deutscher Schuld sprechen, wenn damit gemeint ist, dass die große Mehrheit der damals lebenden Deutschen mitschuldig gewesen sei an einem der größten Verbrechen in der Menschheitsgeschichte. Ein solcher Vorwurf ist ungeheuerlich, wenn er nicht bewiesen wird. Dieser Nachweis wurde bis heute nicht erbracht."

Karl-Wilhelm Fricke, eine Zentralgestalt der Gedenkbibliothek, war 1955 von den hier regierenden Kommunisten gekidnappt und in einem Geheimprozess zu einer langjährigen Freiheitsstrafe verurteilt worden. Jetzt veranlasste er als einflussreicher Bundesbürger, dass mein Text im Deutschlandarchiv abgedruckt wurde. Doch kaum war er erschienen, distanzierte sich die Herausgeberin des Archivs, die Bundeszentrale für politische Bildung, mit aller Schärfe von dem Artikel und versprach, den Rest der Auflage zu makulieren – wie die Nazis 1933. Für mich war klar, dass die oberste Bildungseinrichtung mehrere meiner Grundrechte verletzt hatte, und ich beschritt den Rechtsweg. Nach insgesamt sechs Jahren des Wartens endlich am 17. August 2010 die einstimmig gefällte Entscheidung, dass die Verfassungsbeschwerde „offensichtlich begründet" ist.

Die große Presse berichtete ebenso wie die juristische Fachpresse. *Die Zeit* und die *Süddeutsche Zeitung* schossen sofort volle Breitseite nicht nur gegen mich, sondern auch gegen das Bundesverfassungsgericht, natürlich ohne mich oder das Gericht zu zitieren! Die Fachpresse bejahte die Entscheidung. Seitens der Leser gab es viel Beifall, selbst aus dem Ausland und von jüdischer Seite: So schrieb mir der in Paris lebende Jude und Träger des Friedenspreises des Deutschen Buchhandels Alfred Grosser angesichts der Schmähungen in der Tagespresse: „Lasst uns trotzdem weiterkämpfen!" Diese Aufforderung darf ich mir zu Eigen machen und an Ursula Popiolek adressieren: **„Lasst uns trotzdem weiterkämpfen!"** Wir brauchen Sie noch lange.

Zur Autorin

Popiolek Ursula

B.: Gschf. FN.: Förderver. Gedenkbibl. zu Ehren d. Opfer d. Stalinismus e. V. DA.: 10178 Berlin, Rosenthaler Str. 36. G.: Eberswalde-Finow, 11. Apr. 1943. V.: Peter Popiolek. Ki.: Kai-Norman (1965), Roy (1968). S.: 1963 Abitur, 1964-69 Stud. Slawistik Humboldt-Univ. Berlin. K.: 1969-89 freiberufl. Übersetzerin, 1989 Initiatorin u. Aufbaukoordinatorin o. g. Bibl. BL.: Veranstaltungen u. Opferkreise z. Erforsch. u. Aufarb. d. Zeit d. Stalinismus in der SU u. d. DDR. M.: Hilfsaktion Märtyrerkirche e. V.

Eintrag im *Who is Who der Bundesrepublik Deutschland*. Supplementwerk. 6. Ausgabe 1999, S. 262.

WHO IS WHO IN DER BUNDESREPUBLIK DEUTSCHLAND

Begründet von Ralph Hübner

Supplementwerk

6. Ausgabe
1999

Veranstaltungsarchiv bis 2020

Datum	Referenten	Thema	Veranstaltungsart
1990			
14.12.1990	Prof. Dr. h.c. Wolfgang Leonhard	Festliche Bibliothekseröffnung am Hausvogteiplatz in Berlin	Eröffnungsfeier
1991			
10.01.1991	Dr. Ralf Schröder	Stalinismus vor Stalin - Vision russischer Literatur	Vortrag
30.01.1991	Johann Urwich	Ohne Paß durch die UdSSR	Dia-Vortrag, Lesung
28.02.1991	Hermann Kuhn	Bruch mit dem Kommunismus Teil I	Vortrag
07.03.1991	Prof. Dr. Hermann Weber	Stalinismus in der DDR	Vortrag
27.03.1991	Hilde Rubinstein	Gefangenschaft unter Hitler und Stalin	Vortrag
10.04.1991	Ursula Fischer	Zum Schweigen verurteilt Teil I	Lesung
08.05.1991	Irma Scheuer	Kindheitserinnerungen	Lesung
13.06.1991	Ursula Fischer	Zum Schweigen verurteilt Teil II	Lesung
27.06.1991	Dr. Stefan Wolle	Ich liebe euch doch alle	Buchvorstellung
03.07.1991	Peter Bordihn	Bittere Jahre am Polarkreis	Buchvorstellung
19.07.1991	Dr. h.c. Annemarie Renger	Kurt Schumacher	Vortrag
25.07.1991	Wolfgang Janisch	Vergessenes bewahren	Vortrag
14.08.1991	Margot Pietzner, Renate Gruber	Licht in der Finsternis	Lesung
05.09.1991	Jürgen Fuchs	Das Stasi-Unterlagengesetz	Vortrag
16.09.1991	Irma Scheuer	Kinder - unsere lichte Zukunft	Lesung, Gespräch
04.10.1991	Ernst Elitz	Sie waren dabei	Buchpräsentation
21.10.1991	Prof. Dr. Wolfgang Schuller	Geschichte und Struktur des politischen Strafrechts	Vortrag
05.11.1991	Siegmar Faust	Ich will hier raus	Lesung, Gespräch
02.12.1991	Prof. Dr. Hermann Weber	Geschichtsfälschung in der DDR	Vortrag

Datum	Referenten	Thema	Veranstaltungsart
1992			
09.01.1992	Jürgen K. Hultenreich	Freche Lieder und bissige Texte	Lesung
23.01.1992	Sieghard Pohl	Die ungehorsamen Maler	Vortrag, Gespräch
13.02.1992	Hermann Kuhn	Bruch mit dem Kommunismus Teil II	Vortrag, Lesung
20.02.1992	Freya Klier	Lüg Vaterland	Buchpräsentation
05.03.1992	Siegfried Heinrichs	Kassiber aus dem Knast	Lesung
12.03.1992	Ulrich Schacht	Brandenburgische Konzerte	Lesung
01.04.1992	BSV-Referenten	Häftlingshilfegesetz und Bundesversorgungsgesetz	Vortrag
02.04.1992	Christoph Links	Verlagsvorstellung LinksDruck	Vortrag
09.04.1992	Dietmar Linke	Die unheilige Allianz zwischen Stasi und Kirche	Vortrag
07.05.1992	Jürgen Fuchs	Ermutigung als Widerstand – zu Manes Sperber	Vortrag
21.05.1992	Karl Wilhelm Fricke	Der Staatssicherheitsdienst der DDR	Vortrag
04.06.1992	Alois Kuhn	Der Karikaturist	Vortrag
18.06.1992	Prof. Jens Reich	Abschied von den Lebenslügen	Buchpräsentation
02.07.1992	Bernd Lippmann	Anmerkungen zur Stasi-Diskussion	Vortrag
16.07.1992	Bernd Ulbrich	Diethard – eine deutsche Karriere	Lesung
13.08.1992	Dieter Borkowski	Auseinandersetzung mit dem Kommunismus	Vortrag
27.08.1992	Prof. Dr. Wolfgang Schuller	Die SED: ihre Verbrechen, ihre Opfer und ihre Täter	Vortrag
03.09.1992	Prof. Dr. h.c. Wolfgang Leonhard	Spurensuche - 40 Jahre nach Die Revolution entlässt ihre Kinder	Vortrag
10.09.1992	Melwin J. Lasky	Wortmeldung zu einer Revolution	Vortrag
01.10.1992	Bärbel Bohley	Bürgerbewegung heißt: Wähle dich selbst	Vortrag
08.10.1992	Bernhard Priesemuth	Die toten Opfer der stalinistischen Gewaltherrschaft	Vortrag
22.10.1992	Hermann Kreutzer	Kampf und Versagen der deutschen Sozialdemokratie nach '45	Vortrag

Datum	Referenten	Thema	Veranstaltungsart
04.11.1992	Joachim Gauck	Drei Jahre nach der Wende	Vortrag
05.11.1992	Prof. Dr. Klaus Hornung	Der faszinierende Irrtum - Karl Marx und die Folgen	Vortrag
12.11.1992	Dieter Borkowski	Schüsse in der Botschaft	Lesung, Gespräch
26.11.1992	Dr. Ralf Georg Reuth	IM Sekretär	Buchpräsentation
10.12.1992	Dr. Bernward Baule	Feindbilder - Erziehung zum Haß in der DDR	Vortrag
15.12.1992	Dr. Rainer Hildebrandt	Über sein eigenes politisches Wirken	Erlebnisbericht
17.12.1992	Werner Rösler	Ursachen des Terrors unter Hitler u. Stalin	Vortrag
1993			
07.01.1993	Eberhard Wendel	Möglichkeiten der Verfolgung politischen Unrechts	Vortrag
21.01.1993	Prof. Dr. Peter Pulzer	Wurzeln und Gefahren des Totalitarismus	Vortrag
28.01.1993	Dr. Klaus-Peter Schulz	Europa - seit 70 Jahren nie Utopie!	Vortrag
04.02.1993	Dr. Gunter Holzweißig	Die Medienherrschaft der SED	Vortrag
11.03.1993	Peter Eisenfeld	Dokumentation der Stasi - Fallstudie	Vortrag
01.04.1993	Dr. Albrecht Krieger	Zum Thema Treuhand	Vortrag
15.04.1993	Christel Michael	Ein Alptraum - oder der Weg in die Freiheit	Lesung
13.05.1993	Manfred Kittlaus	Zum Thema ZERV	Vortrag
17.05.1993	Sigrid Rührdanz	Für mich ging die Mauer mitten durchs Herz	Erlebnisbericht
03.06.1993	Werner Stiller, Walter Thräne	Im Zentrum der Spionage	Erlebnisbericht
10.06.1993	Dr. Hans Jürgen Grasemann	Vergangenheitsbewältigung durch die Justiz	Vortrag
17.06.1993	Roger David Servais	Bildende Künstler und Stasi	Vortrag
01.07.1993	Stephan Wolf	Erfahrungen mit dem Stasi-Unterlagengesetz	Vortrag
08.07.1993	Elisabeth Graul	Die Farce	Lesung
22.07.1993	Karlheinz Rahn	Ghetto-Ballade	Lesung
05.08.1993	Rainer Schottländer	Das teuerste Flugblatt der Welt	Erlebnisbericht

Datum	Referenten	Thema	Veranstaltungsart
12.08.1993	Dr. Helga Schubert	Die Andersdenkende	Lesung
09.09.1993	Lutz Rathenow	Die Schlacht der Federkiele	Lesung, Gespräch
16.09.1993	Annegret Gollin	Die Kindheit aber bleibt	Erlebnisbericht
30.09.1993	Siegmar Faust	Der Vortragsredner	Lesung
07.10.1993	Claus Ulrich, Werner Hendler	Die ZERV	Vortrag
14.10.1993	Dr. Klaus-Peter Schulz	Authentische Spurensuche	Vortrag
21.10.1993	Klaus Schmude	Fallbeil-Erziehung	Lesung
04.11.1993	Prof. Dr. Manfred Wilke	Die SED und die polnische Krise 1980/81	Vortrag
11.11.1993	Dr. Wolfgang Eisert	Die Waldheimer Prozesse	Vortrag
18.11.1993	Joachim Walther	Mielke und die Musen	Vortrag
02.12.1993	Rainer Kunze	Deckname Lyrik	Vortrag, Lesung
09.12.1993	Hans-Eberhard Zahn	Psychische Folter	Vortrag
16.12.1993	Siegmar Faust	Ich will hier raus	Gespräch, Lesung
1994			
11.01.1994	Siegfried Heinrichs	Zeit ohne Gedächtnis	Lesung
13.01.1994	Sieghard Pohl	extra muros	Lesung, Bericht
20.01.1994	Hermann Kreutzer, Fritz Schenk, Ulrich Schacht, Günter Schabowski	Der berechtigte Widerstand	Podiumsgespräch
03.02.1994	Henryk Broder	Erbarmen mit den Deutschen	Lesung, Vortrag
10.02.1994	Jürgen K. Hultenreich	Die 748-Schritte-Reise	Lesung, Gespräch
17.02.1994	Matthias Storck	Karierte Wolken	Lesung
03.03.1994	Dr. Klaus-Peter Schulz	Neue Mauer in Herzen und Hirnen	Vortrag
07.03.1994	Dr. Günter Agde	Sachsenhausen bei Berlin - Speziallager Nr.7	Lesung, Gespräch
10.03.1994	Dr. Rainer Eckart	Humboldt-Universität im Netz des MfS	Vortrag
14.04.1994	Dr. Uwe Lehmann-Brauns	Kultur privat?	Lesung, Gespräch
19.04.1994	Matthias Storck	Einen Tisch im Angesicht meiner Feinde	Lesung, Gespräch
02.05.1994	Dr. Günter Agde	Das Todeslager Sachsenhausen	Filmvorführung

Datum	Referenten	Thema	Veranstaltungsart
17.05.1994	Annegret Gollin	Rätselhafte Aussichten	Lesung
30.05.1994	Steffen Heitmann	Glaubwürdiger Neubeginn oder ...	Lesung, Gespräch
07.06.1994	Günter Ullmann	Die Sonne taucht im Wassertropfen	Lesung
09.06.1994	Gerhard Löwenthal	Das Desinformationsnetz der Stasi	Vortrag
10.06.1994	Ellen Brockhoff	Jeder Liebe wachsen Flügel	Lesung
28.06.1994	Siegmar Faust	Lyrische Begabung als besondere Gefahr	Vortrag, Lesung
08.08.1994	Gert Neumann	Die Schuld der Worte	Lesung
11.08.1994	Dr. Karl Wilhelm Fricke	Der Zugriff des MfS auf die polit. Strafjustiz	Vortrag
06.09.1994	Günter Polster, Hartmut Rührdanz	Das ehemalige Straflager bei Nowosibirsk	Dia-Vortrag
15.09.1994	Martin Gutzeit	DDR-Opposition in den 80er Jahren	Vortrag
26.09.1994	Siegmar Faust	Der Provokateur	Lesung
03.10.1994	Prof. Dr. (em.) Konrad Löw	Friedrich Engels und Dr. Joseph Goebbels ...	Vortrag
13.10.1994	Dr. Hanna-Renate Laurien	Der Bürger als Souverän:	Vortrag
25.10.1994	Utz Rachowski	Die Stimme des Sommers ...	Lesung
10.11.1994	Dr. Ehrhard Neubert	Kollektive Verdrängung ...	Vortrag
02.12.1994	Dr. Friedrich Wilhelm Schlomann	Rußlands heutige Spionage	Vortrag
13.12.1994	Axel Reitel	Zeitalter der Fische	Lesung
15.12.1994	Jochen Stern	Und der Westen schweigt	Lesung, Vortrag
1995			
10.04.1995	Hermann Kreutzer	Das Verhältnis von Opferbiographien und Täterschicksalen	Vortrag
12.04.1995	Dietmar Linke	Theologiestudenten der Humboldt-Universität	Vortrag
24.04.1995	Inge Bennewitz	Zwangsaussiedlungen	Vortrag
11.05.1995	Angelika Barbe	Das schwierige Verhältnis zwischen SPD und PDS	Vortrag
17.05.1995	Martin Gutzeit	Die Behörde des Landesbeauftragten	Vortrag

Datum	Referenten	Thema	Veranstaltungsart
24.05.1995	Werner Pfeiffer	Mit 15 in die Hölle	Lesung
29.05.1995	Dr. Wolfgang Mayer	Dänen von Sinnen	Lesung
07.06.1995	Siegmar Faust	Das Manuskript: Der Vortragsredner	Lesung
30.08.1995	Peter Alexander Hussock	Der Cyanid-Mord	Lesung
28.09.1995	Prof. Hermann Berger	Vom Stoph-Vertrauten zum Dissidenten	Vortrag
05.10.1995	Dieter Borkowski	Meine großen Interviews	Vortrag
16.11.1995	Dr. Otto Wenzel	KRIEGSBEREIT – Der Nationale Verteidigungsrat der DDR 1960 – 1989	Vortrag
07.12.1995	Alexander Richter	Das Lindenhotel oder 6 Jahre Zuchthaus für ein unveröffentlichtes Buch	Vortrag
14.12.1995	Prof. Ernst Cramer	Erinnern als Last der Befreiung – Zum fünfjährigen Bestehen der Gedenkbibliothek	Festvortrag
1996			
04.01.1996	Rainer Eppelmann	Aufarbeitung der Vergangenheit	Vortrag
18.01.1996	Dr. Günter Agde	Die Greussener Jungs	Vortrag
15.02.1996	Dr. Willy Krebs	Sechs Jahre Zuchthaus für den Besitz einer Abschrift der Chruschtschow-Rede	Erlebnisbericht
07.03.1996	Karlheinz Lau	Verlieren die Deutschen das historische Ostdeutschland aus ihrem Geschichtsbewußtsein	Vortrag
21.03.1996	Prof. Willi Leppler	Aufgewachsen in einer Täter-Welt, Erwachsen in der freien Welt	Erlebnisbericht
25.03.1996	Klaus-Reiner Latk, Hans Martin Braun	Gedenket der Gebundenen	Vorträge, Gespräch
04.04.1996	Jochen Stern	Cui bono?	Vortrag
21.04.1996	Prof. Dr. Norbert Kapferer	Abwicklung der DDR-Philosophie	Vortrag
09.05.1996	Helmut Klemke	Geiseln der Rache	Lesung
15.05.1996	Annerose Matz-Donath	Frauen in Widerstand und Verfolgung	Vortrag
06.06.1996	Prof. Dr. Klaus Schröder	Geschichtsverdrängung von links	Vortrag

Datum	Referenten	Thema	Veranstaltungsart
20.06.1996	Lothar Fischer	Bleibendes Gedenken oder endgültiges Vergessen?	Vortrag
04.07.1996	Hans Brückl	Täter und Opfer zugleich - Wilhelm Kunze	Vortrag
04.07.1996	Prof. Dr. Norbert Kapferer	Die intellektuelle Opposition gegen Ulbricht ...	Vortrag
18.07.1996	Uschi Otten	Den Tagen, die kommen, gewachsen zu sein	Vortrag
01.08.1996	Joachim Oertel	Feindberührung	Lesung
15.08.1996	Hans-Joachim Helwig-Wilson	Ein zweiter Fall Linse	Erlebnisbericht
19.09.1996	Wolf Deinert	Die Ausgebürgerten ...	Vortrag
26.09.1996	Christian Ladwig	Auskünfte über Anfragen an die Behörde	Vortrag, Gespräch
07.10.1996	Dr. Rudolf Wassermann	Versagen wir bei der Aufarbeitung der SED-Verbrechen?	Vortrag
17.10.1996	Christoph Schaefgen.	Strafrechtliche Aufarbeitung	Vortrag
21.11.1996	Andreas Bertolt Bengsch	Tod und Auferstehung des Walter Thräne	Vortrag
12.12.1996	Joachim Walther	Sicherungsbereich Literatur	Vortrag
27.12.1996	Andreas Bertolt Bengsch, Wolf Deinert, Jürgen K. Hultenreich, Dirk Jungnickel	Kommode Diktatur?	Tagesveranstaltung
1997			
09.01.1997	Dr. Friedrich Wilhelm Schlomann	Die russische Mafia	Vortrag
25.03.1997	Hans Martin Braun, Klaus-Reiner Latk	Wiedereröffnung in der Rosenthaler Straße 36, Eröffnungsvortrag: Hilfe für Bedrängte ...	Wiedereröffnung, Vortrag
14.04.1997	Dr. Reinhard Meinel	Das MfS und die Friedrich-Schiller-Universität	Vortrag
21.04.1997	Prof. Dr. Norbert Karpferer	Die Abwicklung der DDR-Philosophie	Vortrag
09.06.1997	Dirk Jungnickel	Wir dachten, der Krieg ist vorbei	Filmvorführung
23.06.1997	Ulrich Schacht	7 Uhr 39, vielleicht auch 40	Lesung
14.07.1997	Prof. Dr. Klaus Hornung	Political correctness...	Vortrag
25.08.1997	Hermann Kreutzer	Wer war Marlene Dietrich?	Vortrag

Datum	Referenten	Thema	Veranstaltungsart
15.09.1997	Klaus-Reiner Latk	Bekenntnis und Verfolgung	Ausstellung
22.09.1997	Prof. Willi Leppler	Berlin nach 1945.	Vortrag
06.10.1997	Gerhard Löwenthal, Hermann Kreutzer	Entspannungspolitik der 70er und 80er Jahre	Podiumsgespräch
20.10.1997	Dr. Patrik von zur Mühlen	Der Eisenberger Kreis	Vortrag, Buchpräsentation
10.11.1997	Dr. Karl Wilhelm Fricke	Ordinäre Abwehr - Elitäre Aufklärung?	Vortrag
24.11.1997	Wolf Deinert	Wende gut - alles gut.	Hörspiel
08.12.1997	Prof. Dr. Dieter Voigt	Erziehung zum Haß	Vorträge
1998			
08.01.1998	Prof. Dr. Norbert Karpferer	Das Kommunistische Manifest	Vortrag
29.01.1998	Dr. Hans Jürgen Grasemann	Die Schwierigkeit, gerecht zu richten	Vortrag
05.02.1998	Dr. Ehrhard Neubert	Die Geschichte der Opposition in der DDR 1949 - 89	Buchvorstellung
14.02.1998	Dr. Ulrich Woronowicz, Ursula Schöbe, Hermann Kreutzer	Politische Repression in der SED-Diktatur	Vorträge, Berichte
26.02.1998	Dr. Friedrich Wilhelm Schlomann	Nieder mit der SED-Diktatur …	Dia-Vortrag
05.03.1998	Jochen Stern	Die deutschen Linksintellektuellen …	Vortrag
19.03.1998	Ulrich Schacht, Heimo Schwilk	Von der Bonner zur Berliner Republik	Lesungen
21.03.1998	Ursula Schöbe, Andreas Bertolt Bengsch, Hartmut Richter	Opfer und Widerständler in der DDR	Erlebnisberichte
26.03.1998	Manfred Wagner	Die Zwangsaussiedlungen …	Vortrag
05.05.1998	Prof. Dr. Klaus Schröder	Der SED-Staat	Buchpräsentation
15.05.1998	Dr. Ilona Walger	Erinnerung ist wie Brot, das wir essen	Lesung, Vortrag
04.06.1998	Dr. Andrej Doronin	Deutscher Aktenbestand …	Vortrag
11.06.1998	Dr. Sacharow	Die Politik der sowjetischen Besatzungsmacht …	Vortrag
18.06.1998	Dr. Helga Hirsch	Die Rache der Opfer. Deutsche in polnischen Lagern 1944 – 1950	Buchpräsentation

Datum	Referenten	Thema	Veranstaltungsart
10.09.1998	Uwe Kolbe	Die Erinnerung trügt während die Erinnerung trägt	Lesung
17.09.1998	Dr. Hubertus Knabe	Feindobjekt Bundesrepublik	Vortrag
08.10.1998	Dr. Ulrich Woronowicz	Sozialismus als Heilslehre	Vortrag
12.11.1998	Gabriele Stock	Spätsowjetische Kunst	Vortrag
1999			
22.01.1999		Zerstörung und Ende der Bibliothek am Standort Rosenthaler Straße	Wasseranschlag
18.02.1999	Dirk Jungnickel, Günter Polster	ZeitZeugen Teil 2 - Wir waren schon halbe Russen	Film, Vortrag
04.03.1999	Dr. Erhard Neubert	Politische Verbrechen in der DDR	Vortrag
25.03.1999	Dr. Ulrich Woronowicz	Sind die Reichen böse und die Armen gut?	Vortrag
11.04.1999	Ursula Popiolek	Wiedereröffnung der Bibliothek am Nikolaikirchplatz 5 – 7	Wiedereröffnung
19.06.1999	Kammersänger Jochen Kowalski, Pianist Dietrich Sprenger	Benefizkonzert aus Anlaß der Wiedereröffnung in der Nikolaikirche	Konzert
24.06.1999	Prof. Dr. h.c. Alexander Schuller	Verbrechen und Versprechen – Zur Dialektik der Hoffnung	Vortrag
03.09.1999	Erna Wormsbecher	Heimat – Wo ist unser Zuhause?	Vortrag
09.09.1999	Dieter Borkowski	Stalins Griff nach Westeuropa	Vortrag
23.09.1999	Prof. Dr. Günter Zehm	Der intellektuelle Widerstand in der DDR	Vortrag
15.10.1999	Prof. Dr. (em.) Konrad Löw	Das Rotbuch der kommunistischen Ideologie	Vortrag
28.10.1999	Dr. Antoni Buchner	Das Ethos von Solidarnosc	Vortrag, Musik
04.11.1999	Hermann Kreutzer	Vor 50 Jahren – Der Widerstand der deutschen Demokraten …	Vortrag
08.11.1999	Jochen Stern	10 Jahre nach dem Fall der Mauer	Vortrag
25.11.1999	Hiltrud A. Kramm, Ursula Kramm-Konowalow	Verfolgt und Verboten: Komponisten unter Stalin	Ausstellungseröffnung
09.12.1999	Ursula Schöbe, Dr. Walter Schöbe	Weihnachten im Gulag	Erlebnisbericht

Datum	Referenten	Thema	Veranstaltungsart
21.12.1999	Dr. Ulrich Woronowicz	Gedanken zum Sozialismus als Heilslehre	Besinnlicher Abend
2000			
06.01.2000	Günter Nooke	Zum Mißverständnis politischer Opfer	Vortrag
20.01.2000	Dr. Ilona Walger	Das Leben der Rußlanddeutschen ...	Vortrag
04.02.2000	Prof. Dr. M. Heinemann, Dr. Andrej Doronin	Weiße Flecken in der deutsch-sowjetischen Geschichte	Vorträge
02.03.2000	Melvin Lasky, Marko Martin	Ein Fenster zur Welt ...	Podiumsgespräch
16.03.2000	Klaus-Reiner Latk	Christenverfolgung im 20. Jahrhundert ...	Ausstellung, Vortrag
18.05.2000	Hans Kunz	Vorbereitung auf die Untergrundgemeinde	Dia-Vortrag
07.06.2000	Dr. Walter Schöbe	Für Freiheit statt Sozialismus	Vortrag
03.06.2000	Annerose Matz-Donath	Die Spur der roten Sphinx	Buchpräsentation
15.06.2000	Prof. Dr. Schweisfurth	Verfolgungs- und Enteignungsunrecht	Informationsveranstaltung.
29.06.2000	Dirk Jungnickel	... und die Übrigen werden erschossen.	Filmvorführung
13.07.2000	Dr. Wolfgang Welsch	Widerstand und MfS-Staat	Buchpräsentation
03.08.2000	Charlotte von Mahlsdorf	Wie ich in die Fänge der Stasi geriet	Vortrag, Gespräch
17.08.2000	Dr. Dmitrij Chmelnizki	Architektur Stalins - Psychologie und Stil	Vortrag
24.08.2000	Lothar Scholz	Im Namen von Marx – Engels – Lenin – Stalin	Vortrag
07.09.2000	Dr. Ulrich Woronowicz	Sozialismus als Heilslehre	Vortrag
12.10.2000	Siegmar Faust	Neunzehnhundertachtundsechzig oder Die Vertreibung	Vortrag, Lesung
02.11.2000	Johannes Symank	Aufbruch in Nordkorea	Dia-Vortrag
29.11.2000	Dr. Wolfgang Welsch	Klage Widerstand in der DDR	Lyrikabend, Lesung
14.12.2000	Jochen Stern, Leon Buche, Horst Schüler	10-jähriges Bestehen der Gedenkbibliothek	Jubiläumsfeier
2001			
08.01.2001	Zeitzeugen	Erinnern statt Vergessen	Montagsgespräch

Datum	Referenten	Thema	Veranstaltungsart
18.01.2001	Gerhard Finn	Nichtstun ist Mord. Die KgU	Vortrag, Buchpräsentation
25.01.2001	Uschi Otten	Dem Traum folgen	Vortrag
08.02.2001	Waltraut Skoddow	Zu keinem ein Wort	Lesung
22.02.2001	Dirk Jungnickel	Wir sprechen hier Recht! SED-Justiz in Waldheim	Filmvorführung
08.03.2001	Dr. Dietrich Koch	Das Verhör. Zerstörung und Widerstand	Buchpräsentation
22.03.2001	Dr. Ulrich Mählert	Stalinistische Parteisäuberungen	Vortrag
26.04.2001	Dr. Falco Werkentin	Politische Justiz als Hebel der gesellschaftlichen ...	Vortrag
07.05.2001	Siegmar Faust, Dr. med. Karl-Heinz Bomberg	Gedichte und Lieder zur Mauer	Vortrag, Musik
17.05.2001	Ulrich Schacht	Die Schacht-Saga	Film, Vortrag
21.05.2001	Vera Lichtenberg	Berlin - Blick zurück nach vorn	Vernissage
18.06.2001	Fritz Schenk	Freiheit, die ich meine	Vortrag
26.06.2001	Dr. Karl Wilhelm Fricke	Der Widerstand der frühen Jahre 1946 – 56	Vortrag
12.07.2001	Rainer Eppelmann	Der lange Weg der Diktatur - Bilanz und Perspektiven	Vortrag
26.07.2001	Dr. Ulrich Woronowicz	Bewertung einer geschlossenen Gesellschaft	Vortrag
09.08.2001	Dr. Peter Busse	Öffnung der Stasi-Akten - Gewinn oder Last	Vortrag
16.08.2001	Joachim Neumann	Der Tunnel in der Bernauer Straße	Erlebnisbericht
20.09.2001	Gerhard Löwenthal	Deutsche Einheit vollenden	Vortrag, Gespräch
27.09.2001	Prof. Dr. Norbert Kapferer	Vom philosophischen Erbe abgetrieben	Vortrag
01.10.2001	Christina Schröder	Die romantischen Landschaften des Baltikums	Dia-Vortrag
15.10.2001	Prof. Dr. Klaus Hornung, Prof. Dr. Manfred Wilke	Der Antifaschismus - Die Geschichte eines ...	Vorträge
25.10.2001	Jochen Stern	Bautzen - Ende einer Jugend	Filmvorführung
08.11.2001	Dr. Hubertus Knabe	Der diskrete Charme der DDR	Buchpräsentation
15.11.2001	Werner Pfeiffer	Abgeholt - Chronik einer geraubten Jugend	Buchvorstellung
27.11.2001	Prof. Dr. Veen, Prof. Dr. Manfred Wilke	Opposition und Widerstand	Buchpräsentation

Datum	Referenten	Thema	Veranstaltungsart
07.12.2001	Ulrich Schacht	Verrat - Die Welt hat sich gedreht	Lesung
13.12.2001	Willi Neureder	Chinas junge Christen	Vortrag
2002			
02.01.2002	Chor aus Litauen	Litauer ersingen ihre Freiheit	Neujahrskonzert
14.01.2002	Marianne Birthler	Die Birthler-Behörde	Vortrag, Gespräch
16.01.2002	Prof. Dr. Peter Maser	Die Kraft der Schwachen	Vortrag
29.01.2002	Prof. Dr. Manfred Wilke	Die PDS im Parteiensystem der Berliner Republik	Vortrag
14.02.2002	Dr. Johannes Raschka	Der Freikauf politischer Häftlinge	Buchpräsentation
25.02.2002	Dr. Hergart Willmanns	Sieben Jahre im GULag nördlich des Polarkreises	Buchpräsentation
14.03.2002	Prof. Detlev Cramer	Geschichten einer Gefangenschaft	Buchpräsentation
21.03.2002	Prof. Dr. Klaus Hornung	Freiheitliche und totalitäre Demokratie	Vortrag, Buchpräsentation
18.04.2002	Prof. Dr. Norbert Kapferer	Märtyrer als Terroristen/Terroristen als Märtyrer	Vortrag
25.04.2002	Dr. Michael Ploetz	Breshnews Griff zur Weltmacht	Vortrag
16.05.2002	Jochen Stern	Das Revanche-Syndrom	Buchpräsentation
30.05.2002	Ilko-Sascha Kowalczuk, Dr. Stefan Wolle	Roter * Stern über Deutschland	Buchpräsentation
17.06.2002	Dirk Jungnickel	Volksaufstand 17. Juni 1953	Filmausschnitte
27.06.2002	Peter Hild	Suche nach Kriegsschicksalen im Osten	Vortrag
05.08.2002	Dr. Ilona Walger	Geschichten nicht nur für Rußlanddeutsche	Erlebnisbericht
12.08.2002	Ellen Sesta	Der Tunnel in die Freiheit u. die Fortsetzung	Buchpräsentation
05.09.2002	Dr. Otto Wenzel	Planungen zur Eroberung West-Berlins 1969 – 89	Vortrag
19.09.2002	Erwin Jöris	Zwischen Hitler und Stalin	Filmvorführung
03.10.2002	Prof. Annekatrin Klein	Stunde der Klaviermusik	Benefizkonzert
24.10.2002	Jörg Schönbohm	Zwei Armeen und ein Vaterland	Vortrag, Buchpräsentation
07.11.2002	Alexander Bauersfeld	Der Untergang des Kommunismus?	Vortrag

Datum	Referenten	Thema	Veranstaltungsart
21.11.2002	Bettina Röhl	Der Fall Fischer und die Medien	Vortrag
05.12.2002	Ivan Denes	Gefängnisgeschichten	Lesung, Vortrag
12.12.2002	Eberhard Diepgen	Berlin und die nationale Frage	Vortrag
2003			
09.01.2003	Annerose Matz-Donath	Die Spur der roten Sphinx	Lesung, Ausstellung
23.01.2003	Dr. Jürgen Schmidt-Pohl	Strahlungen in dunkler Zeit	Buchpräsentation
06.02.2003	Manfred Bartz	Keine Beweise	Vortrag
13.02.2003	Dr. Wolfgang Mayer	Flucht und Ausreise	Buchpräsentation
14.02.2003	Dr. Johannes Raschka	Freikauf politischer Häftlinge 1963 – 1989	Vortrag
06.03.2003	Prof. Dr. (em.) Konrad Löw	Tragen die Kirchen Mitschuld am Holocaust?	Vortrag
20.03.2003	Imke Barnstedt	Lieb Vaterland, magst ruhig sein	lit.-musik. Kabarett
24.04.2003	Dr. Ulrich Woronowicz	Die intakte Familie - ein Bollwerk gegen ...	Vortrag
08.05.2003	Jochen Stern	Die Farce der NKWD-Protokolle	Vortrag
22.05.2003	Jürgen Gruhle	Ohne Gott und Sonnenschein	Buchpräsentation
12.06.2003	Uschi Otten	Bertolt Brecht, Buckow und der 17. Juni	Vortrag
19.06.2003	Dr. Bielke, Fritz Schenk	Arbeiteraufstand oder Konterrevolution?	Vorträge
25.06.2003	Dirk Jungnickel	Schicksalstag 17. Juni '53	Filmvorführung
10.07.2003	Dr. Theodor Seidel	Kriegsverbrechen in Sachsen	Buchpräsentation
29.07.2003	Ursula Popiolek	Zum Thema Gulag	Bücherausstellung
08.09.2003	Walter Schulz-Heidorf	Tarantel - Heiße Lektüre im Kalten Krieg	Ausstellung, Vortrag
15.09.2003	Siegmar Faust	Ich will hier raus	Vortrag, Buchpräsentation
25.09.2003	Peter Hild	Suche nach Kriegsschicksalen im Osten	Vortrag
30.10.2003	Dr. Otto Wenzel	Ist vor 80 Jahren der Kommunismus gescheitert?	Vortrag
06.11.2003	Dr. Ilona Walger	Von der Wolga in die Eiswüste und zurück	Vortrag, Buchpräsentation
20.11.2003	Sigrid Paul, Hartmut Richter	Zersetzung der Seele	Filmvorführung

Datum	Referenten	Thema	Veranstaltungsart
04.12.2003	Detlef Kühn	Deutschland und Korea - geteilte Staaten	Vortrag
18.12.2003	Dr. Ulrich Woronowicz	Der eigentliche Kern der Weihnachtsbotschaft	Vortrag
2004			
05.02.2004	Prof. Dr. Siegfried Jenkner	Der Bazillus der Freiheit wandert über den Archipel	Vortrag
19.02.2004	Willy H. Schreiber	Im Visier - Anatomie einer Flucht	Buchpräsentation
04.03.2004	Prof. Dr. (em.) Konrad Löw	Gebührt Rosa Luxemburg ein Denkmal?	Vortrag
24.03.2004	Jürgen K. Hultenreich	Die Schillergruft	Lesung
07.04.2004	Bernd Ulbrich	Diesseits und Jenseits	Buchpräsentation
21.04.2004	Dr. Bodo Ritscher	Das Totenbuch - Zur sowjetischen Internierungspraxis ...	Vortrag, Ausstellung
13.05.2004	Dr. Axel Hartmann	Die Zufluchtsproblematik Deutscher	Vortrag
27.05.2004	Dr. Nicole Glocke, Edina Stiller	Verratene Kinder	Vortrag, Buchpräsentation
04.06.2004	Dr. Carmen Rohrbach	Solange ich atme	Buchpräsentation
17.06.2004	Ulrich Schacht	Hohenecker Protokolle	Vortrag, Lesung
24.06.2004	Siegmar Faust	1968 in Ost und West	Vortrag
08.07.2004	Ursula Fischer	Schweigejahre	Buchpräsentation
05.08.2004	Dr. Ulrich Woronowicz	Christentum und Sozialismus Teil 1	Vortrag
12.08.2004	Dr. Ulrich Woronowicz	Christentum und Sozialismus Teil 2	Vortrag
19.08.2004	Dr. Ulrich Woronowicz	Christentum und Sozialismus Teil 3	Vortrag
26.08.2004	Dr. Ulrich Woronowicz	Christentum und Sozialismus Teil 4	Vortrag
02.09.2004	Jochen Stern	Wendezeit oder: Die Sehnsucht nach Revanche	Buchpräsentation
08.09.2004	Gabriel Berger	Allein gegen den Staat	Vortrag, Lesung
08.10.2004	Gerda Ehrlich, Dr. Ehrhard Neubert	Gedächtnisprotokolle 6. - 8. Oktober 1989	Vortrag
28.10.2004	Dr. Otto Wenzel	Zum Buch von A. Jakowlew: Die Abgründe meines Jahrhunderts	Vortrag

Datum	Referenten	Thema	Veranstaltungsart
01.11.2004	Siegmar Faust	Lesung aus: Der Provokateur	Sonderveranstaltung
02.11.2004	Jürgen K. Hultenreich	Ausreisegeschichten aus: Im Koffer nur Steine	Sonderveranstaltung
03.11.2004	Dr. Karsten Dümmel	Lesung aus: Nachtstaub und Klopfzeichen	Sonderveranstaltung
04.11.2004	Joachim Walter	Lesung aus: Feiern mit dem Feind	Sonderveranstaltung
10.11.2004	Ada Belidis, Bernhard Barth, Leopold Oetker	Lesung und Gesang zu: Workuta – ein Schweigelager	Benefizkonzert
25.11.2004	Dr. Hans-Georg Wieck	Die Sowjetunion und die Einheit Deutschlands	Vortrag
02.12.2004	Wlodzimierz Nechamkis	Leben und Werk des Schriftstellers Skrzyposzek	Vortrag, Lesung
16.12.2004	Gudrun Sidonie Otto	Drei Kön'ge wandern aus Morgenland	Weihnachtskonzert
2005			
13.01.2005	Dr. Falco Werkentin	Keine Freiheit den Feinden der Freiheit	Vortrag
27.01.2005	Gerd Schultze-Rhonhof	1939 Der Krieg, der viele Väter hatte	Buchpräsentation
10.02.2005	Dr. med. Karl-Heinz Bomberg	Lieder und fersige Verse	Konzert
24.02.2005	Dirk Jungnickel, Prof. Willi Leppler	Wir dachten der Krieg ist vorbei … Teil 1	Filmvorstellung
03.03.2005	Prof. Dr. Michael Vogt	Nemmersdorf 1944	Filmvorstellung
17.03.2005	Dr. Jörg Bernhard Bilke	Goethe und die Staatssicherheit	Vortrag
12.04.2005	Francis Gary Powers jun.	Das Cold War Museum	Vortrag
26.04.2005	Prof. Dr. Michael Vogt	Der Historiker als Detektiv	Vortrag, Filmvorführung
10.05.2005	Michael Rau	Die Zerstörung Dresdens am 13. u. 14. Februar 1945	Vortrag
24.05.2005	Günter Schabowski	Die gescheiterte Ideologie	Vortrag
07.06.2005	Dr. Otto Wenzel	Die Innenpolitik der BRD von 1949 bis 1969	Vortrag
21.06.2005	Prof. Dr. Norbert Kapferer	Der „Fall Ernst Bloch" – Diener oder Opfer der SED	Vortrag
05.07.2005	Rainer Schottländer	Das teuerste Flugblatt der Welt	Musikalische Lesung
02.08.2005	Jürgen K. Hultenreich	Westausgang - 64 Stories	Lesung

Datum	Referenten	Thema	Veranstaltungsart
13.08.2005	Ulrich Schacht, Prof. Vytautas Landsbergis, Prof. Rüß, Dr. Ulrich Woronowicz	60. Wiederkehr der Errichtung des sowj. Speziallagers Sachsenhausen	Gedenkveranstaltung
16.08.2005	Michael Foedrowitz	Vom Schwarzmarkt in den Außenhandel	Vortrag
30.08.2005	Prof. Dr. Uwe Backes	Totalitäres Denken – Konzeptgeschichte, Merkmale …	Vortrag
13.09.2005	Wolf Donnerhack	Das Gewitter	Vortrag, Lesung
27.09.2005	Dr. Jens Schöne	Rüben, Rindvieh und Genossen. Agrarpolitik …	Vortrag
11.10.2005	Günter Fippel	Antifaschisten in antifaschistischer Gewalt	Vortrag
25.10.2005	Jochen Stern	Zwischen Grausamkeiten und Banalitäten	Vortrag, Lesung
08.11.2005	Günter Czernetzky	Gefangen und verurteilt - Spätheimkehrer erinnern	Vortrag, Film
22.11.2005	Prof. Dr. Bernd Rabehl	Die Ausnahme und die Regel in der Verfassung der DDR	Vortrag
06.12.2005	Fritz Poppenberg	Folget mir nach - Die Zeugen Jehovas unter dem DDR-Regime	Film, Diskussion
13.12.2005	Gudrun Sidonie Otto, Daniel Heide	Zum Jahresausklang Musik von CORNELIUS bis WOLF.	Weihnachtskonzert
2006			
10.01.2006	Waltraut Skoddow	Das überleben Sie nicht!	Lesung
24.01.2006	Siegmar Faust	VEB europäisches Kunstkombinat	Vortrag
07.02.2006	Erwin Jöris	Gefangener unter Hitler und Stalin	Vortrag mit Film
21.02.2006	Dr. Jörg Friedrich	Das Untergangstrauma	Vortrag
07.03.2006	Jorge Luis Vazquez	Stasi-Kooperation zwischen Ostberlin und Havanna	Vortrag
21.03.2006	Carl-Wolfgang Holzapfel	Kampf den Widerstandslosen!	Vortrag
04.04.2006	Roman Grafe, Dr. Theodor Seidel	Deutsche Gerechtigkeit – Prozesse gegen …	Buchpräsentation
18.04.2006	Michael G. Fritz	Rosa oder Die Liebe zu den Fischen	Lesung
02.05.2006	Lea Zhou, Wei Xiong	China - Ein Regime sitzt auf dem Vulkan.	Vortrag

Datum	Referenten	Thema	Veranstaltungsart
16.05.2006	Prof. Dr. Klaus Motschmann	Der (Alb-)Traum aber bleibt	Vortrag
30.05.2006	Dirk Jungnickel	Film: Tengis Abuladse – Die Reue, UdSSR 1984	Filmvorführung
13.06.2006	Jörg Rudolph, Peter Grimm	Erschossen in Moskau, die Kinder der Erschossenen	Buchvorstellung, Film
27.06.2006	Siegfried Reiprich	Die Furcht vor der Freiheit	Vortrag
11.07.2006	Prof. Dr. Manfred Wilke	Stalins Partei - 60 Jahre SED/PDS	Vortrag
25.07.2006	Anna Funder (Australien)	Stasiland	Vortrag, Lesung
08.08.2006	Hagen Koch	Grenzen durch Deutschland 1945 – 1990	Vortrag
22.08.2006	Dr. Antoni Buchner	Zwei Niederlagen, zwei Siege. Musik unter zwei Diktaturen	Vortrag, Musik
05.09.2006	Anne Klar	Buch: „Eingesperrt und kein Entkommen"	Vortrag, Lesung
19.09.2006	Dr. Dmitrij Chmelnizki	Der KGB ist wieder da	Vortrag
17.10.2006	Jan George, Giesela Gneist, Gerd Taege	Gedenken an Heinrich George	Vortrag, Film
31.10.2006	Reinhard Müller	Das Schicksal des Berliner Ärzte-Ehepaars Wolf	Vortrag
14.11.2006	Hans-Hendrik Grimmling, Doris Liebermann	die umerziehung der vögel	Vortrag, Film
28.11.2006	György Dalos	Balatonbrigade	Lesung
05.12.2006	Anne Applebaum (USA)	Der Gulag	Vortrag
12.12.2006	Rita Gorenstein	Solange die Lichter des Balls noch lachen	Musikalischer Vortrag
2007			
09.01.2007	Bettina Röhl	So macht Kommunismus Spaß!	Buchvorstellung
23.01.2007	Dr. Alexander Gogun	Stalins Partisanenkrieg in der Ukraine 1941 - 1944	Vortrag
06.02.2007	Dr. Otto Wenzel	Nationalversammlung oder Rätesystem	Vortrag
20.02.2007	Marie Borkowski-Foedrowitz	Gedenken an Dieter Borkowski	Vortrag, Film
06.03.2007	Jochen Stern	Mimenkränze	Lesung
20.03.2007	Bernd Wagner	Club Oblomow	Lesung
03.04.2007	Dr. Ilona Walger	Mein Lächeln für Sibirien	Lesung

Datum	Referenten	Thema	Veranstaltungsart
17.04.2007	Jürgen Stahf	Jahre der Angst	Lesung
15.05.2007	Dr. Piotr Olszówka	Das spannende Leben des Józef Czapski	Vortrag, Film
29.05.2007	Mirko Böttcher	Akte R	Szenische Lesung
12.06.2007	Dr. Bogdan Musial	Stalins Vorbereitungen zum Angriffskrieg	Vortrag
26.06.2007	Ulrich Schacht	Saint-Just, Menshinski, Goebbels oder Von der Intelligenz des Bösen	Vortrag
10.07.2007	Dr. Helga Hirsch	Entwurzelt – Vom Verlust der Heimat zwischen Oder und Bug	Lesung
24.07.2007	Lutz Rathenow, Harald Hauswald	Ost-Berlin und Gewendet	Vortrag
07.08.2007	Dirk Jungnickel	IN MEMORIAM Hermann Kreutzer (1924 – 2007)	Gedenkveranstaltung
21.08.2007	Jürgen Litfin	Tod durch fremde Hand. Das erste Maueropfer …	Buchvorstellung
04.09.2007	Peter Fischer	Der Schein	Lesung
18.09.2007	Dr. Paul Milata	Im totalitären Dreieck – Rumäniendeutsche zwischen Hitler, Stalin und Antonescu	Vortrag
02.10.2007	Dr. Nicole Glocke	Maskerade - Geheimdienstkontakte in Berlin	Lesung
16.10.2007	Prof. Dr. Jörg Baberowski	Stalin - Karriere eines Gewalttäters	Vortrag
30.10.2007	Richard Baier	Zwischen den Fronten	Vortrag, Film
13.11.2007	Dr. Petra Haustein	IN MEMORIAM Gisela Gneist - Geschichte im Dissens	Vortrag, Konzert
20.11.2007	Prof. Dr. (em.) Konrad Löw	Das Volk ist ein Trost - Die Deutschen und Hitlers Judenpolitik	Vortrag
18.12.2007	Ada Belidis, Mirlan Kasymaliev	Weihnachtsmusik von Bach, Händel, Prätorius …	Konzert Jahresausklang
2008			
08.01.2008	Elisabeth Schuster	Reite Schritt, Schnitter Tod - Leben und Sterben im Speziallager Nr. 1 des NKWD	Vortrag
22.01.2008	Bernd-Rainer Barth	Der Fall Noel Field – Schlüsselfigur der Schauprozesse in Osteuropa	Vortrag

Datum	Referenten	Thema	Veranstaltungsart
05.02.2008	Carmen-Francesca Banciu	Rumänien im Dezember 1989	Vortrag, Lesung
19.02.2008	Siegfried Heinrichs	Meines Vaters Dorf	Lesung
04.03.2008	Dr. Franziska Thun-Hohenstein, Norbert Schwarz	Durch den Schnee - Die Kolyma-Erzählungen des Warlam Schalamow	Vortrag, Lesung
08.03.2008	Siegmar Faust	Cottbus hieß die öde Stätte mit der roten Strafanstalt	Film, Lesung
18.03.2008	Prof. Willi Leppler	BRILLE ... ist eine Geschichte aus Deutschland	Lesung
15.04.2008	Ilse Stahr	Alja Rachmanowa - Lieber leben in der Fremde ...	Vortrag
13.05.2008	Heinz Schwollius	Aus der Todeszelle in die Hölle von Bautzen	Vortrag, Lesung
27.05.2008	Dr. Dietrich Koch	Vor vierzig Jahren: Die Sprengung der Leipziger Universitätskirche St. Pauli	Vortrag
10.06.2008	Siegmar Faust	Gedenkveranstaltung zum 1. Todestag von Wolfgang Hilbig	Gedenkveranstaltung
24.06.2008	Dr. Hans-Georg Wieck	Demokratie in Russland?	Vortrag
08.07.2008	Hagen Koch, Peter Joachim Lapp	Die Garde des Erich Mielke	Buchvorstellung
22.07.2008	Joachim Giesicke	Zum Schweigen verurteilt, Tatsachenbericht eines deutschen Strafgefangenen in der SU	Lesung
05.08.2008	Ute Bönnen, Gerald Endres	Der Luckauer Krieg	Vortrag, Film
19.08.2008	Dr. Jan Berwid-Buquoy	Die Niederschlagung des Prager Frühling 1968	Vortrag
02.09.2008	Stefan Trobisch-Lütge	Das späte Gift	Buchvorstellung
30.09.2008	Kurt Wolff	Einmal Marx und zurück	Vortrag, Lesung
14.10.2008	Heiner Sylvester	Gedenkveranstaltung für Sir John Noble	Vortrag
28.10.2008	Dr. Jürgen Schmidt-Pohl	DDR-Haftzwangsarbeit politischer Gefangener - vorläufige Bilanz	Vortrag
18.11.2008	Dr. Karl Wilhelm Fricke	Kein Recht gebrochen? Geschichtsrevisionismus und Zeitzeugenschaft ...	Vortrag
25.11.2008	Sigrid Paul	Mauer durchs Herz	Lesung
09.12.2008	Vera Lengsfeld	Neustart	Vortrag, Lesung

Datum	Referenten	Thema	Veranstaltungsart
16.12.2008	Stephan Krawczyk	Poetisch-musikalischer Abend mit dem Liedermacher Stephan Krawczyk	Jahresausklang
2009			
06.01.2009	Dimitri Stratievski	Sowjetische Kriegsgefangene in Deutschland 1941 – 1945	Buchvorstellung
20.01.2009	Edda Schönherz	Vom DDR-Fernsehen in den Stasi-Knast	Vortrag
03.02.2009	Dr. Nils Ferberg	Estland hörte auf zu bestehen	Vortrag
17.02.2009	Christhard Läpple	Verrat verjährt nicht	Buchvorstellung
03.03.2009	Ute Bönnen, Gerald Endres	Die roten Kapos von Buchenwald	Vortrag, Film
31.03.2009	Wolbert Smidt	Agenten für die Freiheit	Vortrag
14.04.2009	Eugen Mühlfeit, Dr. Nicole Glocke	In den Fängen von StB, MfS und CIA: Das Leben und Leiden des Eugen Mühlfeit	Buchvorstellung
28.04.2009	Dr. Jörg Friedrich	Yalu - an der Ufern des dritten Weltkriegs	Lesung
12.05.2009	Prof. Ines Geipel	Zensiert, verschwiegen, vergessen	Buchvorstellung
26.05.2009	Hildegard Rauschenbach	Vergeben ja, vergessen nie	Zeitzeugengespräch
09.06.2009	Dr. Olaf Kappelt	Braunbuch DDR - Nazis in der DDR	Buchvorstellung
23.06.2009	Mitch Cohen	Akt(ten)-Studie	Vortrag
07.07.2009	Richard Wagner	Als ich Faschist war - Aus den Erinnerungen der rumänischen Securitate an mich …	Vortrag
13.07.2009	Ursula Popiolek, Siegmar Faust, Diethelm Wonner	Alja Rachmanowa und Alexander Solschenizyn im Lessinghaus	Ausstellungseröffnung
21.07.2009	Dr. Bogdan Musial	Kampfplatz Deutschland - Stalins Kriegspläne gegen den Westen	Buchvorstellung
04.08.2009	Prof. Dr. Stefan Appelius	Tod in Bulgarien	Vortrag
18.08.2009	Clara Welten	Auf der Suche nach Leben …	Lesung
01.09.2009	Grit Hartmann	Vorwärts und vergessen	Buchvorstellung
15.09.2009	Susanne Schädlich	Immer wieder Dezember	Lesung
29.09.2009	Bernd-Rainer Barth	Verschwiegene Vergangenheit - Der Fall Strittmatter und andere	Vortrag

Datum	Referenten	Thema	Veranstaltungsart
13.10.2009	Dr. Alexander Gogun	Stepan Bandera - ein Freiheitskämpfer?	Vortrag
27.10.2009	Bettina Buske, Dr. Tengis Khachapuridse (Georgien)	Mauerstücke - Erinnerungsgeschichten	Lesung
10.11.2009	Heribert Schwan	Mein 9. November 1989	Buchvorstellung
24.11.2009	Katrin Behr	Zwangsadoptionen in der DDR	Vortrag
08.12.2009	Kaiserin Auguste Viktoria	Weihnachten im Kaiserhaus um 1900	Jahresausklang
2010			
12.01.2010	Lena Kornyeyeva	Putins Reich - Neostalinismus auf Verlangen des Volkes	Buchvorstellung
26.01.2010	Dr. Dmitrij Chmelnizki	Überfall auf Europa	Vortrag
09.02.2010	Jochen Stern	Wachsen Künstler in Ost und West zusammen?	Vortag
23.02.2010	Viktor Kalaschnikov	Wie Stalin den Kalten Krieg überlebte	Vortrag
09.03.2010	Grit Poppe	Weggesperrt	Lesung
23.03.2010	Inga Wolfram	Verraten. Sechs Freunde, ein Spitzel, mein Land und ein Traum	Buchvorstellung
06.04.2010	Dr. Nicole Glocke	Im Auftrag von US-Militäraufklärung und DDR-Geheimdienst	Lesung
20.04.2010	Dr. Andreas H. Apelt	Die Opposition in der DDR und die Deutsche Frage 1989/90	Buchvorstellung
22.04.2010	Prof. Dr. (em.) Konrad Löw	Humanismus beim jungen Marx?	Vortrag
04.05.2010	Axel Reitel	Die Poetenpolizei - FDJ-Seminare im Stasi-Visier	Vortrag
18.05.2010	Dr. Bettina Greiner	Verdrängter Terror - Geschichte und Wahrnehmung sowjetischer Speziallager	Buchvorstellung
01.06.2010	Dr. Helmut Müller-Enbergs	Deutschland, einig Spitzelland?	Vortrag, Präsentation
15.06.2010	Dr. Andreas Petersen	Black Box DDR	Buchvorstellung
29.06.2010	Ingrid Damerow	Von einer Hölle in die andere - Jüdische Opfer im Nationalsozialismus und Stalinismus	Lesung

Datum	Referenten	Thema	Veranstaltungsart
13.07.2010	Dr. Hans-Georg Wieck	Die Rolle von Botschafter Friedrich Werner Graf von der Schulenburg in der Geschichte ...	Vortrag
27.07.2010	Dr. Bogdan Musial	Stalins Beutezug	Buchvorstellung
10.08.2010	Marianne Blasinski	IRINA - Eine wolgadeutsche Tragödie	Präsentation zur Buchpremiere
24.08.2010	Victoria Korb	... kein polnischer Staatsbürger	Buchvorstellung
07.09.2010	Thomas Raufeisen	Mein Vater – der Spion	Vortag
21.09.2010	Dr. Anna Kaminsky	Erinnerungsorte an die kommunistischen Diktaturen im Europa des 20. Jahrhunderts	Referat
05.10.2010	Fanna Kolarova	Bulgarien - Blick zurück	Vortrag
11.10.2010	Chaim Noll (Israel)	Der goldene Löffel	Lesung, Vortrag
02.11.2010	Hans-Joachim Schädlich	Kokoschkins Reise	Lesung, Vortrag
16.11.2010	Dr. Burkhart Veigel	Fluchthilfe durch die Berliner Mauer	Vortrag
30.11.2010	Hans-Joachim Otto, Prof. Dr. Michael Wolffsohn, Jürgen Engert, Ursula Popiolek, Dr. Hermann Rudolph, Dr. Andreas H. Apelt	Das Freiheits- und Einheitsdenkmal in Berlin und 20 Jahre Gedenkbibliothek - ...	Referat, Diskussion, Festakt
16.12.2010	Ada Belidis, Sopran + Mario Temme, Bariton / Piano	Zum Jahresausklang - Eine musikalische Weihnachtsgeschichte	Musikalischer Jahresausklang
2011			
11.01.2011	Sophie Dannenberg	Das bleiche Herz der Revolution	Lesung
25.01.2011	Dr. Otto Wenzel	Die Moskauer Schauprozesse 1936, 1937 und 1938 in den Berichten ...	Vortrag
08.02.2011	Robert Otte	Leopold Schwarzschild – ein Journalist im Kampf gegen Nationalsozialismus und Sowjetkommunismus	Vortrag
22.02.2011	Lutz Rackow	Die Gefahr des Totalitären – Wird Deutschland wieder unberechenbar?	Vortrag
08.03.2011	Dr. Ingo Pfeiffer	Fahnenflucht zur See – die Volksmarine im Visier des MfS	Vortrag

Datum	Referenten	Thema	Veranstaltungsart
22.03.2011	Peter Hellström	Die Postkontrolle der Stasi	Vortrag
05.04.2011	Dr. Niciole Glocke, Ralph Weber	Erziehung hinter Gittern	Buchvorstellung
19.04.2011	Fritz Poppenberg	Der letzte Mythos: Wer entfesselte den Zweiten Weltkrieg?	Filmvorführung
03.05.2011	Jing Wang, Wen-chiang Shen. A.W. Bauersfeld	Die vergessene Republik China	Vortrag
17.05.2011	Peter Hartl	Belogen, betrogen und umerzogen	Buchvorstellung
31.05.2011	Dr. Gerhard Gnauck	Auf der Suche nach dem wahren Marcel Reich-Ranicki	Buchvorstellung
14.06.2011	Dr. Helmut Müller-Enbergs	Deutschland, einig Spitzel-Land? Teil II - Die Westspione	Vortrag
28.06.2011	Dr. Anneli Ute Galbanyi	Literatur und Diktatur im kommunistischen Rumänien	Vortrag
12.07.2011	Bernd-Rainer Barth	Die Rote Kapelle in der Schweiz – alte Mythen gegen neue Fakten	Vortrag
26.07.2011	Dr. Franz Kadell	Katyn - Das zweifache Trauma der Polen	Buchvorstellung
09.08.2011	Ingrid Taegner	Leben mit der Mauer - Erinnerungen einer Berlinerin	Buchvorstellung
23.08.2011	Nicole Haase	Dichterin in Diktatur und Exil - Marina Zwetajewa zum 70. Todestag	Vortrag
06.09.2011	Jo Strauss	Das System Unfreiheit	Buchvorstellung
20.09.2011	Wolfgang Lehmann	Fünf Weihnachten hinter Stacheldraht - Eine Jugend in sowjetischen Terrorlagern	Vortrag
04.10.2011	Jochen Stern	BAUTZEN	Vortrag
18.10.2011	Ulrich Schacht	Vereister Sommer – Auf der Suche nach meinem russischen Vater	Lesung
01.11.2011	Dr. Burkhart Veigel	Wege durch die Mauer – Fluchthilfe und Stasi zwischen Ost und West	Buchvorstellung
15.11.2011	Armin Fuhrer	Ernst Thälmann – Soldat des Proletariats	Buchvorstellung
29.11.2011	Uta Franke	Sand im Getriebe - Die Geschichte der Leipziger Oppositionsgruppe um Heinrich Saar 1977-1983	Buchvorstellung

Datum	Referenten	Thema	Veranstaltungsart
13.12.2011	Blanche Kommerell, Ada Belidis, Bert Mario Temme	Wie Sterne aus Schnee ...	Musik.-liter. Jahresausklang
2012			
10.01.2012	Ursula Popiolek	Der Bundespräsident verleiht den Bundesverdienstorden durch Staatssekretär André Schmitz	Auszeichnung
24.01.2012	Dr. Erika Steinbach	Die Macht der Erinnerung	Vortrag
07.02.2012	Vera Lengsfeld	Ich wollte frei sein: Die Mauer, die Stasi, die Revolution	Buchvorstellung
21.02.2012	Dr. Nicole Glocke	Spontaneität war das Gebot der Stunde: Drei Abgeordnete der ersten und einzigen frei...	Buchvorstellung
06.03.2012	Paul Brauhnert	Tiere in Menschengestalt – Die Anatomie des Militärstrafvollzugs Schwedt	Vortrag
20.03.2012	Thomas Lukow	"Unterm Strich" - Karikatur und Witz im SED-Staat	Vortrag
03.04.2012	Eugen Ruge, Wladislaw Hedeler	Lenin: Vorgänger Stalins	Buchvorstellung
17.04.2012	Dirk Jungnickel, Bodo Platt	Dauerskandal Potsdam-Leistikowstrasse	Vortrag
15.05.2012	Maricel Felicó, Boris Luis Santa Coloma	Die Situation der Jugend im heutigen Kuba	Vortrag
29.05.2012	Dr. Richard Buchner	Terror und Ideologie: Zur Eskalation der Gewalt im Leninismus und Stalinismus	Buchvorstellung
12.06.2012	Tsewang Norbu	Die Tibet Initiative Deutschland	Vortrag
26.06.2012	Dieter Drewitz	Kennwort „Alpenveilchen" - Zwischen Stasiknast und Kaltem Krieg	Buchvorstellung
10.07.2012	Kuno Karls, Helmut Ebel	„Zwangsaussiedlungen – Zeitzeugenberichte"	Vortrag
24.07.2012	Siegmar Faust, Sylvia Wähling	„Cottbus hieß die öde Stätte..." - Eine Zwischenbilanz	Vortrag
07.08.2012	Regine Igel	"Terrorismus-Lügen" - Wie die Stasi im Untergrund agierte	Buchpremiere
21.08.2012	Jörn Luther, Ulrich Jadke	Macht aus dem Staat Gurkensalat	Buchvorstellung

Datum	Referenten	Thema	Veranstaltungsart
04.09.2012	Ingo von Münch	"Frau, komm!" Die Massenvergewaltigungen deutscher Frauen und Mädchen 1944/45	Buchvorstellung
18.09.2012	Richard Wagner, Helmuth Frauendorfer	Als Eva Informantin war	Vortrag
02.10.2012	Dr. Andreas Petersen	Deine Schnauze wird dir in Sibirien zufrieren. Ein Jahrhundertdiktat. Erwin Jöris	Buchvorstellung
16.10.2012	Sonja Margolina	Brandgeruch	Lesung
30.10.2012	Ullrich H. Kasten, Hans-Dieter Schütt	Molotow - Der Mann hinter Stalin (Dokfilm 90 min.)	Film, Diskussion
13.11.2012	Ulrich Schacht	Über Schnee und Geschichte: Notate 1983 – 2011	Lesung
27.11.2012	Dr. Stephan Winckler	Gerhard Löwenthal - Ein Beitrag zur politischen Publizistik der Bundesrepublik Deutschland	Buchvorstellung
11.12.2012	Nicole Haase	Ach, du liebe Weihnachtszeit!	Jahresausklang
2013			
08.01.2013	Elfriede Brüning	Lästige Zeugen. Tonbandgespräche mit Opfern der Stalinzeit	Lesung
22.01.2013	Dieter Fratzke	Lessings „Nathan" – ein Beispiel für vernünftiges Denken und humanes Handeln	Vortrag
05.02.2012	Ruth Hoffmann	Stasi-Kinder: Aufwachsen im Überwachungsstaat	Buchvorstellung
19.02.2013	Irina Lebedejewa	Märtyrer der russischen Kirche im 20. Jahrhundert - Die Großfürstin Jelisaweta Fjodorowna	Vortrag
05.03.2012	Patrick Conley	Der parteiliche Journalist. Die Geschichte des Radio-Features in der DDR	Buchvorstellung
13.03.2013	Fanna Kolarova, Stoyan Raichewski	Eröffnung unserer Ausstellung „Bulgarien 1944-1989. Verbotene Wahrheit" im Mosse-Palais	Ausstellungseröffnung
19.03.2012	Dieter Gräff	Im Namen der Republik: Rechtsalltag in der DDR	Buchvorstellung
02.04.2013	Esther Koch	Das Leben der Hohenecker Strafgefangenen Alexandra Dust-Wiese 1923-1995	Dramatische Aufführung

Datum	Referenten	Thema	Veranstaltungsart
16.04.2013	Ullrich H. Kasten, Hans-Dieter Schütt	LENIN - Drama eines Diktators	Film, Diskussion
30.04.2013	Rolf Schneider	Schonzeiten: Ein Leben in Deutschland	Lesung
14.05.2013	Jochen Stern	Deutsche Lyrik unter dem Sowjetstern	Vortrag
28.05.2013	Dr. Peter Joachim Lapp	Grenzregime der DDR	Buchvorstellung
11.06.2013	Prof. Dr. Arnulf Baring	Der 17. Juni 1953	Vortrag
25.06.2013	Dr. Renate Werwick-Schneider	Zweimal Haft für die Freiheit	Vortrag
09.07.2013	Dr. Edith Kiesewetter-Giese	Erinnerungen an Mähren: Von Neutitschein nach Berlin	Lesung
23.07.2013	Dr. Patrick Thanh Nguyen-Brem	Cordula - Die Lotusblume: Eine Liebesgeschichte in den Wirren des Vietnamkrieges	Lesung
06.08.2013	Werner Höpfner	Sibirien - Glück gehabt, trotz allem	Buchvorstellung
20.08.2013	Siegmar Faust, Palph Grüneberger	Ausstellungseröffnung „gegen den strom"	Ausstellungseröffnung
03.09.2013	Prof. Hans-Hendrik Grimmling, Dr. Andreas H. Apelt	Neuanfang im Westen: Zeitzeugen berichten	Buchvorstellung
17.09.2013	Jürgen K. Hultenreich	Die Schillergruft	Lesung
01.10.2013	Gerhard Taege	Überlebt im NKWD-Lager Nr. 7 Sachsenhausen	Vortrag
15.10.2013	Ulrich Schacht	Kleine Paradiese	Lesung
29.10.2013	Thomas Schaufuß	Die politische Rolle des FDGB-Feriendienstes in der DDR: Sozialtourismus im SED-Staat	Buchvorstellung
12.11.2013	Dr. Viktor Krieger	Bundesbürger russlanddeutscher Herkunft: Historische Schlüsselerfahrungen ...	Buchvorstellung
26.11.2013	Steffi Memmert-Lunau, Angelika Fischer	PETERSBURG: Eine literarische Zeitreise	Buchvorstellung
10.12.2013	Ulrich Grasnick	„Im Klang einer Geige geborgen ein Traum"	Lesung
2014			
07.01.2014	Prof. Dr. Bogdan Musial	Die Soviet-Story (86 min.)	Film, Diskussion

Datum	Referenten	Thema	Veranstaltungsart
21.01.2014	Jürgen Mai	Der letzte Mann von Stalingrad	Lesung
04.02.2014	Manfred Haferburg	Wohn-Haft	Lesung
18.02.2014	Dr. Theodor Seidel	Kriegsverbrechen in Sachsen	Buchvorstellung
04.03.2014	Jürgen K. Hultenreich, Bernd Wagner, Heiner Sylvester	Der Weg aus der Ordnung - DDR-Untergrundfilm (1983 / 43 min.)	Film, Diskussion
18.03.2014	Dr. Micha Christopher Pfarr	Die strafrechtliche Aufarbeitung der Misshandlung von Gefangenen in den Haftanstalten der DDR	Buchvorstellung
20.03.2014	Dr. Uwe Siemon-Netto	DUC, DER DEUTSCHE – Mein Vietnam. Warum die falschen siegten	Buchvorstellung
01.04.2014	Raimund August	Als der Kalte Krieg am kältesten war	Lesung
15.04.2014	Victoria Korb	TOD EINES FRIEDENSFORSCHERS	Buchpremiere
29.04.2014	Stefan Krikowski	Das neue Gulag-Zeitzeugen-Portal www.workuta.de	Vortrag
13.05.2014	Jan George, Werner K. Lahmann	Warten ohne Wiedersehen - Ein Nachkriegsschicksal im Sowjetischen Speziallager Sachsenhausen	Buchvorstellung
27.05.2014	Freya Klier	Wir wollen freie Menschen sein. Volksaufstand 1953	Film, Diskussion
10.06.2014	Dr. Sigurd Peters	Mit dem West-Krankenwagen in die Freiheit	Vortrag
24.06.2014	Prof. Dr. Ralf Stabel	IM „Tänzer" - Der Tanz und die Staatssicherheit	Buchvorstellung
08.07.2014	Peter Wersierski	Die verbotene Reise: Die Geschichte einer abenteuerlichen Flucht	Buchvorstellung
22.07.2014	Torsten Dressler	Stillgestanden - Blick zur Flamme! Das DDR-Militärstrafgefängnis und die NVA-Disziplinareinheit ...	Buchvorstellung
05.08.2014	Uwe-Carsten Günnel, Heiner Sylvester	Wir wollten nur anders leben. Erinnerungen politischer Gefangener im Zuchthaus Cottbus	Buchvorstellung
19.08.2014	Jens Sparschuh, Rainer Burmeister	DER FALL X - Wie die DDR West-Berlin erobern wollte	Film, Diskussion

Datum	Referenten	Thema	Veranstaltungsart
02.09.2014	Pfr. Dietmar Linke	Streicheln, bis der Maulkorb fertig ist - Die DDR-Kirche zwischen Kanzel und Konspiration	Lesung
16.09.2014	Nicole Haase, Doris Liebermann	Vera Lourié: BRIEFE AN DICH - Erinnerungen an das russische Berlin	Lesung
30.09.2014	Detlef Kühn	Russlands Umgang mit Europa	Vortrag
14.10.2014	Dr. Gerhard Barkleit	Überwacht im Schacht – Uranbergbau im Kalten Krieg	Buchvorstellung
28.10.2014	Vera Lengsfeld	1989: Tagebuch der Friedlichen Revolution - 1. Januar bis 31. Dezember 1989	Buchvorstellung
11.11.2014	Heiner Sylvester	Rausschmiss mit Folgen - Die DDR und die Biermann-Ausbürgerung	Film, Diskussion
25.11.2014	Dr. Jörg Friedrich	14/18: Der Weg nach Versailles	Buchvorstellung
09.12.2014	Petra Pavel, Regina Haffner	WEIHNACHTSSTIMMUNG IN DER BIBLIOTHEK	Jahresausklang
2015			
06.01.2015	Arik K. Komets	Operation Falsche Flagge - Wie der KGB den Westen unterwanderte	Buchvorstellung
03.02..2015	Marko Martin	treffpunkt´89. Von der Gegenwart einer Epochenzäsur	Lesung
17.02.2015	Adr. Andreas H. Apelt, Ludwig A. Rehlinger	Freikauf. Die Geschäfte der DDR mit politisch Verfolgten	Vortag
03.03.2015	Peter Grimm	WALDBRÜDER. Die Partisanen aus dem Île-Bunker	Film, Diskussion
17.03.2015	Eleonora Hummel	In guten Händen, in einem schönen Land	Lesung
31.03.2015	Christian Boos	Die indiskrete Gesellschaft - Studien zum Denunziationskomplex und zu inoffiziellen Mitarbeitern	Buchvorstellung
14.05.2015	Boris Reitschuster	Wladimir Putin – ein Machtmensch und sein System	Buchvorstellung
28.05.2015	Dr. Karl-Heinz Bomberg, Dr. Stefan Trobisch-Lütge	Verborgene Wunden: Spätfolgen politischer Traumatisierung in der DDR und ….	Buchvorstellung
12.05.2015	Dr. Anne-Luise Riedel-Krekeler	Die Rehabilitierung ehemaliger Heimkinder der DDR nach dem	Buchvorstellung

Datum	Referenten	Thema	Veranstaltungsart
		Strafrechtlichen Rehabilitierungsgesetz	
26.05.2015	Susanne Schädlich	Herr Hübner und die sibirische Nachtigall	Lesung
09.06.2015	Helmut Schulzeck	Jonušas – Himmel und Hölle sind mein	Film, Diskussion
23.06.2015	Dr. Iris Bork-Goldfield (USA)	Wir wollten was tun! Werderaner Jugendliche leisten Widerstand 1949-53	Buchvorstellung
07.07.2015	Antonio Rodiles (Kuba)	KUBA – Das Ende der Diktatur?	Telefonkonferenz
21.07.2015	Wladislaw Hedeler	Nikolai Bucharin: Stalins tragischer Opponent	Buchvorstellung
04.08.2015	Jochen Stern	Und der Westen schwieg. Die SBZ/DDR 1945 – 1975. Erlebnisse - Berichte – Dokumente	Buchvorstellung
18.08.2015	Rudi Thurow	„Fluchthelfer Thurow ist zu erschlagen!"	Vortrag
01.09.2015	Helma von Nerée	Erinnern – nie vergessen. NKWD-Lager Mühlberg/Elbe	Buchvorstellung
15.09.2015	Dr. Peter Joachim Lapp	Rollbahnen des Klassenfeindes - Die DDR-Überwachung des Berlin-Transits 1949 – 1990	Buchvorstellung
29.09.2015	Harald Beer	Schreien hilft Dir nicht ... - Politische Haft in Sachsenhausen 1946-1950 und in Thüringen 1961-1963	Lesung
13.10.2015	Ulrich Schacht	Grimsey – Eine Novelle	Lesung
27.10.2015	Peter Grimm	Die vergessenen Kinderheime in der DDR (MDR 2014)	Film, Diskussion
10.11.2015	Dr. Philipp Lengsfeld MdB	Von der Ossietzky-Affäre zur Erinnerungspolitik im Bundestag	Vortrag
24.11.2015	Fanna Kolarova, Stoyan Raichewski	Der Eiserne Vorhang – Bulgarien	Buchvorstellung
04.12.2015	Ursula Popiolek, Dr. Anna Kaminsky, Dr. Hans-Gert Pöttering	Festakt zum 25jährigen Bestehen der Gedenkbibliothek im Roten Rathaus	Festakt
2016			
12.01.2016	Freya Klier	Meine Oderberger Straße	Film, Diskussion
16.01.2016	Dr. Meinhard Stark	Gulag-Kinder. Die vergessenen Opfer	Buchvorstellung

Datum	Referenten	Thema	Veranstaltungsart
09.02.2016	Dr. Andrea Feth	Hilde Benjamin – Eine Biographie	Lesung
23.02.2016	Evelyn Zupke, Peter Grimm	Ausstellungseröffnung „Jugendopposition in der DDR"	Ausstellungseröffnung
08.03.2016	Vytene Muschick	Aber der Himmel - grandios	Buchvorstellung
22.03.2015	Dr. Gerhard Weigt	Demokratie Jetzt - Der schwierige Weg zur deutschen Einheit	Buchvorstellung
05.04.2016	Heiner Sylvester, Joachim Walter	Wahn und Methode - Schriftsteller und Stasi	Film, Diskussion
19.04.2016	Lutz Rackow	Spurensicherung. 80 Jahre in deutschen Irrgärten	Buchvorstellung
03.05.2016	Chaim Noll (Israel)	Der Schmuggel über die Zeitgrenze: Erinnerungen	Lesung
17.05.2016	Boris Reitschuster	Putins verdeckter Krieg	Buchvorstellung
31.05.2016	Sabine Lange	Fallada - Fall ad acta? Die Stasi und die DDR-Erbepflege	Buchvorstellung
14.06.2016	Felice Fey	Roger Loewig (1930–1997)	Buchvorstellung
28.06.2016	Dr. Andreas Beckmann	Gott in Bautzen - Die Gefangenenseelsorge in der DDR	Lesung
12.07.2016	Michael Beleites	Dicke Luft: Zwischen Ruß und Revolte	Buchvorstellung
26.07.2016	Karl-Heinz Richter	Mit dem Moskau-Paris-Express in die Freiheit	Buchvorstellung
09.08.2016	Dr. Matthias Bath	Berlin - eine Biografie. Die geteilte Stadt	Lesung
23.08.2016	Ullrich H. Kasten, Hans-Dieter Schütt	Hitler & Stalin – Portrait einer Feindschaft	Film, Diskussion
06.09.2016	Dr. Ulf Bischof	Abgepresst und versilbert – Der Kunsthandel der KoKo	Buchvorstellung
20.09.2016	Peter Hermann	Ein Leben im Schatten des Kalten Krieges	Lesung
04.10.2016	Wolfgang Bauernfeind	Menschenraub im Kalten Krieg: Täter, Opfer, Hintergründe	Buchvorstellung
18.10.2016	Ulrich Schacht	... wenn Gott Geschichte macht!: 1989 contra 1789	Buchvorstellung
01.11.2016	Prof. Ines Geipel	Gesperrte Ablage: Unterdrückte Literaturgeschichte in Ostdeutschland 1945-1989	Buchvorstellung
15.11.2016	Fanna Kolarova, Stoyan Raichewski	Flucht aus der DDR über den „Eisernen Vorhang" Bulgariens, Wege – Methoden – Opfer	Buchvorstellung

Datum	Referenten	Thema	Veranstaltungsart
29.11.2016	Claidia Heinemann	WOLFSKINDER - A Post-War Story	Buchvorstellung
13.12.2016	Blanche Kommerell	„Lieben Sie das Leben!" - Ein literarisches Portrait des Dichters Boris Pasternak	Vortrag
2017			
10.01.2017	Freya Klier	Wir letzten Kinder Ostpreußens. Zeugen einer vergessenen Generation	Lesung
17.01.2017	Ursula Popiolek	Gotthold Ephraim Lessing (1729-1781) Ausstellungseröffnung anlässlich des 288. Geburtstags	Ausstellungseröffnung
24.01.2017	Peter Köpf	Wo ist Lieutenant Adkins? Das Schicksal desertierter Nato-Soldaten in der DDR	Lesung
07.02.2017	Peter Keup	Zurück in die Diktatur – eine Reise in den Norden Koreas	Vortrag
21.02.2017	Jochen Stern	Die ewige Morgenröte, Teil I - Der Aufbruch	Lesung
07.03.2017	Gabriel Berger	Umgeben von Hass und Mitgefühl. Die Autonomie polnischer Juden in Niederschlesien nach 1945	Buchvorstellung
21.03.2017	Pfr. Dietmar Linke	Bedrohter Alltag: Als Pfarrer im Fokus des MfS	Lesung
04.04.2017	Ulrich Grasnick, Almut Armelin	Gedenkfeier zum 100. Geburtstag von Johannes Bobrowski (1917 – 1965)	Vortrag
18.04.2017	Susanne Schädlich	„Briefe ohne Unterschrift": Wie eine BBC-Sendung die DDR herausforderte	Buchvorstellung
02.05.2017	Marco Wilms	EIN TRAUM IN ERDBEERFOLIE. Die Mode- und Überlebenskünstler Ostberlins	Film, Diskussion
16.05.2017	Thomas Schaufuß	Ferienfreizeit mit Spiel, Sport und Abenteuer	Buchvorstellung
30.05.2017	Jutta Voigt	Stierblutjahre. Die Boheme des Ostens	Lesung
13.06.2017	Uwe Kolbe	BRECHT. Rollenmodell eines Dichters	Lesung

Datum	Referenten	Thema	Veranstaltungsart
27.06.2017	Dr. Franziska Kuschel	Schwarzhörer, Schwarzseher und heimliche Leser. Die DDR und die Westmedien	Buchvorstellung
11.07.2017	Ivan Kulnev	Ausstellungseröffnung „Das sowjetische Experiment"	Ausstellungseröffnung
25.07.2017	Dr. Anna Kaminsky	Frauen in der DDR	Buchvorstellung
08.08.2017	Kerstin Nickig	Die Macht der Erinnerung – Gulaggedenken in Russland	Film, Diskussion
22.08.2017	Dr. Nancy Aris	Das lässt einen nicht mehr los. Opfer politischer Gewalt erinnern sich	Buchvorstellung
05.09.2017	Hans-Henning Paetzke (Ungarn)	ANDERSFREMD	Lesung
19.09.2017	Dr. Helmut Müller-Enbergs	Spione und Nachrichtenhändler. Geheimdienst-Karrieren in Deutschland 1939-1989	Buchvorstellung
04.10.2017	Dr. Jutta Begenau	Staatssicherheit an der Charité	Buchvorstellung
17.10.2017	Ulrich Schacht	NOTRE DAME	Lesung
01.11.2017	Dr. Ulrich Mählert	Ausstellungseröffnung DER KOMMUNISMUS IN SEINEM ZEITALTER	Ausstellungseröffnung
14.11.2017	Hinrich Rohbohm	Der verdeckte Kommunismus	Vortrag
28.11.2017	Thomas Reschke	BLUT UND FEUER von Artjom Wesjoly	Buchvorstellung
12.12.2017	Erna Wormsbecher	STALIN, NÄHMASCHINE UND ICH	Lesung
2018			
09.01.2018	Dr. Alina Laura Tiews	Fluchtpunkt Film. Integrationen von Flüchtlingen und Vertriebenen durch den Nachkriegsfilm 1945–1990	Buchvorstellung
29.01.2018	Boris Luis Santa Coloma und Antonio Rodiles (Kuba)	MACHTÜBERGABE IN KUBA - Das Ende cer Ära der Castro	Telefonkonferenz
06.02.2018	Heiner Sylvester und Ulrich Schwarz	IM GESPRÄCH ZU: „Vorsätzliche Vergiftung deutsch-deutscher Beziehungen"	Interview
20.02.2018	Freya Klier	„Wenn Mutti früh zur Arbeit geht" - Frauen in der DDR	Film, Diskussion

Datum	Referenten	Thema	Veranstaltungsart
06.03.2018	Thomas Dahnert	DAS LAGER - Wir gingen durch die Hölle (Internat. Spielfilm 108 min.)	Film, Diskussion
20.03.2018	Peter Rüegg	Sozialismus hinter Gittern. Schicksale aus Ostdeutschland	Buchvorstellung
03.04.2018	Tom Franke, Marc Chaet	DIE PARTITUR DES KRIEGES. Leben zwischen den Fronten im Donbass	Film, Diskussion
17.04.2018	Ingo Langner	Bertolt Brecht / „Die Mutter 2.0 – Eine Dekonstruktion" von Ingo Langner © 2018	Dramatische Aufführung
15.05.2018	Dr. Karl-Heinz Bomberg, Jürgen K. Hultenreich	HEILENDE WUNDEN. Wege der Aufarbeitung politischer Traumatisierung in der DDR	Buchvorstellung
29.05.2018	Carmen Bärwaldt	Sonntagskind. Erinnerung an Charlotte von Mahlsdorf	Film, Diskussion
12.06.2018	Dr. Angela Plöger	KATJA KETTU: FEUERHERZ	Buchvorstellung
26.06.2018	Prof. Dr. Bernd Rabehl	Die "Raumrevolution" in den Ideen der Achtundsechziger	Vortrag
10.07.2018	Jochen Stern	Die ewige Morgenröte - Teil II: Das Leben ist kein Spiel	Lesung
24.07.2018	Dr. Stefan Wolle	Ausstellungseröffnung: VOLL DER OSTEN. Leben in der DDR	Ausstellungseröffnung
07.08.2018	Carmen Francesca Banciu	Lebt wohl, Ihr Genossen und Geliebten!	Lesung
21.08.2018	Bode-Quartett Berlin, Anna Barbara Kastelewicz	Kurt Hauschild - Streichquartett Nr. 8 - "Jan Palach"	Vortrag + Konzert
04.09.2018	Thomas Lukow	Spionage im Spiegel der Europäischen Geschichte - von Daniel Defoe bis Günter Guillaume	Vortrag
18.09.2018	Lenore Lobeck	Die Schwarzenberg-Legende. Geschichte und Mythos im Niemandsland	Buchvorstellung
02.10.2018	Dr. Burkhart Veigel, Roswitha Quadflieg	FREI – Roman	Buchvorstellung
16.10.2018	Dr. Matthias Bath	Die Berlin-Blockade: Stalins Griff nach der deutschen Hauptstadt und der Freiheitskampf Berlins.	Buchvorstellung
23.10.2018	Ralph Grüneberger	Präsentation Poesiealbum Neu "Worthaft. Texte politischer Gefangener"	Buchvorstellung

Datum	Referenten	Thema	Veranstaltungsart
30.10.2018	Dr. Nicolaus Fest	Gehirnwäsche Geschichtswäsche: Die entsorgte Vergangenheit	Vortrag
13.11.2018	Bettina Röhl	„Die RAF hat euch lieb": Die Bundesrepublik im Rausch von 68 – Eine Familie im Zentrum der Bewegung	Lesung
27.11.2018	Dr. Dittmar May	Runter von der Birkenallee - Ein Stasi-Häftling und Gefängnisarzt auf dem Weg in die Freiheit	Lesung
11.12.2018	Peter Grimm, Stephan Krawczyk, Gabriel Berger, Jürgen K. Hultenreich, Dr. Heimo Schwilk, Dr. Sebastian Kleinschmidt	Gedenkveranstaltung für ULRICH SCHACHT [1951 – 2018]	Gedenkveranstaltung
2019			
08.01.2019	Monika Maron	Munin oder Chaos im Kopf	Lesung
22.01.2019	Kerstin Nickig	Moskau. Lubjanka. Ein Platz mit Geschichte	Film, Diskussion
05.02.2019	Anna Barbara Kastelewicz	Musik in sowjetischen Speziallagern	Vortrag mit Musik
19.02.2019	Nathalie Nad-Abonji	„Ihr könnt mich umbringen" - Fluchtversuch aus dem JWH Torgau	Hörspiel
05.03.2019	Dr. Hanna Labrenz-Weiß, Joachim Heise	Staatssicherheit in Nordhausen	Buchvorstellung
19.03.2019	Dr. Nancy Aris	Via Knast in den Westen: Das Kaßberg-Gefängnis und seine Geschichte	Buchvorstellung
02.04.2019	Dr. Wieland Niekisch	DIE DEUTSCHE VOLKSPOLIZEI 1945 - 1990. Die 2. politische Einheits-Polizei	Vortrag
16.04.2019	Dr. Matthias Bath	1197 Tage als Fluchthelfer in DDR-Haft	Buchvorstellung
30.04.2019	Edgar Werner Eisenkrätzer	Flucht aus Cottbus	Vortrag
14.05.2019	Katrin Büschel, Dr. Karl-Heinz Bomberg	Splitter im Kopf. Hafterfahrungen in der DDR	Film, Diskussion
28.05.2019	Thomas Lukow	Die SED und ihre MfS-Abteilung Kommerzielle Koordinierung	Vortrag

Datum	Referenten	Thema	Veranstaltungsart
11.06.2019	Dr. Franz Cimpa	Die gefährliche Faszination des Marxismus – gestern und heute	Vortrag
25.06.2019	Dr. Christian Booß	Im goldenen Käfig: Zwischen SED, Staatssicherheit, Justizministerium und Mandant - die DDR-Anwälte im politischen Prozess	Buchvorstellung
09.07.2019	Dr. Rita Lüdtke	Leben und Sterben im Speziallager Nr. 9 Fünfeichen - Neubrandenburg	Vortrag mit Film
23.07.2019	Peter Grimm	Vertreibung 1961	Film, Diskussion
06.08.2019	Dr. Andreas Petersen	DIE MOSKAUER: Wie das Stalintrauma die DDR prägte	Buchvorstellung
20.08.2019	Dr. Angela Plöger	René Nyberg, Der letzte Zug nach Moskau: Zwei Freundinnen, zwei Schicksale, eine jüdische Familiengeschichte	Buchvorstellung
03.09.2019	Gisela B. Adam	Zum 1. Todestag von Ulrich Schacht - Ein empfindsamer Poet und streitbarer Geist	Gedenkveranstaltung
17.09.2019	Hans-Henning Paetzke	HEIMATWIRR	Buchvorstellung
01.10.2019	Petra Riemann, Torsten Sasse	Die Stasi, der König und der Zimmermann: Eine Geschichte von Verrat	Buchvorstellung
15.10.2019	Gabriel Berger	Allein gegen die DDR-Diktatur - Bespitzelt vom Ministerium für Staatssicherheit im Osten und Westen 1968 - 1989	Buchvorstellung
29.10.2019	Alexandra Bohm, Annerose Schrapp, Dr. Matthias Bath, Detlef Kühn	Mauerfall – 25 und eine Erinnerung an die Nacht des 9. November 1989	Buchvorstellung
12.11.2019	Prof. Dr. (em.) Konrad Löw	60 Jahre Godesberger Programm - Warum hat sich damals die SPD von Marx getrennt?	Vortrag
26.11.2019	Prof. Jürgen Haase	Der Fall Wolfgang Schnur – ein unmögliches Leben	Film, Diskussion
10.12.2019	Prof. Dr. habil. Andrzej Przyłębski	Die Bilanz der Transformation in Polen nach 1989	Vortrag

Datum	Referenten	Thema	Veranstaltungsart
2020			
07.01.2020	Petra Riemann, Torsten Sasse, Stephan Krawczyk	Bürgerrechte in der DDR - Kampf um Meinungsfreiheit	Film, Musik, Diskussion
21.01.2020	Nathalie Nad-Abonji	Das Ende der Staatssicherheit in Rostock	Hörspiel
04.02.2020	Inge M. Thürkauf	Mit der Eisenbahn durch den dialektischen Materialismus	Buchvorstellung
18.02.2020	Gabriele Stötzer	Die bröckelnde Festung	Lesung
03.03.2020	Caroline Labusch	„Ich hatte gehofft, wir können fliegen" - Auf den Spuren des letzten Mauertoten Winfried Freudenberg	Vortrag mit Film
	CORONA		

Aus dem aktuellen Verlagsprogramm

www.oezb-verlag.de

Edition DDR-GESCHICHTE – Zeitzeugen

Udo Bartsch
Kein Weg nach Arkadien
Verordnetes Leben im Sozialismus
Verlorene Illusionen im geeinten Deutschland
Broschur, 14,8 x 21,0 cm, 224 Seiten, 12,90 €
ISBN 978-3-89998-313-5

Zum Buch
Udo Bartsch (Jg. 1942) erzählt in zwei Interviews seine Geschichte als Zeitzeuge eines halben Jahrhunderts. An deren dramatischen Anfang steht der mehrfache Versuch, das Land, das ihn einmauerte zu verlassen und in einem Prozess wegen „Republikflucht" und mit 18 Monaten Haft für den 19-Jährigen im berüchtigten Staatssicherheitsgefängnis in Berlin-Hohenschönhausen endete.
Die Friedliche Revolution sollte seinen weiteren Lebensweg prägen: 1990 Kulturpolitischer Akteur des demokratischen Umbruchs in der DDR, Staatssekretär im Ministerium für Kultur, Sachwalter von Kultur und Kunst in den Verhandlungen zum Einigungsvertrag, Regierungsberatung in Chile und eine leitende Tätigkeit in der Bundesakademie für öffentliche Verwaltung.
Das Buch reißt vieles von dem, was wir heute in Bezug auf die SBZ/DDR oft nicht mehr wahr haben wollen, aus dem Vergessen.
Streitbar und zur Stellungnahme herausfordernd greift Udo Bartsch eine Vielzahl von Themen und Problemstellungen unserer Zeit auf.

Gerhard Barkleit
EinBlick in zwei Welten
Das Ende der DDR als Glücksfall der Geschichte
Broschur, 14 x 21 cm, 596 Seiten, mit 62 Abbildungen, 19,90 €
ISBN 978-3-942437-40-0

Zum Buch
Der vorliegende „EinBlick" ist die Rückschau eines Wissenschaftlers auf 40 Jahre SED-Diktatur und 30 Jahre deutsche Einheit. In mehreren Einzelveröffentlichungen analysierte der Physiker und Wissenschaftshistoriker bereits das Scheitern der Luftfahrtindustrie, die Probleme der Kernenergie und den immer größer werdenden Rückstand der Mikroelektronik in der DDR. Nach einer Biografie des Ausnahmewissenschaftlers Manfred Baron von Ardenne sowie einer Reminiszenz an seine Heimat Ostpreußen legt Gerhard Barkleit nun seine Abrechnung mit der DDR vor.

Im Wechsel von persönlich gehaltenen und sachbezogenen Kapiteln erscheint der „real existierende Sozialismus" nicht als „die Hölle" und das demokratisch verfasste, wieder vereinte Deutschland wird keineswegs zum „Paradies" erhoben. Eine familiäre Konstellation, in der christliches Bekenntnis des Einen und eine hauptamtliche Tätigkeit im Ministerium für Staatssicherheit eines Anderen Jahrzehnte hindurch auszuhalten waren, stellt eine biografische Besonderheit dar, die nicht in das einfache Schema von „gut" und „böse" passt.

Ursula Schöbe
ROT war nicht nur die Liebe
Ein Familiendrama
Gebunden, 14,8 x 21,0 cm, 182 Seiten, 12,90 €
ISBN 978-3-89998-299-2

Zum Buch
Die Autorin Ursula Schöbe (Jg. 1928) schrieb dieses Buch zur Erinnerung an einen besonders schwierigen Lebensabschnitt in der ehemaligen „sozialistischen" DDR. Der Entschluss, zu Beginn der 1970er Jahre dem großen Gefängnis DDR zusammen mit der Familie den Rücken zu kehren, war keine plötzliche Idee, sondern wuchs im Verlauf der Zeit stetig mit dem Zorn und der Wut über die täglichen kleinen und großen Schikanen im persönlichen wie im beruflichen Leben.
Es waren die jahrzehntelangen Schikanen und die politische wie persönliche Unfreiheit, die den Entschluss in der Familie festigten, einen Fluchtversuch nach Westdeutschland zu wagen ...

Edition
BIBLIOGRAPHIEN ZUR GESCHICHTE UND KULTUR EUROPAS

Detlef W. Stein/ Alfred Bischoff (Hg.)
Königsberg / Kaliningrad
Eine kommentierte Auswahlbibliographie von der Stadtgründung bis zur Gegenwart
Gebunden, 14,8 x 21,0 cm, 748 Seiten, 69,90 €
ISBN 978-3-942437-34-9

Zum Buch
Die vorliegende Auswahlbibliographie zur Stadtgeschichte Königsbergs i. Pr./ Kaliningrads mit deutsch- und englischsprachigem Schrifttum umfasst den Zeitraum von der Gründung der einstigen Deutschordensburg an der Pregel bis zur Gegenwart. Das Buch umfasst Bibliographien, Monographien, Zeitschriftenaufsätze, Beiträge aus Sammelbänden und in geringem Umfang historisch aufschlussreiche Artikel aus der Presse.
Themenschwerpunkte in der Auswahlbibliographie sind die Frühgeschichte und mittelalterliche Geschichte der Stadt Königsberg, wo der letzte Ordenshochmeister und erste Herzog Preußens, Albrecht von Brandenburg-Ansbach, die lutherische Reformation annahm und 1544 die Albertus-Universität gründete, die Geschichte der Handelsbeziehungen Königsbergs seit der Hansezeit, die Stadtgeschichte Königsbergs zur Zeit der Umwandlung des Deutschordensstaates in ein weltliches Herzogtum, die Zeit von der Bildung der Personalunion Brandenburg-Preußen im Jahre 1618 bis zum Jahre 1701, als der brandenburgische Kurfürst als Friedrich I. die Königswürde erlangte. Weiterhin die Zeit der Reformation und der Aufklärung, stadttopographische Aspekte, die Geschichte des Schulbildungs- und Bibliothekswesens, literaturgeschichtliche Abhandlungen sowie der Sonderstatus, den das Kaliningrader Gebiet heute innerhalb der Russischen Föderation einnimmt.
Nicht zu vernachlässigen ist hierbei auch die wirtschaftliche Entwicklung des Ostseeraumes, die Verkehrsinfrastruktur des Kaliningrader Gebietes auf die EU-Osterweiterung sowie die Frage, wo die Schwerpunkte der deutschen Auslandsinvestitionen in dieser Region liegen.
Die vorliegende Auswahlbibliographie soll nicht ausschließlich wissenschaftlichen Zwecken dienen, sondern auch einer breiten interessierten Öffentlichkeit zugänglich sein.

Edition DOKUMENTE KOMMUNISTISCHER GEHEIMDIENSTE OSTEUROPAS

Band 3
Siegfried Richter (Hg.)
Repressionen-Zuchthaus-Folter.
Zur Arbeit und Struktur der Staatssicherheit (StB) in der Tschechoslowakei 1948-1989
Gebunden, 14,8 x 21,0 cm, 256 Seiten, 49,90 €

Zum Buch
Die hier versammelten Aufsätze aus der seit 2005 vierteljährlich erscheinenden Fachzeitschrift des Institutes für Nationales Gedächtnis (ÚPN) in Bratislava geben nach über 30 Jahre nach dem epochemachenden Umbruch in der damaligen Tschechoslowakei dem deutschen Publikum ein aufschlussreiches Bild vom Umgang mit dem kommunistischen Erbe.
In der 1993 ihre Unabhängigkeit erlangenden Slowakei setzte der komplexe Prozess der Aufarbeitung der totalitären Ära von 1948 bis 1989 erst mit Verspätung ein. Das seit 2002 bestehende Institut erforscht neben der Zeit des Zweiten Weltkrieges insbesondere die politisch-ideologischen Voraussetzungen und gesellschaftlichen Auswirkungen der kommunistischen Herrschaft von Staat und Partei.
Hierbei werden Funktion und Struktur der Staatssicherheit (StB) und die Mechanismen, Strategien und Methoden des repressiven Sicherheitsapparates als wesentliches Element für den Machterhalt freigelegt. Manipulation und Überwachung, Verfolgung und Unterdrückung bis hin zu offenem Terror waren charakteristisch.
Die Untersuchungen folgen den entscheidenden Wegmarkierungen der kommunistischen Ära im Gesamtstaat bzw. im slowakischen Landesteil: Vom „Februar-Putsch"1948 und der Gleichschaltung der Gesellschaft mit den Schauprozessen in den stalinistisch geprägten 1950er Jahren über den „Prager Frühling" und der Niederschlagung dieses Versuches einen „Sozialismus mit menschlichem Antlitz" zu schaffen, bis hin zur „Samtenen Revolution" 1989.
Dabei kommen die biographischen Bezüge bei Tätern und Opfern exemplarisch zum Vorschein, werden Karrieren im Repressionsapparat wie Persönlichkeiten der Menschen- und Bürgerrechtsbewegung deutlich. Die Bilanz der bisherigen Aufarbeitung in der Slowakei fällt differenziert aus, was auch Gespräche mit Zeitzeugen verdeutlichen.

Unsere Bücherstube
im Lessing-Haus in Berlin

Nikolaikirchplatz 7, 10178 Berlin-Mitte
(Nikolaiviertel, Nähe S-Bf. Alexanderplatz)
Öffnungszeiten: Di–Fr 11:00–17:00 Uhr

Wir bieten Ihnen Bücher und DVDs
zu den folgenden Themen an:

Osteuropa, DDR-Geschichte,
Kultur und Politik Deutschlands nach 1990,
Deutsche Geschichte des 19. und 20. Jahrhunderts,
Europäische Reiseliteratur und Berlin

Unser Lessing-Literatursalon lädt regelmäßig ein.

Nähere Informationen:
www.oezb-verlag.de

www.anthea-verlagsgruppe.de

INHALT

Vorwort 7
Die Geschichte der Gedenkbibliothek 9
Die Vorgeschichte der Idee 14
Aufbruch '89 16
Die Idee verwirklicht sich im „Bullenwinkel" 18
Professor Leonhard hielt am 14. Dezember 1990 die feierliche Rede
    zur Eröffnung der Gedenkbibliothek, ... 23
Die Hölle von Workuta 28
Dauerthema: Spenden sammeln 29
Rufmordkampagne 38
Opfer oder Täter? 39
Persönliche Beziehung zu Frau Pietzner 41
Auf die Gedenkbibliothek die Frage bezogen:
    Wer war Opfer, wer Täter? 45
Vorständewechsel 51
Brandanschläge 57
Das Duo Templin/Kuo 59
Das finanzielle Aus trotz der beiden neuen Vorstandsvorsitzenden 61
Frage an Ilse-Dore Gissler: qui bono? 72
Diese Vorstandswahl bringt Frieden in den Verein 79
„Jäger und Hund" 82
Erinnerungen an liebe Freunde und Mitstreiter der Frühzeit 90
Die singende Friederike - das Vorspiel auf ein Benefizkonzert 94
Verwandtenbesuche im „Bullenwinkel" 96

Höhepunkte 109
1. „Eine Laune der Natur" 109
2. „Im Zentrum der Spionage" 113
Ein Treffpunkt politisch Interessierter 117
Betroffene, immer wieder Betroffene 120
3. Flutopfer-Benefizkonzert in der Nikolaikirche 123
4. „Litauer ersingen ihre Freiheit" 125
5. Professor Leonhard spricht im Französischen Dom 125
6. 5-jähriges Bestehen der Gedenkbibliothek
    im Tschechischen Kulturzentrum 126
7. 10-jähriges Bestehen der Gedenkbibliothek 129
8. Festakt zum 20-jährigen Bestehen in der Nikolaikirche 134
9. Verleihung des Bundesverdienstkreuzes am 10. Januar 2012
    in der Gedenkbibliothek 137
10. Festakt zum 25-jährigen Bestehen im Roten Rathaus 143
Vom Hausvogteiplatz zu den Hackeschen Höfen 149
Abriß der „Kleinen Gedenkbibliothek" mit Galerie 149
Einzug in die Hackeschen Höfe 150
Zwei Glücksbringer 155
Ein Who is who der Unterstützer 159
Professor Dr. Ernst Cramer – Melvin Lasky 165
Mein Guru in den 80er Jahren in der DDR 168
Nochmal zur Bibliothek in den Hackeschen Höfen: 170
„Raus" und Wasseranschlag 171

Umzug ins Nikolaiviertel 175
Zwischen Euphorie und Ängsten 178
Dank an Freunde und ehrenamtliche Helfer 180
Das Lessinghaus 186

Wer war Alja Rachmanowa?	189
Rückübersetzung aus dem Deutschen ins Russische	194
Die „Fabrik des neuen Menschen" steht neben dem „Archipel Gulag".	196
„Hardliner" Siegmar Faust	198
Weiterhin Frieden im Vorstand	201
Unsere heutige Ausstellung	206
Rundgang durch das Lessinghaus mit Margarita Stein	213
Kellertheater im Nikolaiviertel	220
Das tragische Jahr 2003	224
Systemkritik und RF	227
Der größte Blumenstrauß	229
Der Staffelstab wartet auf Übergabe	231
5 Knasttüren	232
Politische Wegbegleiter	233
Mein Schreiben folgt weiter dem Schneeballprinzip.	236
Thomas Dahnert	245
Genommene Freiheit und Kampf um Freiheit	249
Noch ein paar Highlights	252
Mein letzter Tätigkeitsbericht 2004	267
Schlussgedanken	273
Epilog	283
Dank	286
Nachwort von Prof. Dr. jur. Konrad Löw	287
Zur Autorin	294
Veranstaltungsarchiv bis 2020	295

Wir trauen um unser Vorstandsmitglied Detlef Stein, der am 5. November verstorben ist.

Detlef Stein, Jg. 1961, war Historiker, Verleger, Lichtenberger, Familienmensch und v. a. ein immer engagierter Bürger und Motor zivilgesellschaftlicher Aktivitäten, ob in der DDR oder in der Bundesrepublik. 1990 gehörte er zu den Mitbegründern des Neuen Forum Berlin-Lichtenberg. Bald engagierte er sich am Runden Tisch Berlin. Als Kenner Osteuropas und der osteuropäischen Literaturszene gründete er 1990 für das Neue Forum das Fachforum OSTEUROPA. Daraus entwickelte sich 1998 das Osteuropazentrum Berlin e. V., das sich mit der gesellschaftspolitischen Transformation in den postkommunistischen Ländern Ost- und Südosteuropas auseinandersetzte. Nach einer Phase als Geschäftsführer der UOKG gewann er als Verlagsleiter der Anthea-Verlags-Gruppe Profil. Seit 2015 engagierte er sich für den Weiterbestand der Aufarbeitungszeitschrift Horch und Guck und den Aufarbeitungs-Verein Bürgerkomitee 15. Januar e. V.

Detlef war schon des Längeren von einer schweren Krankheit getroffen. Mit bewundernswerter Energie hat er mit Hilfe seiner Ärzte jahrelang dagegen angekämpft. Wir alle haben mit ihm und seiner Familie gehofft und bis zum Schluss daran geglaubt, dass er es schafft. Die Kraft hat leider nicht ausgereicht.

Die vielfältigen Aktivitäten Detlef Steins, deren Kontinuität schwer zu wahren ist, hinterlassen eine Lücke, die kaum zu füllen ist. Unser Mitgefühl und unsere Unterstützung gelten all jenen, die damit derzeit befasst sind. Insbesondere seiner Familie, seiner Frau und den zwei Kindern. Wir bitten darum, sie zu unterstützen.

Für den Aufarbeitungsverein Bürgerkomitee 15. Januar e. V.

Dr. Christian Booß